財産法入門

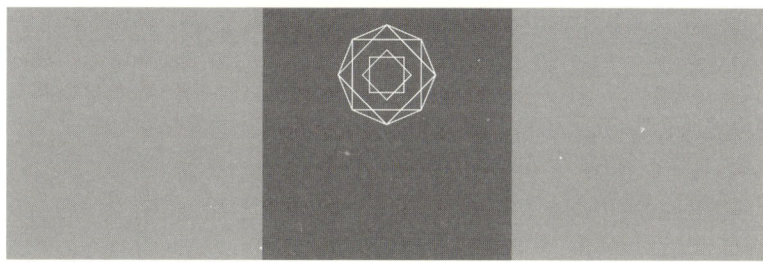

山川一陽［編］
Yamakawa Kazuhiro

学陽書房

これから民法を学ぶ人に

1　どのように学ぶか

　これから民法の勉強を始めようとする方が、これを楽しく学んでいきたいというのはよく理解できます。しかし、その楽しいという意味が問題です。民法の教科書を読みながら、まるで小説でも読んでいるような楽しさを味わいたいとか、もっと極端な言い方をすれば、漫画でも楽しむような気分でということであるとすれば、そのような希望は論外だといわざるを得ないでしょう。

　初めて民法の勉強をするのは大変なことです。民法の勉強は皆さんが今までにしてきた勉強とは相当異質なものですから、違和感があることでしょう。私も勉強を始めたときはそうでした。最初に勉強した民法総則の基本書を読んでいっても、まるで森の中に迷い込んだような気分でした。どの木も同じように見えるものですから、どこをどう歩いたらいいのか、あるいは自分がどこを歩いているのかさえわからないような状態でありました。勉強の初めはみんな同じです。

　やはり勉強が楽しいというのは、勉強をしながら、勉強の成果が着実にあがっていることが感じ取れることといっていいでしょう。ここでは、そんな観点から、初めて民法を勉強する諸君にとって能率のいい勉強ということを考えながら、多少のアドバイスをしてみたいと思います。

　最初に民法の本を読んで、まるでいつも同じページを読み続けているのではないかというような錯覚さえ受けたのが私の実感でした。砂を嚙むような勉強という感じでしたけれども、今にして思えば、民法というものの仕組みや民法の全体像というものを理解せず、いきなり民法総則の本にとりついたからこんなことになったような気がします。初めての道を歩くのだって大まかな地図というものが必要でしょう。

　そこで、民法の勉強を始めるについても、まず、大まかでもいいですから民法の全体の構造がどうなっているのかを理解し、それぞれが民法の中でどのような

役割を果しているのかを理解しておくことが必要となります。そして、本を読みながら、今、自分は民法全体の中のどこを歩いているのかを考えてみることです。本書は、民法の中の財産法について、このような観点から全体の地図にあたるものを示したものです。このような観点から、民法の条文の全体をじっくり眺めて考えてみるのもいいでしょう。授業の最初に先生がそういう民法全体を眺める鳥瞰図を示すような話をしてくださると思うのです。授業というのはばかにならないものです。

　条文が難しくて大変だという心配をされるのも理解できます。しかし、だんだん慣れてきます。条文を記憶する必要があるのかという点は、次のように考えれば気が重くならなくてすむでしょう。つまり、私たちの勉強はとりあえず、この条文の解釈ということになります。基本書といってもたかだか条文の解説書に過ぎません。やはり条文は大切ということになります。できれば記憶したほうがいいでしょう。でも、最初から記憶してやろうなんて考えると、ノイローゼになってしまいます。それよりも、本を読んでいて条文が引用されている箇所にきたら面倒がらずに六法をめくるということが大切です。そうしているうちに、だいじな条文については自然と記憶に残ってきます。そう心配することはありません。六法は勉強に際して手元に置くことができます。正確な条文が何条にあるかまでわからなくても、開いてみればいいわけです。どのあたりにあるかがわかるくらいだっていいのです。ともかく、そのような態度で勉強をしているうちに、主要な条文については自然と記憶することになります。

　ついでにいっておきますと、本文の第1章でも触れておりますが、この六法というのは、民法の勉強に際して絶対に必要なものです。必ず手元に置いてまめに引くことが要求されます。どこの出版社のものでもけっこうですが、やはり、定評のあるものがいいでしょう。自分が知っている条文であっても、そのつど引いておくことです。皆さんが高校生のころ英語を勉強した際に英語の辞書をまめに引いたように、六法というものはまめに使うことです。

　どの本を読んだらいいのかというのも、けっこう考え込ませるものかもしれません。やはり、自分が講義を聴講している先生が指定された教科書が第一です。指定された教科書がよほどおかしい本でなかったらこれで十分です。最初のうちから、なまじ難しい本にとりついたりしないほうがいいと思います。

授業にはきちんと出てください。ただ漠然と出ているだけではいけません。その時間に講義されるところは、事前にわかっているのですから、少なくとも教科書は読んでおきなさい。そして、授業中に大雑把なノートをとり、これをその日のうちに整理してみるのです。そうすると、うまく整理できないところが出てきます。授業で十分に理解できていなかったところが、得てしてそうなります。

　教科書で調べ、それでもよくわからないようなところは、次回の授業の終わりに直接先生にきいてノートを完結することです。先生は、学生からいろいろときかれることについては、いやがることはないはずです。なるべく、大学の先生と直接に接しておくこともいいことです。

　具体的なノートのとり方ですが、決まりきったものがあるわけではありません。各人が工夫することです。でも1つの方法を示せば、次のような方法はどうでしょうか。まず、講義には休まずに出て継続したノートとすること。ノートは原則として、講義中には粗っぽい梗概程度のものにとどめ、きれいに書く必要はありません。ノートの左側半分をゆったりと使い、字も大きく、要点のみをとっていきます。余白が残るくらいでいいです。ノートをとることに夢中になって講義に身が入らないようでは困りますから、いろいろな略語や記号などを自分なりに決めておき、ノートをとる作業が講義を聴く邪魔にならない程度とすることです。

　問題は、これを授業後に整理することです。ここにこそ各人の工夫や努力が成果をあげる余地があります。余白とされていた右半分を活用することです。工夫をしてみてください。自分なりの充実したノートができあがっていくのも、民法勉強の楽しみの1つとなります。自分で調べた本や判例などのコピーを貼り付けたりしてもいいでしょう。このようにして完成したノートというものは、後々の勉強に際してもかけがえのない資料となるものです。

　勉強の進行に応じて、友人と議論してみるのもいいでしょう。この場合は、必ず、相当に実力がある先輩や、できれば先生などに議論に加わってもらうことです。初学者同士ですと、どうしても弁の立つ人のいうことが通ってしまい、むしろ勉強を誤った方向に導いてしまいます。このようなことを十分に注意すれば勉強仲間との議論は楽しいし、また相当に実力をつけてくれるはずです。

　私が勉強を始めたときには、まず我妻栄先生の民法講義の『民法総則』にとりついたものでした。まるで古文を読んでいるような気がしました。現在の本はそ

れほどでもありません。でも、やはり難しい言葉が出てきます。手近に国語辞典を置きながら勉強することも必要かもしれません。また、法律学辞典なども手近に置きたいところです。これも六法と同様にまめに引くことです。

　民法を勉強するためのアドバイスをしてきましたが、技術的なことばかりお話ししてきました。そこで、多少難しそうなことをいっておきましょう。

　先ほどは、当面の勉強は民法の条文に書かれているところを解説した基本書を読んでいくことだといいました。しかし、少し勉強が進んだら、次のようなことも考えてみてください。要するに条文に書かれているところは必ずしも絶対のものではないということです。条文は重要ですけれども、それぞれの条文は、ある意味で歴史的な所産という側面を持っています。現在ある条文についても、そういう側面を考慮せずに勉強すると、どうしようもない石頭ができあがってしまうかもしれません。ある条文が持つ歴史的な意味とか、その条文ができあがってきた歴史的背景などについてまでさかのぼって勉強することができるようになれば、民法の勉強が楽しくなってくるといっていいでしょう。

　やはり民法の勉強を始めた当座は、そうそう楽しくばかり勉強はできません。多少の楽しさが感じられるまでには相当の辛抱がいります。しばらくは、頑張ってみることです。

2　学んだ成果をあらわす——答案をどう書くか

　もう1つ、気になる問題として試験の答案の書き方があります。最後にこれに触れておきましょう。学生の評価や採点については、その人柄とか様々なものが判断材料とされることも多いわけですが、すべての場合がそうであるとはいえません。むしろ、反対に、そのようなことが判断材料にされることを期待すること自体が間違いです。そこで、答案は、自分が今まで勉強してきたすべてを、これのみに託して評価を受けるものであることをしっかり認識する必要があります。

　答案は、私たちの理解度を採点者にアピールする媒介となるものです。各人それぞれ個性があるようにアピールの方法にも個性があっていいはずです。ですから、答案にはこれだけが唯一の形式であるなどというものはありません。しかし、問われている質問に対して一番効率的に答えるにはどうしたらよいかという

こととなると、おのずと限定された形が出てくることになります。いずれにしろ、自分の理解度を最大限に効率よく伝えるのが答案作成の技術といっていいでしょう。ここでは、試験を採点する立場から答案作成を考えてみることにします。

① 質問に答えている答案であること

答案によっては質問を読んでいないのではないかと思われるようなものが混じっていることがあります。いや、極端にいえば多くの答案がそうです。いったい、出題者が何をききたくてこの問題を出題しているのかについて、少しでも考えているのかといいたくなってしまいます。事例問題にしろ、「異同を述べよ」というような問題にしろ、「差異を説明せよ」、「～と比較せよ」、「～について論ぜよ」、「～について説明せよ」、などという形で様々な出題形式はありますが、そのような問われ方が、どのような意図でされているのか考えてみるだけで答案の質がだいぶ違ってくるはずです。「比較せよ」と問われているのに比較がなかったり、「異同を述べよ」とあるのに異なっている点だけを論じ、共通する部分の論述がなかったり、事例問題について、何がきかれているのか考えもしないで一般論ばかりをダラダラと書いて答案をうめるだけのものは答案としては最低であって、受験者はできたつもりであっても決していい評価にはなりません。

② 専門科目の試験であることを考えた答案であること

いやしくも民法は法律の専門科目です。ところが、勉強が不十分な受験者に限って専門技術的な答案ではなく、常識論をむやみに展開したり、単なる自分の政治的見解を長々と論じたりすることで自分の勉強不足をごまかそうとします。しかし、常識論では民法の答案は書けません。勉強していないこと、民法というものを理解していないことを露骨に示している答案となってしまいます。

③ 読みやすく理解しやすい答案であること

民法の知識が身に付き、理解ということを通じて受験者の血となり肉となっていなければなりません。これがあってこそよりよい答案を完成することができるのです。しかし、答案が自己をアピールする手段であるからには、なるべく説得性がある、効率的なものであることが要求されます。このような問題は、あまり高次元の話ではないように受け止める向きもありましょうが、なおざりにすべき問題ではありません。

④　読みやすい文字を書くことなど

　読みやすい字を書いてください。字なんていいますと人によって上手下手がありますから、上手な字でなければいけないとはいいませんが、丁寧に書くことが必要で、夢中になって殴り書きをした答案は決して読む者にいい感じを与えません。試験の種類によっては採点者が千枚を超えるような答案を期日に追われて採点しているということを考えてください。繰り返し同じ内容の答案を読み続け（これは一種の拷問に近いものです）、精神的にいらいらしている時に読みにくい殴り書き答案に出会えばカッとなります。もちろん、答案は内容で決まりますが、読む人に好印象を与え、言わんとすることを容易に理解させる答案を作成するという技術を研究することは決して馬鹿にすべき次元の低いものではないのです。また、そのような意味からすると、本来漢字で書くべきところが平仮名で書いてあるような答案も感心しません。ましてや、物権法の答案で「ぶっけん」なんて書いてあるともうそれだけで答案を見るのが嫌になってしまいます。ですから誤字にも気をつけたいものです。「当時者」（当事者）とか「物件」（物権）、「低当権」（抵当権）あるいは「意志」（意思）等と挙げていけばきりがありません。

⑤　筆記用具について考えること

　答案作成には鉛筆書きはやめたいものです。鉛筆はあくまでも略式のものと心得てください。社会に出たときに文書を起案して決裁などにあげる際、鉛筆書きのものが通用しないのは当然です。やはり自分の評価を託す答案についても、正式な文書のつもりで万年筆の黒かブルーブラックなどのインクが常識的でしょう。一歩妥協してもボールペンというところでしょうか（ボールペンというのも本来略式文書のためのものですが、最近のように多く利用されるようになりますとこれでもいいでしょう）。確かに鉛筆書きは楽ですし、消しゴムで容易に消して書き直すことができますが、たくさんの答案を採点していると手が汚れてくるし、そこに消しゴムのかすでも入っているのは何とも不愉快です。御老齢の大先生ともなると蛍光灯の光の下では鉛筆文字がきわめて読みにくいということともなるようです。訂正をするといえば、せっかく万年筆やボールペンを使って書いてきているのに、間違いを訂正する際に黒々と塗りつぶしたりするのは見苦しいものです。訂正をするときには定規を利用して（これが許されない場合には鉛筆でも利用して）、もとの文章が見えるような形で、2本の線で削除しておくことです。

⑥　文章の工夫をすること
　今にいたって文章がうまくなる勉強をといっても簡単ではありません。でも、答案作成にはそれなりの工夫があってしかるべきです。幸いにも「自分は文章には自信がある」という人はのびのびと書いてもらえばいいでしょう。あまり自信がない人には、やはり文章の工夫がいるでしょう。1つにはあまり息が長い文章を書かないことです。あまりにも長い文章を作り、いくつものことを1つの文章でいおうとすると、得てしてどれが主語で、どの部分がこれを受けるのかなどがわからない不明確な文章ができあがります。答案を読んでいて、「あれ、この文章の主語はどれだっけ」なんて感じたり、途中でもう一度読み直さないと何について書いているのかがわからなくなるような文章にもいらいらしますし、このような文章だと物事を正確に表現することが困難となります。1つの試みは自分が書いた文章を声に出して読んでみることです。声に出してみて違和感がある文章はやはり避けるのが無難です。また、文章の中で、今までの流れとあわないような極端な文語調の言葉が出てきたり、またあまりにもくだけすぎている言葉が出てくるのは感心しません。全体にわたる文章の調子もありますが、最近の答案では、「しかるに」とか「蓋し」とか「しかして」などというような文語調の文章が使われなくなってきています。また、やはり文章ですから、全くの話し言葉を使ったのではふさわしくないような場合もあります。「それだから」とか「というのは」などの表現は、やはり答案ではふさわしくないでしょう。全体の文章の流れの中で不自然にならないような工夫をすることです。

⑦　整理の番号や見出しを工夫する
　文章で書かれる答案というものは、よほどうまく整理されていないと一読してもわかりにくいものです。そこで、答案を作成する際には少なくとも番号などを打って、読み手に論文全体の構造や主張の構造などがわかるようにしたほうが良いといえましょう。また、論文が長くなればなるほどそのような方法によって整理された答案を作成することが必要とされましょう。

⑧　答案の長さについての工夫をすること
　答案はどのくらい書けばいいかという問題は判断に苦しむところです。答案というものは、出題問題との関わりにおいて決まってくるものです。出題された問題がどのようなものかにもよります。しかし、一般的には答案用紙の7割から8

割くらいは書いていいでしょう。しかしながらいくら書くことがあっても無理に答案用紙に突っこんでしまうために、極端に細かい字で答案を書いたりするのはいけません。やはり、与えられた答案用紙におさまることを前提に答案が求められているのです。答案というものは出題の要求にマッチしたものでなければならないものですから、答案用紙をはみ出したり、あるいは裏まである答案用紙の表3～4行くらいで終わってしまうようなものでは困ります。

⑨　条文の指摘

われわれが当面、これを学び、試験にのぞむものは法解釈学ですから、答案作成にあたっては常に解釈の根拠となる条文を意識しなければなりません。答案には根拠となる条文を示しておくべきです。具体的には括弧を文章の末尾に書いて、そこに条文を示す方法がよいでしょう。たとえば「～○○○○○○（534条1項）。」のようにです。

⑩　論点主義か一点集中主義か

答案にもいくつかの論点の中の1つを深く追求して、ほかの問題点は無視してしまうようなもの、あるいは反対に深い検討をしていないが論点については余すことなくふれ、無難にまとめたものなどがあります。前者は場合によっては極端にいい点が付くこともありますが、他の論点が落ちていることから逆に極端に悪い点が付いてしまうこともあります。このような答案を作成することは一種の冒険です。このような答案を作成しようとする場合には、他の論点があることに気がついているということを示したうえで作成しておくことが必要となります。つまり、全く気がつかないで論じているわけではないということをアピールしておくことです。でも、やはり無難な答案は後者の方でしょう。

⑪　最後に

答案の作成について考えられるポイントを説明してきました。最初にもいいましたように、答案は自分の今までの勉強の成果を評価してもらうために、これに運命を託すものです。そう考えればいろいろの工夫がされてしかるべきです。それぞれが工夫をしてより説得的な答案を作成すべきでしょう。

（山川一陽）

【目次】 財産法入門

これから民法を学ぶ人に……3

凡　例……18

1章● 民法を学ぶにあたって ── その基礎となること……19

第1節 六法の見方など……19
1　基本的立場……19
2　六法とその構造……19
3　参照条文の活用……20

第2節 民法とはどのようなものか……22

第3節 形式的な意義の民法と実質的な意義における民法……23
1　一般法と特別法……23

2章● 権利を持つ者はだれか……25

第1節 権利能力 ── 自然人を中心として……25
1　自然人と法人……25
2　自然人の権利能力発生の時期……25
3　胎児の権利能力……26
4　権利能力の終期……27
5　相続問題からする権利能力の終了……28
6　死亡と失踪宣告……28
7　認定死亡……29
8　同時死亡の推定と相続……30
9　自分だけの判断で行動できない者……30

第2節 権利能力 ── 法人を中心として……34
1　法人とは……34
2　法人の成立……35
3　法人の活動と責任……38
4　法人の行為能力……39
5　権利能力なき社団……39
6　法人の消滅……40

第3節 法人に類する制度としての組合……40
1　組合という存在……40
2　組合とその意義……42

3章● 権利の客体 ── 不動産取引と登記……44

第1節 不動産と権利……44
1　権利の客体……44
2　不動産とは何か……44
3　売買契約による所有権の移転……45
4　不動産所有権の移転に際しての移転登記はどのような役割を持つか
　　── 対抗要件主義……45
5　不動産の権利変動と登記の機能……45

第2節 不動産取引と登記についての問題点……46
  1　登記がなければ対抗することができない「第三者」……46
  2　悪意の第三者はどう扱われるか……47
  3　保護を受けない第三者――背信的悪意者……48
  4　不動産賃借権者……49
  5　不動産の差押権者・一般債権者……50

第3節 登記とは何か……50
  1　登記と登記簿……50
  2　登記簿の構成――登記簿の読み方……52
  3　登記請求権と中間省略登記の関係……52
  4　登記手続と権利証の役割……53
  5　仮登記とは何か……54
  6　担保としての仮登記とはどのようなものか……56

第4節 登記をしなければ対抗することができない物権変動……56
  1　復帰的な物権変動と登記……56
  2　相続と登記……57
  3　時効と登記……59

4章●権利の客体――動産取引……61

第1節 動産と動産取引……61
  1　動産について……61
  2　動産取引概観――不動産との比較……62

第2節 動産取引の対抗要件……63
  1　対抗要件としての「引渡し」……63
  2　引渡しの態様……64
  3　対抗要件としての占有改定の問題点……65
  4　第三者の範囲について……66

第3節 動産取引と公信の原則（即時取得）……67
  1　公信の原則と動産取引における必要性……67
  2　即時取得の要件……68
  3　占有改定による即時取得……70
  4　指図による占有移転による即時取得……73
  5　即時取得の効果……74
  6　盗品・遺失物の例外……74

第4節 動産譲渡の対抗要件に関する特例……76
  1　特例法の趣旨……76
  2　特例法の概要……77

5章●権利変動の原因としての意思と契約（法律行為）……78

第1節 はじめに……78
第2節 契約概念と契約……78
  1　法律行為とその典型としての契約……78
  2　契約の成立要件……79
  3　契約成立に関するいくつかの問題……82
  4　契約（法律行為）の有効要件……82

第3節 契約総論の問題点――双務契約を中心に……85

| 第4節 | 契約（法律行為）に付されるもの ── 条件・期限、期間計算……91
  1 条件 ── 停止条件と解除条件……92
  2 条件に関する制約……92
  3 条件成就の妨害……93
  4 期限……93

6章●代理人を通じてする契約……98

| 第1節 | 代理制度総論……98
  1 代理制度の意義……98
  2 任意代理と法定代理……100
  3 復代理（復代理人の選任）……102
| 第2節 | 代理権（本人と代理人との関係）……104
  1 代理権の発生原因……104
  2 代理権の範囲……105
  3 代理権の消滅事由……107
| 第3節 | 代理行為……108
| 第4節 | 無権代理……111
  1 意義……111
  2 表見代理……111
  3 狭義の無権代理……114

7章●意思なき契約と欠陥ある意思による契約……118

| 第1節 | 意思表示をめぐる基礎理論……118
  1 契約の成立……118
  2 契約の拘束力の根拠 ── 意思主義と表示主義……119
| 第2節 | 心裡留保（93条）── 心裡留保の意義……121
| 第3節 | 通謀虚偽表示……123
  1 通謀虚偽表示の意義……123
  2 通謀虚偽表示規定の類推適用（不動産取引における第三者保護制度）……124
| 第4節 | 錯誤……127
  1 錯誤の意義……127
  2 錯誤の類型……127
  3 法律行為の要素の錯誤……130
  4 錯誤の効果……131
| 第5節 | 詐欺・強迫……132
  1 詐欺・強迫の意義……132
  2 詐欺による意思表示の取消し……133
  3 第三者の行う詐欺……134
  4 強迫による意思表示……134

8章●契約と契約の解除……136

| 第1節 | 契約の基礎理論……136
  1 近代市民法の理論……136
  2 パソコン・ソフト使用許諾契約……137

3　契約自由の本質……138
　　　4　実質的「契約自由」への接近……139
第2節　契約と権利変動……140
　　　1　民法の財産権……140
　　　2　債権の種類……140
　　　3　債務……141
　　　4　権利変動の原因としての契約……142
　　　5　契約の成立と契約締結の効果 ── 双務契約の場合……142
第3節　契約の解除……146
　　　1　解除権の意義と性格……146
　　　2　解除と取消しとの相違点……147
　　　3　解除権の行使とその要件……148
　　　4　解除権の行使と第三者……150

9章●典型契約としての売買と贈与……152

第1節　契約の種類と分類……152
　　　1　典型契約とは何か……152
　　　2　契約の分類……153
第2節　有償契約と無償契約の重要性……155
　　　1　はじめに……155
　　　2　有償契約と無償契約 ── 区別の意義……155
第3節　売買……157
　　　1　はじめに……157
　　　2　売買契約の意義と法的性質……157
　　　3　売買契約の対象とは何か……158
　　　4　売買費用の負担……158
　　　5　売買の予約とは何か……159
　　　6　手付とは何か……160
　　　7　売買契約の効力……161
　　　8　買戻しとは何か……167
第4節　贈与契約……168
　　　1　贈与とは何か……168
　　　2　特殊な贈与……170

10章●典型契約としての不動産の賃貸借、請負、委任、和解……171

第1節　不動産の賃貸借 ── 最も債権らしくない債権……171
　　　1　不動産賃借権の意義……171
　　　2　不動産賃借権の物権化……173
　　　3　特別法としての借地借家法……174
　　　4　借地関係……175
　　　5　借家関係……176
　　　6　特殊な賃貸借 ── サブリース契約……177
　　　7　敷金と権利金など……178
第2節　請負契約……179
　　　1　請負契約の意義と性質……179
　　　2　建築請負契約……180
　　　3　請負契約の成立……181

　　　　4　完成目的物の所有権……182
　　　　5　請負人の責任……183
第3節 **委任契約**……184
　　　　1　委任の意義……184
　　　　2　委任契約の成立……185
　　　　3　委任の効力……185
　　　　4　委任の終了……186
第4節 **和解契約とその特色**……187
　　　　1　裁判上の和解、調停、及び仲裁……187
　　　　2　和解と示談……188
　　　　3　和解契約と錯誤……188

11章●消費貸借契約とこれをめぐる諸問題……191

第1節 **消費貸借**……191
　　　　1　その特色……191
　　　　2　準消費貸借……192
　　　　3　貸金とその返済履行確保の手段 ── 一般財産の保全等……193
第2節 **一般財産の確保**……193
　　　　1　債権者代位権の意義……193
　　　　2　債権者代位権の必要性……194
　　　　3　債権者取消権（詐害行為取消権）……197
　　　　4　連帯債務……202
　　　　5　保証・連帯保証……203
　　　　6　単純保証と連帯保証……204
　　　　7　債権の譲渡とその機能……205
　　　　8　指名債権の譲渡……205
　　　　9　指名債権譲渡の対抗要件……206
　　　10　通知又は承諾の効力……207
　　　11　第三者に対する対抗要件……208

12章●債権と履行確保の手段……211

第1節 **どのようにして債務の履行を確保するか**……211
　　　　1　質権とはどのような権利か……212
　　　　2　抵当権とはどのような権利か……213
　　　　3　抵当権と短期賃貸借制度……223
　　　　4　建物明渡猶予期間の創設と短期賃貸借制度の廃止……224
第2節 **民法規定によらない担保物権もある ── 譲渡担保**……225
　　　　1　譲渡担保とはどのような制度か……225
　　　　2　譲渡担保の対抗要件は何か……226
　　　　3　被担保債権の範囲はどうなるか……227
　　　　4　目的物の範囲はどうなるか……227
　　　　5　目的物の利用関係はどうなるか……227
　　　　6　譲渡担保権設定者と譲渡担保権者の義務について……228
　　　　7　担保目的物の処分 ── 譲渡担保権設定者の処分と譲渡担保権者の処分……228
　　　　8　譲渡担保の実行はどうするのか……229
　　　　9　譲渡担保権者の清算義務はどうなっているか……229
　　　10　いつまで目的物を請け戻すことができるか……229
　　　11　譲渡担保権はどのような場合に消滅するか……230

第3節 民法規定によらない特別法による担保制度もある ── 仮登記担保制度……230

13章●時の経過による物権変動……234

第1節 時効制度の趣旨と制度の意義……234
    1 時効制度の趣旨……234
    2 時効制度の存在理由……235
    3 取得時効……236
    4 消滅時効……240
    5 時効に関する諸問題……244

14章●損害賠償制度 ── 債務不履行と不法行為……248

第1節 損害賠償責任の発生……248
第2節 債務不履行に対する救済……248
第3節 債務不履行責任……250
第4節 債務不履行に関するいくつかの制度……260

15章●損害賠償制度としての不法行為……266

第1節 一般不法行為と不法行為の成立要件……266
    1 概要……266
    2 故意・過失……268
    3 違法性……270
    4 損害の発生……273
    5 因果関係……274
    6 責任能力……276

第2節 不法行為の効果……277
    1 損害賠償の方法……277
    2 財産的損害と賠償責任……277
    3 非財産的損害と賠償責任……278
    4 損害賠償請求権者……279
    5 損害賠償債権の時効……282

16章●特殊の不法行為……285

第1節 責任無能力者と監督者の責任……285
    1 責任無能力者……285
    2 監督者の責任……286
    3 監督代行者の責任……286
    4 事実上の監督者及び監督代行者について……287
    5 709条による監督者責任……287

第2節 使用者責任……288
    1 使用者責任とはどのようなものか……288
    2 使用者責任が成立する要件……289
    3 代理監督者の責任……291
    4 使用者自身の不法行為責任……292
    5 損害賠償請求権……292

第3節	注文者の責任……293
第4節	工作物責任……294
	1　工作物責任とはどのようなものか……294
	2　工作物責任が成立する要件……294
	3　占有者又は所有者の求償権……295
第5節	動物占有者の責任……296
	1　動物占有者の責任とは……296
	2　動物占有者に代わる管理者の責任……296
第6節	共同不法行為……296
	1　共同不法行為とは何か……296
	2　共同不法行為の成立要件……297
	3　賠償義務の内容と連帯関係……299
第7節	特別法による不法行為……300
	1　失火責任法による責任制限……300
	2　運行供用者責任……301
	3　製造物責任……301

17章●決定債権関係……303

第1節	はじめに……303
第2節	事務管理……303
第3節	不当利得……310

18章●債権の消滅……319

第1節	債権の消滅原因……319
	1　弁済……320
	2　債権者らしい外観を持つ者に対する弁済……322
	3　弁済のための供託……324
	4　更改と代物弁済……326
	5　目的の消滅以外の債権の消滅原因 ── 典型例としての相殺と更改……327
	6　相殺の方法……332
	7　相殺の効果……332

コラム

1　法人格がない事業体……43
2　ウィーン売買条約について……96
3　企業買収における「基本合意書」：契約締結上の過失論のシステム化……97
4　もうひとつの「債権」：電子記録債権……210
5　これも債権者平等原則の例外？　デット・デット・スワップ……233

索引……334
執筆者一覧……338

凡　例

○　法令は平成22年1月1日現在のものです。
○　本文中、（かっこ）内の表記は以下の通り略記しています。

略記表

＜略記＞	＜正式＞
表記なし	民法
民訴	民事訴訟法
商	商法
会	会社法
一般法人	一般社団法人及び一般財団法人に関する法律
公益認定	公益社団法人及び公益財団法人の認定等に関する法律
破	破産法
借地借家	借地借家法
民執	民事執行法
民保	民事保全法
民調	民事調停法
非訟	非訟事件手続法
仲裁	仲裁法
家審	家事審判法
家審規	家事審判規則
不登	不動産登記法
民集	最高裁判所民事判例集
判時	判例時報
判タ	判例タイムズ
金判	金融・商事判例
金法	金融法務事情
民録	大審院民事判決録
民集	大審院民事判例集
新聞	法律新聞
最（大）判（決）	最高裁判所（大法廷）判決（決定）
高判（決）	高等裁判所判決（決定）
地判（決）	地方裁判所判決（決定）
大（連）判（決）	大審院（連合部）判決（決定）

1章　民法を学ぶにあたって
——その基礎となること

第1節　六法の見方など

1　基本的立場

〔1〕　**本書の基本的立場**　私たちがこれから学んでいく民法という法律は、私たちの生活と非常に密接に結びついている法律であるということができる。つまり、民法という法律自体がわれわれの庶民生活を規定する法律となるわけである。

本書ではわれわれ庶民の生活の中で多く現れてくる民法上の財産的な問題に絞って、法典の順序にこだわることなくこれを考えていくものである。

2　六法とその構造

〔2〕　**六法の必要性**　私たちの扱う対象は、基本的には民法典に記載された「民法」という名の法律である。そこで、どうしても民法などの法律が登載された法令集が勉強の前提として必要となる。民法は基本的な法律であるから、どの法令集にも登載されているが、基本的な法令を編集して登載したものが「六法」である。小さなものでよいから1冊手元に置く必要がある。

〔3〕　**六法をどう読むか**　簡単に条文の見方を説明しておく。

大雑把な分類として、民法は、全体を編別に分類している。ここで扱う財産的な法律関係の分野については「第1編　総則」、「第2編　物権」、「第3編　債権」とされる。そして、この編の中を分類するものとして「章」を用いる。「第1編　総則」の中の「第5章　法律行為」というように。さらにこの章の中を分類して「節」を用いる。「第5章　法律行為」の中の「第3

節　代理」というように。そしてこの節を分類するものが「条」ということになる。「第3節　代理」の中の「第111条〔代理権の消滅事由〕」というように引いてゆくことになる。さらに条を細分類するものに「項」があるが、この項は条文では、「①」とか「②」とか表記されている。

> 〈例〉
> 〔代理権の消滅事由〕
> 第111条　代理権は、次に掲げる事由によって消滅する。
> 　一　本人の死亡
> 　二　代理人の死亡又は代理人が破産手続開始の決定若しくは後見開始の審判を受けたこと。
> ②　委任による代理権は、前項各号に掲げる事由のほか、委任の終了によって消滅する。

「項」をさらに分類するものに「号」があり、この号も条文では、「一」とか「二」で表記されることになる。

条文を指摘するには、「民法第○条第○項第○号」と呼ぶことになる。

3　参照条文の活用

〔4〕　**参照条文を見る**　市販の六法を見ると、条文の隣に「＊印」などをおいて、細かな字で何やら記載されている。これは官報に載せられた条文には、付けられているものではない。六法の編集者が付けたもので、「参照条文」といい、便利なものである。参照条文は、その本文に関連する条文を抜き書きしたものであるから、参照条文にひと通り目を通すと、そこに生じてくる法律問題が明確に浮き彫りとなってくる。そのような意味で勉強に際して参照条文を利用しない手はない。六法の編集者が大変に苦労して作成したものでもあるから、活用すべきである。具体的にみておくこととしたい。民法3条の規定によれば、「私権の享有は、出生に始まる」とあり、人間が生まれ落ちると同時に権利能力（権利の主体となり、義務の負担者となることができ

> 〈参照条文例〉
> 第3条　私権の享有は、出生に始まる。
> ②　外国人は、法令又は条約の規定により禁止される場合を除き、私権を享有する。
> 　＊〔胎児と権利能力〕721・886・965、労災16の2②〔胎児と認知〕783①〔出生と届出〕戸49－59

る能力のこと）を持つことが宣言されている。近代法の下では、古い時代に存在していた奴隷のように自らが権利の客体とされ権利の主体となることができない立場の人間というような存在を認めず、同時に人によって持つことができる権利に差異があるなどということは認めないことを明確に宣言している。

〔5〕　**権利能力の取得時期**　このことから疑問となるのが胎児の立場である。人は出生によって権利の主体たる地位（後に説明するようにこれを権利能力という）を取得するが、民法3条の規定がそのことを明確に宣言しているということは、その反面として、人は生まれ落ちていない以上は権利を持つ資格がないということを明確に宣言していることになってしまいそうである。

〔6〕　**権利能力の取得時期と例外**　こういう疑問を持ちながら参照条文に目を通してみる。最初に引かれているのは民法721条である。胎児であっても、損害賠償の請求に関してはすでに生まれているものとみなすとしている＊。これによって胎児は損害賠償という面では例外として権利を持つことができるという扱いになるのがわかる。

　次の規定は886条である。相続に関する限り胎児はすでに生まれたものとみなされる＊。そうなると相続（もちろん代襲相続も含めて）問題についても胎児の権利能力は承認されることになる。胎児が生きて生まれたことが前提となるのは当然であるが（同条2項）。

　続いて965条が参照条文としてあげられる。この条文はいわゆる遺贈（遺贈というのは遺言によって財産を与えることをいう）についての規定であるが、胎児は遺贈による権利取得についてもすでに生まれたものとみなされる。つ

1章　民法を学ぶにあたって——その基礎となること　　21

まり、被相続人が「今度生まれてくる自分の初孫に」ということで自分の財産を与える遺言を書いておいた場合に、この遺言者が不幸にして孫が生まれる前に死亡した場合には（遺言は、遺言者死亡の時点において確定的な効力を生じてしまうものであるから）、その時点においては胎児には、遺贈を受ける権利者としての資格（権利能力）がないはずである。そのため、このような規定があることにより、胎児も遺言による贈与を受ける資格が認められる。

　そのほかにも参照条文があげられているが、このあたりで止めておく。いずれにしても、ある条文を理解したいと思ったら、これに関連する条文を引いてみることが必要となるはずである。この作業をするには、参照条文が大変に役に立つ。さらにいえば、大学での試験などでも参照条文付きの六法が持込み許可になるはずであり、そうなれば、参照条文は持ち込みが許された公のカンニングペーパーであるということさえでき、これを利用しない手はないといえよう。

　　＊　「みなす」の意味
　　「みなす」というのは真実とは異なっていても法的に「そのように扱ってしまう」ということを意味する。「未成年者が婚姻をしたときは、これによって成年に達したものとみなす」（753条）というようにである。事実は証拠によって確定するのが原則であるが、一定の法政策的観点からこのように扱う場合がある（失踪者が死亡とみなされることにつき31条参照）。事実関係を証拠によって確定することが困難だから「証拠によって確定ができないならば一応そのように認定する」という機能を果たす「推定」とは異なる概念である（事実が証拠により確定できないから「推定される」場合について同時死亡の推定規定である32条の２参照）。みなされた事実は単なる証拠を示しただけでは覆せないが、推定されるものについては証拠を示すことによって覆すことができるのである。

第2節　民法とはどのようなものか

〔7〕　**私的法律関係を規律する**　　民法とは、私たちがおくっている"日々の生活関係の内の私的生活関係について規律する法律"ということになる。私たちの私的な生活開係にはいろいろなものがある。物を買ったり、物を売ったり、あるいは他人の仕事を請け負ったり、委任者となりまた受任者となったりというようにであるが、そのような場合に生じてくる法律関係がこれである。

〔8〕 **公的法律関係と比較する**　民法の規律する「私的法律関係」というのは、国や公共団体が国民や住民から税金を徴収したり、犯罪を犯した国民を逮捕し、これに懲役の刑を科したりするように、「国や地方公共団体などがその持っている権力」（租税徴収権とか国家刑罰権など）を行使する場合に生じてくる法律関係である「公的法律関係」と典型的な形で対立する。比喩的な言い方をすれば、民法が対象とする私的法律関係とは平等者間の「横の法律関係」ということができ、公的法律関係とは権力者と権力に服する国民や住民などとの「縦の関係」ということができる。

【図表1－1　私的法律関係と公的法律関係】

第3節　形式的な意義の民法と実質的な意義における民法

1　一般法と特別法

〔9〕 **「民法」という法律——一般法と特別法**　六法を開いてみると「民法」という法律の条文が載せられている。しかし民法は、この「民法」という条文に書いてあるものだけではない。民法典に書いてあることであっても、他に特別法があって、これが特別の定めをしている場合には民法典の定めが適用されずに特別法の定めが適用される。「特別法」というのは、ある特定の人とか特定の事件、また特定の行為や特定の地域などに限定して適用される法のことをいい、これに対してこのような制限がなく適用される法のことを

一般法という。その意味では適用領域が制限されず、広く一般の場合に適用される民法自体は一般法ということができる。

〔10〕 **一般法と特別法の具体的展開**　たとえば、民法では、賃貸借契約はその存続期間が20年を超えることができず、これを超える定めがされた場合にはその期間は20年に短縮するとしている（604条１項）。しかし、建物を所有する目的でされた土地の賃貸借や建物の賃貸借のみに適用される特別法である借地借家法３条は、期間の定めなくされた土地の賃貸借の場合は30年となり、これより長い期間で定めた賃貸借はそのまま有効となるとしているし、30年より短期の定めがされた場合には借地借家法３条が「借地権の存続期間は、30年とする。ただし、契約でこれより長い期間を定めたときは、その期間とする」とし、同法９条が「この節の規定に反する特約で借地権者に不利なものは、無効とする」とするところから、30年より短い定めは「この節の規定に反する特約で借地権者に不利なもの」となり、その結果期限の定め無きものとなり結局は30年となると解されている。このように特別法と一般法との定めが異なっている場合に、法の適用のルールとして「特別法は一般法に優先する」という原則がある。その意味では特別法の存在は大変に重要である。

そのほかにも実質的意義の民法としては、いわゆる判例法や慣習法＊などがあり、これらも重要な存在である。

 ＊　**判例法と慣習法**
  特に法律に規定がなくても長いこと裁判所が同じ問題について同一の判断を繰り返せば、世の中の人たちは裁判所はその問題について今後も同様の判断をすると思う。そして、裁判所の判断がそのような客観性を持つに及ぶと「判例」となったといわれるようになる。
  また、やはり法律に書いていなくてもそのことが当然だというふうに世の中の人たちが考え、それで世の中が通用するような場合には、これに従うと、その結果が社会の善良な風俗を害するとか秩序を乱すとかいうような特別な場合以外は、これらのものを法と同様に考えることができる。その意味でこれらのものを「慣習法」ということになる。

（山川一陽）

2章　権利を持つ者はだれか

第1節　権利能力――自然人を中心として

1　自然人と法人

〔11〕　**権利能力の意義**　私法上の権利義務の主体となることができる地位・資格を「権利能力」といい、民法は、その権利能力を持つことができる者として「自然人」と「法人」を予定している。

　自然人とは、われわれ人のことであるが、単に人ではなく自然人としている理由は、法人と区別するためである。

　法人とは、自然人以外で、権利能力を認められたものである。法人は、生まれた時点で権利能力が当然付与される自然人とは異なり、民法その他の法律の規定によらなければ成立せず（33条1項）、法人が成立した時点ではじめて権利能力を持つことになる。いわば法が意図的に作り出した人ともいえよう。

　以下では、まず自然人の権利能力について解説する。

2　自然人の権利能力発生の時期

〔12〕　**権利能力の取得と出生時期**　すべて自然人は、出生と同時に等しく権利能力を取得する（3条1項）。どの時点をもって出生とするかは学説上の争いがある。通説的見解は、胎児が母体から全部露出した時点を出生とする全部露出説であるが、そのほか、胎児が母体から一部露出した時点で足りるとする一部露出説や、胎児が独力で呼吸を開始した時点をもって出生とする独立呼吸説などがある。

権利義務の帰属を明確にする必要があることから上記の通り全部露出説が通説的見解とされる。一方で、刑法上は、殺人罪などの犯罪の被害者適格をいつの時点から認めるかという問題から、一部露出説が通説的見解とされている。

〔13〕 **出生概念の相対性**　このように民法と刑法とで出生時点の捉え方は異なるが、民法上、具体的に出生の有無や時点が問題となるのは相続に関連してである。たとえば、胎児が生まれてから死んだのか、死んで生まれたのかによって相続関係に影響が生じることとなり、場合によっては相続に関係する人々の間で争いに発展してしまう。通説は、出生時期の判別が容易な全部露出説を採用することで、出生時期（権利義務の帰属）を明確にし、紛争を未然に防止することを企図している。もっとも、「胎児は、相続については、既に生まれたものとみなす」（886条1項）と規定し、相続問題の合理的処理をしている（これについては〔18〕を参照）。

3　胎児の権利能力

〔14〕 **胎児の権利能力**　自然人の権利能力の発生時期は出生である。このことからすると、胎児はまだ出生しておらず、権利能力を有しないこととなる。権利能力が与えられていないということは、各種法的な保護も胎児は享受することができず、以下で述べるような不都合な局面が発生する。

そこで民法は、①胎児の損害賠償請求権（721条）、②胎児の相続権（886条）、③胎児への遺贈（965条、886条）をそれぞれ規定し、胎児の利益を保護している。つまり、①～③のいずれにおいても、民法は胎児をすでに生まれたものとみなしている（886条1項）。

〔15〕 **胎児の損害賠償請求権**　①については、父親が殺害されたような場合を念頭に置いている。すなわち、通常、父親を殺害した加害者は、その子供に対して財産的・精神的損害への賠償義務を負うこととなるが、胎児に権利能力がないとすると、胎児は出生後も加害者へ損害賠償を請求することができなくなる。自らを育ててくれる親が殺害されているため、たとえ父親殺害時点では母体の中にいたとしても、胎児が出生後に置かれる状況は、父親が

殺害されていない状況と比べ、悪化している可能性が高い。また、殺害時期と出生時期の前後のみによって大きな差が生じてしまうこととなる。そこで、民法は胎児をすでに生まれたものとみなし、胎児に損害賠償請求権を与えている。

〔16〕　**胎児と相続**　②は、胎児の相続権の問題である。極端な例ではあるが、胎児が父親の死亡前日に生まれれば相続権が発生し、死亡翌日に生まれれば相続権がないこととなる。後者の状況下でも胎児自体は母体の中で生きているにもかかわらず、出生時点のわずかな差で上記のような違いが発生してしまうことは①と同様に合理的ではない。

　③は、②で述べた相続権の延長線上の問題である。胎児に相続権があるとするならば、遺言によって財産の全部又は一部を胎児に譲与することも具体的手段の1つとして認められてしかるべきである。

　胎児が死体で生まれた場合、上記各規定は適用されないことは当然のことである（886条2項）。

4　権利能力の終期

〔17〕　**権利能力の終了としての死亡**　自然人の権利能力の終期は、死亡のみである。

　ただ、人の死そのものをめぐっては、臓器の移植に関する法律（平成9年7月16日法律第104号、以下「臓器移植法」という）との関係で問題となる。すなわち、医師は、臓器移植法6条各項に規定されている条件を満たした場合に、死体（脳死した者の身体を含む）から臓器を摘出し、移植することができるとしているが、ここでいう脳死を人の死とするのか否かについては、法学の世界だけでなく医学の世界においても必ずしも結論が出ているわけではない。臓器移植法では一律に脳死を人の死と位置付けているが、この点についてはなお検討すべき課題であろう。

5　相続問題からする権利能力の終了

〔18〕権利能力の終了と相続　脳死が人の死か否かはさておき、自然人は死亡によって権利能力を喪失する。胎児は将来自然人として出生することから、民法上すでに生まれたものとみなされ、各種法的保護の対象とされている。それに対して、死者が将来自然人としてよみがえることは通常起こらない。そのため、相続という形で死者の財産など様々な権利・義務が相続人に承継されることになる。民法上、相続によって承継する方法は、民法が定めた各ルールに従って行われる法定相続と、被相続人が相続の仕方について遺言という形で意思を表示する遺言相続がある。

　相続は、遺産分割手続における親族間での分割割合の問題や法人（株式会社）の創業者が代替わり（事業承継）する際に問題となる。後例でいうと、株式会社の支配権に結びつく株式も財産であるため、相続の際に創業者保有株式が分散化、場合によっては一族間での争いに発展することがある。

6　死亡と失踪宣告

〔19〕死亡と失踪宣告　自然人の権利能力の終期は死亡時である。しかし、人が従来の住所（生活の本拠である場所。22条）または居所（生活の本拠とはいえないが多少の期間継続して居住している場所。23条）を去り、一定期間生死不明となり、本人の死亡が確認できないような場合に、その者をどのように取り扱うかが問題となる。

〔20〕失踪宣告制度　民法は失踪宣告という制度を設けている。失踪宣告とは、不在者の生死不明状態が一定期間継続した場合に、家庭裁判所の審判によって、その者を従来の生活関係においてはすでに死亡したものとして扱い、法律関係の整理を図ろうとする制度のことである（30条以下、家審9条1項甲類4号、家審規38条～42条）。民法は、失踪宣告を状況に応じて、①普通失踪と②特別失踪の2つに分けている。なお①②いずれにおいても、配偶者、相続人、財産管理人、債権者など法律上の利害関係人が失踪宣告の申し立てをすることができる（30条1項）。

〔21〕 **普通失踪**　①は、不在者の生死が明らかでなくなってから7年間にわたってその状態が続いている場合に、宣告を受けることができる失踪宣告のことである（30条1項）。失踪宣告の審判が確定すると、官報に当該事実が掲載され、7年の期間満了時に死亡したものとみなされる（31条）。

〔22〕 **特別失踪**　②は、ある者が搭乗していた航空機が洋上に墜落し機体の残骸は発見できたがすべての乗客の遺体を発見できなかったなど、その者がその機会に死亡してしまった可能性が高い状態で生死不明の状態となった場合が対象となる。そのような危難が去った後、1年間の失踪期間が続いたことを要件に失踪宣告を受けることができる（30条2項）。

〔23〕 **失踪宣告の効果**　失踪宣告の効果によって死亡とみなされている以上、本人が生きて帰ったからといって宣告は当然には効力を失わない。そのような場合、本人又は利害関係人は、家庭裁判所に失踪宣告の取消しを求めることとなる（32条1項）。

7　認定死亡

〔24〕 **認定死亡制度**　近年頻繁に発生している大規模土砂災害に巻き込まれそのまま行方不明といった状況や、旅客機が洋上で墜落し機体の残骸は発見できたがすべての乗客の遺体を発見できなかった状況など、死亡している可能性は高いものの、死亡の事実が常にはっきりと認識できるわけではない。このような場合、利害関係人からの特別失踪の申立てのほか、取り調べにあたった官公署（警察署長、海上保安庁など）が死亡の認定をし、死亡地の市町村長に対して死亡報告をすることによって、戸籍上一応死亡として扱う、認定死亡という制度がある（戸籍法89条）。

　認定死亡は、利害関係人からの申立てが不要であることから、上記のような事象が生じた際に、事務処理手続を経ることで比較的簡易に行うことができる。

　こうした戸籍への記載により、死亡記載日に死亡の事実があったと認められるものの（最判昭和28・4・23民集7-4-396）、認定死亡は上記の通り戸籍上の手続に過ぎない。そのため、同制度は権利能力の存否にかかわる民法

2章　権利を持つ者はだれか　29

上の制度ではなく、本人の生存が確認された時点で効力を失う点で失踪宣告の場合と異なる。

8　同時死亡の推定と相続

[25]　**同時死亡の推定**　数人の者が死亡した場合、そのうちの1人が他の者の死亡後になお生存していたことが明らかでないとき、死亡した数人の者の間で死亡時期の前後が判明しないようなときには、これらの者は同時に死亡したものと推定される（32条の2、同時死亡の推定）。

　ある者が死亡した場合、その瞬間にその者の権利能力が失われ、相続が開始する。すなわち、一家で事故に巻き込まれた場合など、相互に相続人としての地位を有する者同士が同時期に死亡し、その死亡の前後がはっきりしないような場合、死亡の前後を特定できず、相続関係を円滑に処理できなくなる。

[26]　**同時死亡と相続**　民法は、被相続人と相続人の死亡時期を同時点とすることにより、相続人を権利能力を有しない者（死者）と扱い、死亡者相互間で相続させない措置とした。なお、同時死亡の推定は、同時期であればよいことから上記の例のような同一事件でなくてもよい。また、多数人中のある特定の者だけ死亡時期が判明している場合、すわなち、全員の死亡時期が判明していない状況でなければ認められないというわけではない。

9　自分だけの判断で行動できない者

(1)　行為能力とは何か

[27]　**行為能力と制限行為能力者**　行為能力とは、単独で完全な法律行為（たとえば契約）をすることができる能力のことである。民法は行為能力者とは何かを定めることをせず、行為能力に制限がある者について規定している。これを制限行為能力者という。制限行為能力者を精神能力が低い者から示せば成年被後見人、未成年者、被保佐人、被補助人の4種となり、それぞれに一定の保護者がついてその保護を図っている。成年被後見人とは精神

上の障害のためにものごとの判断が全くできないような精神状態にいつもあり、家庭裁判所がこの者について後見開始の審判をしている者のことで（7条）、これには成年後見人が保護者として付けられる（8条）。未成年者とは20歳に満たない者のことで保護者としては親権者が付く（818条）。親権者がいない場合や親権者が親権ないし管理権を失った場合には後見人が付けられる（838条1号）。被保佐人とは精神上の障害のためにものごとの判断をする能力が著しく不十分であるために家庭裁判所で保佐開始の審判を受けた者のことで、これには保佐人が保護者として付けられる（11条、12条）。被補助人とは、精神上の障害により事理を弁識する能力が不十分な者について家庭裁判所が補助開始の審判をした者のことで、補助人が付けられる（15条、16条）。被補助人の場合はそれほどに精神能力が劣っているわけではないところから、本人が自ら申し立てた場合は別として、それ以外の場合には必ず本人の同意を得て審判がされることが必要とされることとなる（15条2項）。

(2) 制限行為能力者のした行為はどのような効果を持つか

〔28〕 **制限行為能力者としての成年被後見人**　制限行為能力者は、その保護者の同意を得て行動し、あるいは保護者を代理人として行為する。成年被後見人の行為はすべて取り消すことができる行為とされる（9条本文）。つまり、成年被後見人の場合にはその精神能力の程度の低さから成年後見人自身が同意をすることで成年被後見人をして行為させることはできないと理解されている。成年被後見人が行った行為はすべて（成年後見人の同意に基づいてされた行為も）取り消すことができる行為となる（自動販売機で飲み物を買ったとかスーパーマーケットで身のまわりのものを買ったなどという日常生活の中で普通に行われる行為は取り消すことができない（9条ただし書））。そこで、成年被後見人は、代理人である成年後見人を通じて行動するのが普通である。

〔29〕 **制限行為能力者としての未成年者**　未成年者は、代理人である親権者の同意によって自ら行動することもできるし、代理人である親権者を通じて行動することもできる。未成年者の場合には親権者の同意がない場合にも、①単に権利を得、義務を免れるだけの行為と、②親権者が目的を定め処分を許した財産を目的に従って処分する行為、③親権者が目的を定めずに処

分を許した財産（未成年者の所有する財産のうち一定の金額を月々自由にお小遣いとして使ってよいとするような場合を考えればいいだろう）を処分する行為がされた場合などの行為については取消しをすることは許されていない（5条3項）。

〔30〕 **制限行為能力者としての被保佐人**　被保佐人の場合には、民法13条に掲げる行為については保佐人の同意を得なければならず、これがない場合にはその行為は取り消すことができる行為となる。保佐開始の審判に際して家庭裁判所も民法13条1項に規定された以外の行為であっても保佐人の同意を得なければならない類型の行為を定めることができるとしている（同条2項）ところから、その定めがされた場合にはそのような行為についても保佐人の同意がない行為は取り消すことができる行為となる。民法120条は、取消権者の中に同意権者をも加えて規定しているから、このような行為に関する限り保佐人自身も取消権者とされる。また、民法876条の4では、家庭裁判所は保佐人のために特定の法律行為について、保佐人に代理権を与えることができるとしているところから、ここで代理権が与えられると被保佐人は保佐人を代理人として行動することもできることとなる。

被保佐人の場合は成年被後見人と異なり、精神能力はそれほど低くないところから、保佐人の同意を得なければならないものとして比較的重要な財産行為だけが民法13条にあげられ、被保佐人が単独で行うことができないものとされている*。これについても平成11年の民法改正によって多少新しい工夫がされている。

① 元本を領収し、又はこれを利用すること
② 借財又は保証をすること
③ 不動産その他重要な財産に関する権利の得喪を目的とする行為をすること
④ 訴訟行為をすること
⑤ 贈与、和解又は仲裁合意をすること
⑥ 相続の承認若しくは放棄又は遺産の分割をすること
⑦ 贈与の申込みを拒絶し、遺贈を放棄し、負担付贈与の申込みを承諾し、又は負担付遺贈を承認すること

⑧　新築、改築、増築又は大修繕をすること
⑨　民法602条に定める期間を超える賃貸借をすること

〔31〕　**制限行為能力者としての被補助人**　　被補助人について補助開始の審判がされる際に家庭裁判所は、民法13条に規定されている行為のうちから補助人の同意が必要なものを定めることができる（17条1項ただし書）。

　　＊　**民法13条が列挙する行為について**
　　　民法13条は財産的な行為にあって比較的重要なものをあげている。しかし、民法が制定された時点と現在とでは財産についての評価がかなり異なっている。そこで、この規定の解釈は財産行為として重要なものが例示されているとしてされることになる。たとえば、コンピュータソフトの権利などは重要なる財産の権利の得喪で読むべきであるし、その他同様な配慮をしなければならないものが残されているといえる。

(3)　制限行為能力者の保護と取引相手方の保護の調整

〔32〕　**制限行為能力者制度と保護の限界**　　民法は制限行為能力者を保護するために先に指摘したような手段を与えているが、それは結局は取引の相手方を犠牲にして制限行為能力者を保護することになる。しかし、それにも限界があり、制限行為能力者と取引をした相手方に対する保護の手段を民法は用意している。取引にあたって制限行為能力者が詐術を用いた場合に取消権を封じてしまう制度と、取り消すことができる行為について催告によって不安定な状態を排除する制度である。

〔33〕　**制限行為能力者の詐術**　　民法は制限行為能力者が、取引に際して自分が制限行為能力者ではなく行為能力者であると信じさせるために詐欺的手段を用い、その結果として取引の相手方がその行為者を能力者であると信じたような場合には制限行為能力者は自己の行為についての取消権を行使することができないものとされる（21条）。制限行為能力者を保護することは取引の相手方である行為能力者を犠牲にするわけであるから、このような制限行為能力者までを保護するというのは行き過ぎだからである。

〔34〕　**不確定状態の解消**　　取引の相手方においては、制限行為能力者の行為が取り消されるのかどうかがいつまでも中途半端で置かれるのはたまらないことになる。そこで、取引の相手方は制限行為能力者が能力を回復した場合

にはこれを相手方として、回復していない場合にはその法定代理人に対して、制限行為能力者の行為を取り消すのかあるいはそのままにするのかを1か月以上の期間を定め、その期間内に確答するように求めることができる（これを「催告」という）。この確答がされない場合には、行為はもはや取り消すことができなくなる（20条1項、2項）。もっとも、その法定代理人が後見人であり、これに後見監督人があるために確答をするについて後見監督人の同意が必要となるような場合には、確答がされないと行為は取り消されたことになる。また、被保佐人を相手方として催告する場合には保佐人の同意を得て確答するように求めることが必要となる。確答がされなかった場合には行為はやはり取り消されたものとされる（同条3項）。

このようにして制限行為能力者を保護すると同時にそれが行き過ぎないような工夫がされている。

第2節　権利能力──法人を中心として

1　法人とは

〔35〕　**法人概念**　法人は、自然人以外で、権利能力（法人格）を認められたものである。自然人は一個人であるのに対し、法人は個人や財産を寄り集めた団体であり、その団体に権利能力を認めている点で異なる。そのため法人は、人1人ではできない、あるいは困難なことを法人に属する多数人によって達成すること、社会に散在する財産を集積し大規模に運用・活動すること、などを可能とする。

〔36〕　**法人の類型**　法人はいくつかに類型化することが可能である。①社団法人と財団法人、②公法人と私法人、③営利法人と公益法人、などである。

①の社団法人は、人の集まりである団体に権利能力が与えられたもの（一般社団法人や会社など）をいい、財団法人は、財産の集合に権利能力が与えられたもの（一般財団法人など）をいう。②の公法人は、国家や地方公共団体などを規律する公法に対応する法人（国、都道府県、市町村など）であり、

私法人は私人相互の関係を規律する法律に対応する法人（公法人以外の法人）である。③の営利法人は、法人の活動によって利益を得て、この利益を構成員に分配することを目的とする法人（会社など）であり、公益法人はそのような営利を目的としない法人（公益社団法人やNPO法人など）である。

法人の種類や類型は多岐に及ぶものの、設立手続を経て法人として成立した時点で権利能力を有する。

従来民法は、広く公益法人について、規定を置き、許可主義を採用していたが、最近の法改正によってわずか数か条を残して個別法の定めに委ねることとなった。

2　法人の成立

[37]　法人法定主義　法人は、民法その他の法律の規定によらなければ成立せず（33条1項）、学術、技芸、慈善、祭祀、宗教その他の公益を目的とする法人、営利事業を営むことを目的とする法人その他の法人の設立、組織、運営及び管理については、民法その他の法律の定めるところによるとされる（同条2項）。法人は民法その他の法令の定めにより、登記をしなければならず、設立の登記によって法人は成立する（36条）。法人の成立につき、以下のような制度がある。①法人の設立を許すかどうかの判断を主務官庁の許可にかからしめるもの（許可主義）、②法律の定める要件が具備された場合に主務官庁の認可を受けることによって法人が設立されるもの（認可主義）、③法律の定める要件が具備され、登記がされれば官庁の許認可がなくとも設立されるもの（準則主義）、④法人の設立に何らの形式的要件を必要とせず、任意に法人を設立させるもの（自由設立主義）、などである。

(1)　法人制度の概要
改正によって民法より抜け出た上記法人制度の概要につき解説する。

[38]　一般社団・財団法人の概要　一般社団法人及び一般財団法人に関する法律（以下、「一般法人法」）は、剰余金の分配を目的としない社団又は財団について、その事業の公益性の有無にかかわらず、準則主義により法人格

を取得することができる一般的な法人制度を創設し、その設立、組織、運営及び管理について規定するものである。

① 一般社団法人の概要

一般社団法人を設立する際には、社員になろうとする2人以上の者が定款を作成し（一般法人10条1項）、公証人の定款認証を受け（同13条）、設立登記（同22条）をしなければならない。

設立時の最低拠出額に関する規定はない。なお、社員については、経費支払義務（同27条）、退社（同28条、29条）・除名（同30条）等の規定があるとともに、法人に対して役員等の責任を追及する訴えの提起を請求することができる（同278条以下）。そのほか、理事の行為の差止めを請求することもできる（同88条）。

一般社団法人の機関としては、社員総会及び理事を必ず設置しなければならない（同35条）ほか、定款の定めにより、理事会、監事又は会計監査人を置くことができる（同60条）。社員総会の決議が成立するには、原則として総社員の議決権の過半数を有する社員が出席し、出席した当該社員の議決権の過半数が必要である（同49条1項）。

② 一般財団法人の概要

一般財団法人を設立する際には、設立者が定款を作成し（同152条1項）、公証人の定款認証を受け（同155条）、財産（300万円以上）を拠出し（同157条、153条2項）、設立登記（同163条）をしなければならない。

一般財団法人の機関としては、評議員、評議員会、理事、理事会及び監事を必ず置かなければならない（同170条1項）。このように諸機関を設置しなければならない理由は、一般財団法人が一般社団法人とは異なり、法人内に社員がおらず、社員総会も存在しないため、業務執行機関を監督・牽制する必要があるためである。

〔39〕 **公益社団・財団法人** 公益社団・財団法人は、一般社団・財団法人が公益社団法人及び公益財団法人の認定等に関する法律（以下、「公益認定法」）に基づき、公益認定等委員会及び都道府県に置かれる合議制の機関の関与の下で、内閣総理大臣又は都道府県知事によって公益性が認定された法人である。すなわち、公益法人の設立・監督については、従来の縦割りによる主務

官庁制を廃止し、内閣総理大臣及び都道府県知事が行政庁として、公益性の認定や監督等を行う（公益認定3条）。

公益性認定の基準については、公益目的事業として23種類が列挙されている（同2条4号別表）。

〔40〕 **公益目的事業**　主なものとして、①学術及び科学技術の振興を目的とする事業、②文化及び芸術の振興を目的とする事業、③障害者若しくは生活困窮者又は事故、災害若しくは犯罪による被害者の支援を目的とする事業、④高齢者の福祉の増進を目的とする事業、⑤勤労意欲のある者に対する就労の支援を目的とする事業、⑥公衆衛生の向上を目的とする事業、⑦教育、スポーツ等を通じて国民の心身の健全な発達に寄与し、又は豊かな人間性を涵養することを目的とする事業、⑧男女共同参画社会の形成その他のより良い社会の形成の推進を目的とする事業、⑨国際相互理解の促進及び開発途上にある海外の地域に対する経済協力を目的とする事業、⑩地球環境の保全又は自然環境の保護及び整備を目的とする事業、⑪地域社会の健全な発展を目的とする事業、⑫国民生活に不可欠な物資、エネルギー等の安定供給の確保を目的とする事業、⑬一般消費者の利益の擁護又は増進を目的とする事業、などがある。

〔41〕 **公益認定基準**　公益認定基準については、18項目が要件とされている（公益認定5条各号）。

主なものとして、①公益目的事業を行うことを主たる目的とするものであること、②公益目的事業を行うのに必要な経理的基礎及び技術的能力を有するものであること、③社員、評議員、理事、監事、使用人等に対し、特別の利益を与えないものであること、④株式会社その他の営利事業を営む者又は特定の個人若しくは団体の利益を図る活動を行う者に対し、寄付その他の特別の利益を与える行為を行わない者であること、⑤投機的な取引、高利の融資その他の事業であって、公益法人の社会的信用を維持する上でふさわしくないもの又は公の秩序若しくは善良の風俗を害するおそれのある事業を行わないものであること、⑥公益目的事業にかかる収入がその実施に要する適正な費用を償う額を超えないと見込まれるものであること、⑦公益目的事業以外の事業を行う場合には、収益事業等を行うことによって公益目的事業の実

施に支障を及ぼすおそれがないものであること、⑧公益目的事業比率が100分の50以上となると見込まれるものであること、⑨会計監査人を置いているものであること、⑩理事、監事及び評議員に対する報酬等について、不当に高額なものとならないような支給の基準を定めているものであること、⑪他の団体の意思決定に関与することができる株式等を保有していないものであること、などがある。

　一般社団・財団法人については、準則主義を採用することによって間口を広げ、法人の設立自体を簡易とした。そのうえで、公益社団・財団法人については、一般社団・財団法人として設立された法人からの申請に基づき、公益認定等委員会などによって公益性の認定審査がなされ、認定を受けた法人が公益社団・財団法人となり、税制等各種メリットを享受することができる、という整理がなされた。

3　法人の活動と責任

〔42〕　**法人の権利能力**　　法人は登記が完了した時点で成立することから、法人の権利能力が発生する時期も設立登記の完了時点となる。ただ、法人の権利能力については、自然人とは異なり、①性質上の制限、②法令上の制限、③目的による制限、がそれぞれ加えられる。

　まず①は、法人は自然人のように肉体や生命を持たない存在であるから婚姻や相続といった身分に関する行為は法人の性質上行うことができないという制限である。

　②は、法人自体が法によって権利能力を認められた存在であることから（34条）、これが法令によって制限されるということは不可能ではない。

　③は、法人は定款その他の基本約款によって定められた目的の範囲内において権利、義務を有するものである（34条）。ここでの「目的」の範囲というのは相当に広く、目的として明示された事項のみではなく、その目的を達成するために有用な事項は広く目的の範囲に含まれるかどうかを客観的・抽象的に観察して判断されることになる（最判昭和27・2・15民集6－2－77）。会社の政治献金も会社の社会的役割を果たすためにされたと認められる以上

は、会社の目的の範囲に属すると認められる（最判昭和45・6・24民集24－6－625）。このように理解するとなると「目的の範囲」という観念は大変に広く、定款に記載された目的ということにとどまらず、これを遂行するために必要とされる事項はすべて含まれるというべきことになる（最判昭和33・3・28民集12－4－648）。

4　法人の行為能力

〔43〕　**法人の行為能力**　法人は権利能力を有する範囲で行為能力を有することとなる。ただ、法人は自ら行動することができないため、法人の行為は代表者を通じてなされる。

　　一般社団法人では理事が代表者である（一般法人77条）。

　　一般社団法人は、代表理事その他の代表者がその職務を行うについて第三者に加えた損害を賠償する責任を負う（同78条）。「職務を行うについて」は、民法上の使用者責任（715条）の「事業の執行について」と同様に外形から判断される。

5　権利能力なき社団

〔44〕　**権利能力なき社団**　社会には同窓会、自治会、学会のように、団体としての実体を持つものの、権利能力を有しないものがある。これを権利能力なき社団・財団という。上記一般法人法の制定によって、一般社団法人や一般財団法人の設立が容易となったが、それでも手続のわずらわしさを回避し、権利能力なき社団・財団によって各種の活動を行うニーズはあると思われる。

　　判例は、団体としての組織を備え、多数決の原理がとられ、構成員の変動にもかかわらず、団体が存続し、その組織において、代表の方法、総会の運営、財産の管理等、団体としての主要な点が確定しているものは、権利能力のない社団といえるとする（最判昭和39・10・15民集18－8－1671）。

6 法人の消滅

〔45〕 法人の消滅 　法人は、法が意図的に作り出した人であるため、自然人のように死亡することはない。すなわち、法人は自然人とは異なり、死亡によって法人格が消滅することは発生し得ない。

　法人が消滅する例としては、定款で定めた存続期間の満了や定款で定めた解散事由の発生、破産手続開始の決定、また社団法人にあって総会の解散決議があったような場合に法人は解散する。これによって法人はもはや目的遂行のための活動を続けられなくなり、消滅することになる。

　一般社団・財団法人の解散事由は以下の通りである。

　①定款で定めた存続期間の満了、②定款で定めた解散の事由の発生、③社員総会の決議、④社員が欠けたこと、⑤合併（合併により当該一般社団・財団法人が消滅する場合に限る）、⑥破産手続開始の決定、⑦解散を命ずる裁判、などである（一般法人148条、202条〜205条）。

　上記事由により法人は消滅することになるが、財産関係の整理すなわち清算が終了するまでは、その清算目的の範囲内においては権利能力を喪失しない（同207条）。この清算手続は、原則として理事が清算人となり、現務の結了、債権の取立て及び債務の弁済、残余財産の引渡しなどが実行されることになり、その完了によって法人は消滅することになる。

第3節　法人に類する制度としての組合

1　組合という存在

〔46〕 組合の意義と機能 　人の集まりである団体に権利能力が与えられたものが社団法人である。民法では、同じように人の集まった団体として組合も規定している。ただ、民法上の組合は権利能力を有する法人ではない。

　民法上の組合は、組合員間の契約（組合契約）によって成立する。この組合契約は、各組合員が出資をして共同の事業を営むことを約することによっ

て効力を生ずる（667条）。また、各組合員の出資その他の組合財産は、総組合員の共有に属する（668条）。したがって、組合の事業によって生じた法律関係は組合員全員に生じることとなる。なお、同条にいう共有とは、いつでも自由に単独所有に分割することが可能である状態を意味するが、組合財産には上記の通りそれが認められていない。そこで、自由に分割したり持分を処分したりすることができない状態を共有と分けて「合有」といい、さらに、団体的拘束が強く、個々の構成員に収益機能しか残っていない状態を「総有」という。そのため、組合員による財産所有状態は、詳しくみると共有ではなく合有である。

組合活動によって生じる損益については、組合員が定めた分配割合に従い、分配割合を定めなかったときは、各組合員の出資の価額に応じて定められる（674条1項）。また、各組合員は組合の債務について直接無限責任を負う。

組合は、その目的である事業の成功又はその成功の不能によって解散する（682条）。やむを得ない事由があるときは、各組合員は、組合の解散を請求することができる（683条）。

〔47〕 **匿名組合、有限責任事業組合**　組合には民法上の組合のほか、匿名組合、有限責任事業組合も存在する。

匿名組合とは、商法上の組合であり、当事者の一方が相手方の営業のために出資をし、相手方はその営業から生ずる利益を分配することを約することによって成立する契約である（商535条）。すなわち、匿名組合は出資を目的とするための出資契約である。

有限責任事業組合とは、有限責任事業組合契約によって成立する組合である（有限責任事業組合契約に関する法律2条）。有限責任事業組合契約とは、個人又は法人が出資して、それぞれの出資の価額を責任の限度として共同で営利を目的とする事業を営むことを約し、各当事者がそれぞれの出資に係る払込み又は給付の全部を履行することによって効力を生ずる契約である（同3条）。有限責任事業組合は、民法上の組合と同様に将来解散することを前提とした一時的な共同事業を行う場合を念頭に置いているものの、当該事業に対する組合員の責任は、民法上の組合とは異なり有限責任が認められている。

2　組合とその意義

〔48〕 組合の機能　　組合は組合員間の契約によって成立することから、他の組合員より多くの資金・技術を拠出した組合員に、得られた事業収益からの取り分をより多く与えることなどが可能であり、組合内の組織運営は組合員（組合契約の内容）によって比較的自由に構築することができる。そのため、組合は法人や権利能力なき社団・財団と比べ、事業を行う際の自由度が比較的高い。

　民法上の組合を利用するメリットは、将来、事業目的が達成された場合に解散することを前提とするような一時的な共同事業に適している点である。たとえば、投資ファンドとして各組合員から集めた資金を運用する場合や、大規模な建設工事や工場プラント工事などに見られるように、事業に必要な資金や技術の関係から、あるいはリスク回避の関係から、単独では受注の困難な事業を、複数の企業が共同で受注する場合などがあげられる。

　それに対してデメリットは、各組合員は組合の債務について直接無限責任を負わなければならない点である。すなわち、たとえそれがある組合員の失敗によるものであったとしても、結果的に組合が多額の負債を抱えてしまった場合は、当該失敗と直接関係のない組合員にも組合の負債に対して連帯して責任を取らなければならない。

（鬼頭俊泰）

コラム1　法人格がない事業体

1．本文で述べた一般社団法人という法人制度は、法人格を有する団体（実務上は事業体ということが多い）である。民法を終えた後に学ぶ会社法では、一般法人をより複雑にした会社制度を勉強していくことになる。ここではそれとは趣向を変えて、実務上法人格が「ない」ことを最大限活用した使い方について紹介したい。

2．法人格がない事業体として、挙げられるのが本文で述べた民法上の組合である。組合は、民法上典型「契約」として規定されているが、実態を素直にみれば、一種の共同事業体といってもよい。本書ではこのような視点から法人と並び記述されている。民法上の組合を活用したスキームは、実務上、任意組合の頭文字をとってNK方式と称される。民法上の組合を活用した例として、船舶リース、航空機リース、映画フィルムリースなどの、所得圧縮を実現するためのレバレッジド・リースを挙げたい。これは、巨額なわりに耐用年数が短い航空機や船舶などを利用して、その売却益や節税効果を狙うリース手法のことである。民法上の組合などで購入するため、少ない出資で大型の減価償却資産を持つことができるようになるし、リースの契約年数を耐用年数より長く設定することで、当初数年間は減価償却費と金利がリース料の収入を大幅に上回るので、利益が繰り延べられる。

かかるレバレッジド・リースは、租税回避行為であるとして、平成17年税制改正で、税制上のメリットが奪われた。そしてこれを受け、映画フィルムリースに関する（最判平成18・1・24民集60-1-252）は、映画に投資を行う名目で結成された民法上の組合が購入したとされる映画が同組合の組合員である法人の法人税の計算において法人税法（平成13年法律第6号による改正前のもの）31条1項所定の減価償却資産にあたらないと判示した。

3．次に、これをアレンジしたのが、有限責任事業組合である。これは、LLP（Limited Liability Partnership）と呼ばれ、共同で営利を目的とする事業を営むための組合契約であって、組合員の責任の限度を出資の価額とするもの（LLP法1条）をいう。対内関係においては内部自治、対外関係においては有限責任が貫かれ、LLPは、個人又は法人が出資して、それぞれの出資の価額を責任の限度として共同で営利を目的とする事業を営むことを約し、各当事者がそれぞれの出資に係る払込み又は給付の全部を履行することによって、その効力を生ずる（LLP法3条1項）。

要は、民法上の組合から構成員の「無限」責任を除き、「有限」としたものである。LLPは、会社法における合同会社（LLC；Limited Liability Company）ときわめて類似した制度である。合同会社は、合名会社から社員（出資者）の「無限」責任を除き、「有限」としたものである。組合が事業体といわれるゆえんである。

（松嶋隆弘）

3章 権利の客体
——不動産取引と登記

第1節 不動産と権利

1 権利の客体

〔49〕 **土地建物という存在**　庶民生活にとってどうしても必要となる存在で価値のあるもの、高価なものといえば土地や建物ということになるであろう。それだけに土地や建物についての権利関係やその取引に伴う法律関係には興味があるといえよう。ここで、この土地や建物についての法律関係を明らかにしておくこととする。ここで土地や建物によって代表される権利の客体のことを「不動産」ということになる（86条）。そこで権利の客体となる不動産という観点から土地や建物という存在について検討をしてみることにしたい。

2 不動産とは何か

〔50〕 **不動産の意義**　民法は、不動産とは土地及びその定着物と定義している（86条1項）。そこで、土地が不動産となることは明白であるといえよう。そのほかに土地の定着物であって独立して権利の対象となる不動産となるものに建物がある（建物が土地と離れて権利の客体とされる独立の存在であるということについて370条参照。さらに12章の説明参照）。そのほかにも立木なども独立した不動産であるが、とりわけ重要な不動産は土地と建物ということになるといえよう。そこでここではこの土地と建物という不動産を中心として考えていくことにしたい。

3　売買契約による所有権の移転

〔51〕　**所有権の移転時期**　不動産の売買契約がされた場合、目的物はいつ買主に移転することになるであろうか。この点に関し、民法176条の規定は目的物の所有権は契約当事者の意思の合致のみで移転すると規定している。この規定の解釈は微妙であるが、この点に関する裁判所の採用する立場では、原則として「売りましょう」「買いましょう」という契約当事者の意思の合致のみがされただけの段階で所有権が移転するというのである。

4　不動産所有権の移転に際しての移転登記はどのような役割を持つか——対抗要件主義

〔52〕　**対抗要件主義**　裁判所の立場としては「いくらで買います」という申込みと「いくらで売ります」という承諾という意思が表明され、これらが合致しただけで目的物の所有権が移転するというのである。しかし、当事者の合意だけで権利が移転するならば、不動産に特有の登記の問題はどう考えればいいのかが問題となるのである。金も払わず、登記も移転していないのに買主が所有者になったというように理解することができるのであろうか。そこで、学説によっては登記がされたり代金が払われたりした時点で所有権が移転したものと理解する学説が主張されることとなる。きわめて説得的な立場ということとなろうか。しかし、ここでは実際の実務界の取扱いの基準となる判例が理解するように当事者の合意がされた時点で所有権が移転するという前提に立って考えてみることとしたい。

　「売りましょう」「買いましょう」という合意によって所有権が移転し、登記が売主に残っていても買主が所有者となったものとされるのである。

5　不動産の権利変動と登記の機能

〔53〕　**登記なき物権変動の意義**　不動産に関する制度として不動産登記と

いうものが非常に大切なものとされている。不動産取引に関して登記はどんな意味を持つのであろうか。この点について民法177条は、次のように規定している。不動産に関する「売りましょう」「買いましょう」という合意で所有権は移転するが、買主は移転登記を得ておかないと自分が所有者となったことを第三者に対抗することができないというのである。つまり、登記の移転は買主が第三者に対しての対抗要件とされるのである（177条）。不動産取引がされても買主は必ず登記をしておかないとせっかくの不動産の所有権を第三者に対抗できないことになる場合もある。もともと第三者に対抗できない所有権などは所有権に値するものとはいえないであろう。

たとえば、売買の対象とされた不動産が買主に移転登記されないまま他の買主に売られ、移転登記がされてしまえば、最初の買主といえども自己が所有者であることを第２の買主（第三者）に主張することができないことになるからである。世の中の誰に対してでも自分が所有者であるといえてこそ、真の意味での所有者ということになるからである。

〔54〕 **対抗要件の機能**　そうなると、単なる合意だけではなく、買主に移転登記がされたときに実質的には所有権は移転したのだといいたいところである。では、登記さえすればどんな立場の者であっても登記をしていない者に勝つことになるのであろうか。問題となりそうないくつかの場面を検討してみることにしたい。

第２節　不動産取引と登記についての問題点

1　登記がなければ対抗することができない「第三者」

〔55〕 **第三者**　不動産を自分が先に買い受けても登記をしていないとどのような場合であっても、あるいはどのような相手に対してであっても所有権を対抗することができないことになるのであろうか。民法177条がいう「第三者」とはいったいどのような者のことをいうのであろうか。このあたりから考えておくこととしたい。

〔56〕 **包括承継人など**　契約当事者同士の関係は第三者の関係とはいえないことは当然である（売主、買主という当事者関係ということになる）。また、当事者の立場を包括的に引き継いだ包括承継人の場合は当事者と同様の立場であるから、これも第三者とはいえないこととなる。いわゆる包括承継の関係となる場合について具体的に言えば相続や合併という形で売主なり買主なりの立場を包括的に承継＊した者は当事者に準ずる立場になり第三者とはいえないこととなる。

　さらに第三者として保護を受ける者は、保護に値する法律上の正当な地位にある者でなければならない。その意味では、不法行為者や純粋の無権利者なども「第三者」には該当しないことになる。

　　＊　**包括承継**
　　　権利の移転形式には個々の権利それぞれが個別的に移転する場合（たとえば不動産が売買されたような場合には当該不動産のみが売主から買主に移転するような場合）のほかにも、ある人の属する権利や義務の一切合切がそっくり移転してくるという場合（たとえば、亡くなった人の権利や義務の一切合切が相続人によって承継される場合とか、会社が吸収合併された場合に旧会社に属した権利も義務も一切合切が新会社に承継されるような場合）があり、前者を特定承継といい、後者を包括承継ということになる。包括承継の場合には権利のみならず義務もすべてが承継されるからまるで当事者の地位がそっくり移転してきているというような法律関係となる。

2　悪意の第三者はどう扱われるか

〔57〕 **悪意の第三者**　ここで問題となるものは悪意＊の第三者である。「悪意」というのは変な言葉であるが、これは「ある事情を知っている」という意味である。ここでの悪意の第三者は先に買い取った者があることを知りながらその不動産を二重に購入して先に登記を済ませた第三者ということになる。誰かが先にその不動産を買っていることを知りながらその不動産の二重譲渡などを受けるのはいかにもひどいやつといえそうである。だから、このような第三者は先に登記をしても先に買い受けた者に対抗できないという考え方が出てくることは当然である。しかしながら、判例・通説の立場はこのような立場に立っていない。現在の資本主義社会は自由競争の世界なのだから、悪意の第三者といえどもその行為が取引社会における信義誠実の原則に反し

ない程度のことであれば、そのくらいのことは問題とするに値しないと理解をするわけである。他人がすでに買っていることを知りながらそれでもまだ移転登記までがされていないのであればということで、あえて買い受け、自分に移転登記をした者であっても、先に登記をしたほうが勝ちになるとされるのである。もちろん、そのような二重売りをした者の責任を追及することができるのは当然である。しかし、一般的に売り逃げしてしまうことが多いし、あるいは全くの無資力となっているような場合も多いことであるから、責任を追及しようにも相手方が逃げてしまった後ということになったり、実効性がない場合であれば無意味となる可能性が強いこととなる。

* **悪意と善意**
民法は私たちが生活の中において何気なく使っている言葉に通常とは異なる意味を持たせていることがある。ここで問題となる「悪意」とは「ある事情を知っている」という意味である。これと対照的な「善意」という言葉は、「ある事情を知らない」という意味で用いられる。これは使われる場所によっては「ある事情を信じている」といった意味になる場合もある（192条など）。

3 保護を受けない第三者——背信的悪意者

〔58〕 不動産登記法と悪意の第三者 不動産登記法5条には「詐欺又は強迫によって登記の申請を妨げた第三者は、その登記がないことを主張することができない」「他人のために登記を申請する義務を負う第三者は、その登記がないことを主張することができない。ただし、その登記の登記原因（登記の原因となる事実又は法律行為をいう。以下同じ）が自己の登記の登記原因の後に生じたときは、この限りでない」という定めが置かれている。そうなると、民法177条の規定では「登記をしなければ、第三者に対抗することができない」とされているわけであるが、その第三者には「詐欺又は強迫によって登記の申請を妨げた第三者」や「他人のために登記を申請する義務を負う第三者」の場合には原則として第三者としての保護を受けることができないということになる。この不動産登記法の規定をどのように理解するかが問題となるが、ここで示されたような者は、信義誠実の原則からみても保護に値しない者というように理解される。さらに、不動産登記法5条の規定は、①

信義誠実の原則からみても保護に値しない第三者を例示的に示したものであるという理解と、②そのような例を限定的にあげたものという2つの理解がある。しかし、これについては前者の考え方がとられている。そうなると、ここに規定された場合以外であっても信義誠実の原則からみて保護に値しないと評価されるような「第三者」という存在が考えられるということになる。いくつもの判例がそれに該当するような場合を認めている。具体的には以下に指摘するような場合が問題となるといっていいであろう。

〔59〕 **悪意の第三者の類型的把握**　すでに触れたように民法177条は悪意の第三者でも保護するわけであるが、どんな悪意の第三者でもいいのかは問題となる。先に買った人がいることを知っているだけではなく、そのことがゆえに自分がかなり安く（たとえば市価の半分とか）購入している場合、あるいは特別にその不動産が欲しいわけではなく、単に先に購入している者への厭がらせのために購入したような類型、売主と悪意の買主とが「本人と個人会社」とか「夫と妻」という実質的には同一人と評価できる関係にあるような類型などが問題となる。

　最高裁判所の判例はこのような類型にある者について、その他の具体的条件が満たされるとこれを信義誠実の原則に反する悪意の第三者（これを「背信的悪意者」という）と評価し、このような者は民法177条によって保護される第三者に該当しないとしている。つまり、このような第三者が先に登記をしても、先に不動産を購入し、移転登記を受けていない者は自分が所有権者であると主張して登記の抹消なり移転登記なりを請求することができることになる。

4　不動産賃借権者

〔60〕 **不動産賃借権者は第三者か**　対抗要件の要否は、不動産賃借権者との関係においても問題となる。たとえば、甲所有の土地を譲り受けた丙が、その土地を賃借している乙に対して、賃貸人として賃料の請求をするについて登記が必要であるか、というかたちで問題となる。もともと「対抗要件」は排他的な権利相互においてその優先関係を決めるための要件であるとされ

る。そうであれば、ここでの問題は排他的な権利相互においての優先関係を決めるものではなく、単なる所有者の確定の問題に過ぎないということになろう。このようなことから学説は、賃借人が第三者に該当するかどうかについて対立している。対抗要件の性質がかようなものであるとしても、賃借人の側からすれば、賃料の二重払いの危険から、賃貸人が誰であるかは重大な関心事であるはずである。かような観点から判例は、理論的には対抗要件の問題とはいえないが、賃貸人がその権利を行使するためには登記が必要であるとしている（最判昭和25・11・30民集4－11－607、最判昭和49・3・19民集28－2－325）。しかし、学説にあっては、賃借人の保護は、いわゆる準占有者への弁済保護規定（478条）などによって十分であるところから、対抗要件に事実の証明の問題を持ち込むべきではないとしている。賃借人の保護という側面からはいずれの立場によっても差異がない以上、対抗要件の論理を徹底し、学説の立場によるのが正当であろう。

5　不動産の差押権者・一般債権者

〔61〕　**債権者の立場**　たとえば、甲が所有不動産を乙に売却し、所有権移転登記をする前に甲の債権者がその不動産を差し押さえた場合に、乙に登記がない以上、差押権者に対抗することはできない。しかし、差押えの段階に入らない一般債権者に対しては、乙は登記なくして対抗することができる。

第3節　登記とは何か

1　登記と登記簿

〔62〕　**登記の意義**　登記とは、不動産についての権利関係を広く世の中の人々に示す公の帳簿のことということができよう。つまり、不動産を取得しようとする人がその不動産についての権利関係を知り、取引の上での損害を被らないようにし、取引の安全を保護しようとする制度のことである。この

【図表3-1 不動産登記簿の例】

東京都新宿区西新宿4丁目329-8　　　　　全部事項証明書　　（土地）

【表題部】（土地の表示）			調製 平成4年10月24日	地図番号	余白
【住所】	新宿区西新宿四丁目		余白		
【①地番】	【②地目】	【③地積】　㎡	【原因及びその目的】	【登記の日付】	
39番2	宅地	139　66	339番から分筆	昭和59年5月22日	
余白	余白	余白	余白	昭和63年法務省令第37号附則第2条第2項の規定により移記　平成4年10月24日	

【甲区】（所有権に関する事項）				
【順位番号】	【登記の目的】	【受付年月日・受付番号】	【原因】	【権利者その他の事項】
1	所有権移転	昭和63年8月22日第35810号	昭和63年7月26日和解	所有者　新宿区市ヶ谷三丁目12番1号　東京織物　有限会社　順位3番の登記を移記
	余白	余白	余白	昭和63年法務省令第37号附則第2条第2項の規定により移記　平成3年10月24日

【乙区】（所有権以外の権利に関する事項）				
【順位番号】	【登記の目的】	【受付年月日・受付番号】	【原因】	【権利者その他の事項】
1	根抵当権設定	昭和63年8月22日第35761号	昭和63年8月22日設定	極度額　金3億円　債権の範囲　銀行取引　手形債権　小切手債権　債務者　新宿区市ヶ谷一丁目12番1号　東京織物　有限会社　根抵当権者　千代田区大手町一丁目5番5号　株式会社　○○銀行（取扱店　高田馬場支店）　共同担保　目録（て）第7837号　順位1番の登記を移記
2	根抵当権設定	平成2年8月26日第23810号	平成2年8月18日設定	極度額　金6,000万円　債権の範囲　銀行取引　手形債権　小切手債権　債務者　新宿区市ヶ谷一丁目12番1号　東京織物　有限会社　根抵当権者　千代田区大手町一丁目5番5号　株式会社　○○銀行（取扱店　高田馬場支店）　共同担保　目録（に）第3084号　順位2番の登記を移記
	余白	余白	余白	昭和63年法務省令第37号附則第2条第2項の規定により移記　平成3年10月24日

共同担保目録

以下省略

ように何らかの方法によって不動産についての権利関係を明らかにしておくべきであるという原則のことを「公示の原則」といい、登記などの公示の手段となるもののことを「公示方法」ということになる。

登記簿は、最近の不動産登記法の改正によって従来の紙による帳簿方式からいわゆる電磁記録による保管ということが認められるようになったところからそのような方法によって記載されることになっている。

2 登記簿の構成──登記簿の読み方

[63] **登記簿はどうみるか** 電磁記録による新しい登記簿も従来からの紙ベースによる登記簿も同様であるが、不動産登記簿は3つの部分から成り立っているといえよう。すなわち、「表題部」「甲区」「乙区」がそれである。表題部とはその登記簿に登載されている土地や建物の特定に必要なことが書かれる部分のことである。甲区には、所有権関係事項が書かれることとされている。乙区にはその他の権利（いちばん典型的なものが抵当権）が記載される。そこで、登記簿の表題部をみて対象物件を取り違えないように注意し、甲区をみて現在の所有者を確認することとなる。登記は従来からの所有者から順次譲渡されてきたものが連続して記載されることになるから、現在の所有者に疑問がある場合にはさかのぼって調査をしてみればいいことになる。いわゆる権原調査がこれである。乙区にはいわゆる制限物権などの所有権以外の権利が記載されることになるから、当該目的物を購入しようとする者はその目的物に地上権とか抵当権などの権利が付けられていることを調査し、十分に配慮して権利関係を結ばなければならないことになる。

3 登記請求権と中間省略登記の関係

[64] **中間省略登記** 不動産売買がされた場合には、売主には買主に対して移転登記をする義務が生じることとなる。反対に、買主は売主に対して登記をしてくれと主張をする権利である登記請求権を持つことになる。それにもかかわらず、売主が登記をしない場合には買主は裁判上の手続によって移転

登記を得ることができるものとされている。このような登記をしてくれと請求をする権利を登記請求権といい、この登記請求権は次のような場合に生じることとされる。すなわち、①権利変動があったのに登記がされていない場合、②権利変動の過程と態様が真実の権利関係と一致しない場合、③権利変動の当事者間で登記をする約束があった場合などである。

〔65〕 **中間省略登記の効力**　登記は、権利変動の当事者について順次正確に記載され、これをみることによって当該不動産がどのような権利変動をしてきたかがわかるようになっているのである。しかし、権利変動の当事者の一部を省略して移転登記がされたりすることがある（これを中間省略登記という）。このような登記は決して望ましいものではないことは当然である。しかし、これを無効とするとそこで生じてくる影響力が大きすぎることとなる。そこで、このような登記であってもされてしまえば有効と扱われるのが判例・通説であるといえよう。しかし、A→B→Cと権利変動があった場合、登記がA→Cとされており、このような登記がされることに省略されてしまったBが同意していないばかりでなく、たとえば、BがまだCから代金を受領していないなどBとしてはCへの移転登記を拒むことができる正当な理由がある場合などには、BはこのCへの登記の抹消を求めることができるものとされる。このような登記の抹消を求める前にこれがさらにCからDに売却され、移転登記がされてしまえばこの登記は有効なものとなり抹消を求めることはできないことになる。

　裁判所の判例によると不動産の所有権がA→B→Cと移転した場合、この権利変動の当事者であるA、B、Cの3人がいきなりBへの権利移転の登記を省略してしまってA→Cという中間省略登記をするという合意をすれば、Cは、Aに対してBへの移転登記を省略して直接自己への移転登記をしてくれと請求をする権利（中間省略登記請求権）を持つとされている（最判昭和40・9・21民集19-6-1560）。

4　登記手続と権利証の役割

〔66〕 **権利証**　登記は、権利変動の当事者（たとえば、不動産の売主と買主）

の共同の申請がされた場合に初めて行われることになるが（共同申請主義という。これについては不登60条参照）、普通はこの手続は司法書士が当事者双方からの委任を受けて行うこととなる。これまで、登記の手続をするには権利関係の変動を証明する文書が添付されなければならないこととされていた。つまり、AからBへと所有権が移転した場合の登記の申請には不動産売渡証など権利移転を証明する文書が添付された。この登記が済むと、登記官はこの売渡証に「登記済」という印を押して司法書士を通じて買主Bに返してくれることになっていた。これがいわゆる「権利証」といわれるもので、以後、この不動産が譲渡され、譲渡先に移転登記をするような場合には登記申請書にこの権利証が添付される必要があるものとされていた。したがって、権利証を持っている者が真実の権利者であると推測されることになっていた。それだけにこの権利証（正確には「登記済証」）は大切な書類であるということになるところから、安易に他人に渡したりしてはならないものであるとされている。

〔67〕 **コンピュータ化と権利証**　しかしながら、今日の登記制度のコンピュータ化に伴って登記の申請自体が電子化され、当事者が登記所に出頭することなくコンピュータ手続（オンライン方式）によって登記申請ができるようになり、これらのことを定める不動産登記法が全面的に改正を受けることとなった。ここで先に説明をした従来は権利者を証明する制度として重視されていた権利証（登記済証）が廃止されることとなり、これに伴って権利者であることの証明手段が「登記識別情報」なるものに依存されるようになった。つまり、登記申請が完了したときに登記所が登記名義人となった者に対し、アルファベットと数字の組み合わせによる一種の暗号のような登記識別情報を通知し、その登記名義人が、次回の登記義務者として登記申請するに際しこの登記識別情報を提供することにより本人であることの確認手段とすることになるというシステムに変更することになったのである。

5 仮登記とは何か

〔68〕 **仮登記の意義と機能**　登記の種類に仮登記がある。仮登記は、民法自

体が認めたものではなく、不動産登記法が認める制度である（不登105条）。これは、①本登記をする手続条件が具備されていない場合（「登記の申請をするために登記所に対し提供しなければならない情報であって、第25条第9号の申請情報と併せて提供しなければならないものとされているもののうち法務省令で定めるものを提供することができないとき」とされている）、②所有権などの権利の移転請求権を確保するためとか、権利が条件付きであったり始期付きであったりした場合にその権利を確保するためなどにするものである（「権利の設定、移転、変更又は消滅に関して請求権（始期付き又は停止条件付きのものその他将来確定することが見込まれるものを含む。）を保全しようとするとき」とされている）。まだ本登記をする手続ができていない（たとえば、必要な情報が提供されていないなど）とか、あるいはAがBにお金を融資し、「そのお金が返せない場合には、そのお金の支払いに代えて土地で弁済をする」と約束をした場合には停止条件付代物弁済契約（その貸金を持って土地を売買するという約束ならば停止条件付売買になる）ということで、これがされた場合にはこの仮登記以降にされた本登記があるにしても、それは、この仮登記に劣後することになる。

　つまり、仮登記がされ、これに劣後する不動産上の権利がある場合（たとえば、先順位の所有権移転請求権確保のための仮登記があり、これに遅れる所有権移転の本登記がある場合）に、仮登記が後に本登記にされると、この本登記は仮登記がされた時点からあったのと同様の効力を発揮するから（不登106条）、結局は仮登記の後にされた本登記は、仮登記を本登記にする過程において抹消されることになり、せっかく本登記を得たのに無意味となってしまうということになるのである。その意味でも仮登記は重要な機能を発揮するものであり、すでに仮登記のされてある不動産に決して手を出してはいけないということになる。同時に、不動産を購入したけれども、すぐには本登記が受けられない事情がある場合にも仮登記さえ受けておけば、その不動産が二重売りされ、後の買主に移転登記がされても安心ということになる。

6　担保としての仮登記とはどのようなものか

〔69〕　担保目的でされる仮登記　仮登記には、貸付金を確実に回収するための手段（これを担保という）としての機能もある。これも仮登記の重要なところであるが、これについては「貸金の履行確保の手段としての担保」という問題を説明する際に詳しく触れる予定である（12章第3節参照）。

第4節　登記をしなければ対抗することができない物権変動

〔70〕　登記を要する物権変動　不動産に関する物権の得喪及び変更は登記をしなければ第三者に対抗できない（177条）。この規定は、176条を前提としていると理解することができる。そして176条が意思による物権変動を当然の前提としているようにみえるところから、これを受けた177条においても、意思による物権変動、つまり売買などの法律行為による物権変動を当然の前提としているように理解される。

　しかし物権変動は、相続や時効などによっても生ずる。そこで、これらすべての物権変動について登記が必要とされるのかが問題となる。

1　復帰的な物権変動と登記

〔71〕　復帰的な物権変動と登記　まず問題となるのが、取消しや解除といったいわゆる復帰的な物権変動の扱いである。この問題について判例は、取消しがなされる前に権利を取得した第三者に対しては登記なくして物権変動の効果（制限行為能力や詐欺、強迫などによる取消しによる復帰的な物権変動）を主張することができるとする（大判昭和4・2・20民集8-2-59、大判昭和10・11・14新聞3922-8など）。もっとも、詐欺による取消しにおける善意の第三者はこの例外である（96条3項。この善意の第三者が保護を受けるについては登記をしていることが要求されるかどうかについての争いがあるが、判例の立場は必ずしも明白ではない。これを必要とするという明文の規定もないところ

から、不要と解すべきであろう）。解除に関しては、解除前の第三者についての545条1項ただし書の規定が置かれているため、この第三者も例外となり、解除権者は解除の効果をこの第三者に対抗することはできない。なお、この解除前の第三者が保護されるためには登記が必要であるとするのが判例である（最判昭和33・6・14民集12-9-1449）。そして判例は、取消し後や解除後に出現した第三者には登記なくして対抗することはできないとしている（最判昭和32・6・7民集11-6-999）。

2 相続と登記

〔72〕 相続と登記 相続による物権変動と登記との関係をみてみよう。本来、相続というのは権利・義務の包括的な承継であるところから、相続人が被相続人の立場をそのまま承継する。そのために、たとえばAがBに自己の土地を売却し、移転登記未了のまま死亡し、CがAを相続した場合、C＝Aという関係が認められるので、Bに対する関係においてCは自己が第三者であるという主張はできない。したがって、Bは登記がなくても、Cに対して土地の売主としての義務の履行を求めることができる。もっとも、DがCから譲渡を受けた場合は、Dは第三者であるから、BとDとの優劣関係は登記によって決まることとなる。

(1) 相続による物権変動とその展開

〔73〕 共同相続と登記 Aが死亡して子B、Cが相続人となったが、相続財産である不動産につきBが勝手に単独名義の登記をして、これをDに売却して移転登記を済ませた場合に、Cは登記なくして自己の相続分をDに対抗することができるであろうか。この問題については学説が分かれるところであるが、判例・通説では、単独登記は他の相続人の持分に関しては無権利の登記であるとして、Cは登記なくしてDに対して自己の持分を主張・対抗することができるとしている（最判昭和38・2・22民集17-1-235）。

〔74〕 相続放棄と登記 Aが死亡して子B、C、Dが相続したが、Dの債権者Eは債権者代位権を行使して、相続財産である不動産について3分の1の

Dの持分登記をし、これを差し押さえた。Dが相続放棄＊をした場合に、B、Cはそれを登記なくしてEに対抗することができるであろうか。これについて判例・通説は、相続放棄の遡及効は絶対的な効力を持つので（939条）、差押権者は無内容な権利を差し押さえたこととなり、これに対して他の相続人は登記なくして対抗することができるとしている（最判昭和42・1・20民集21－1－16）。

[75] **遺産分割と登記**　Aが死亡して子B、C、Dが相続し、遺産分割の協議の結果として遺産中の甲不動産をBが全部取得することになったが、相続登記前に、Dの債権者Eが債権者代位権を行使して、相続財産である当該甲不動産についてDへの3分の1の持分登記をした上で、この持分を差し押さえた。この場合にBは登記なくしてEに対抗することができるであろうか。これについて判例・通説は、遺産分割は一種の取引的性格を持っており、遡及効はあるが（909条）、第三者との関係では、相続人がいったん取得した権利を分割時に変更するものであるから、Bは登記なくしてEに自己の権利を対抗することができないとしている（最判昭和46・1・26民集25－1－90）。

[76] **遺贈と登記**　また、遺贈に関しても同様に解し、遺贈の効果は被相続人死亡の時点で生ずるが（985条1項）、受遺者は登記をしなければこれを第三者に対抗することができないとするのが判例・通説である（最判昭和46・11・16民集25－8－1182）。

　　＊　**相続放棄と遺産分割の差異について**
　　遺産分割も相続放棄も遡及的効果を持つ（909条、939条）。このように両者ともに遡及的効果によって解決されるとされるのはなぜであろうか。まず、遺産分割は意思による取引的行為に類するということができ、この点において放棄と異なっている。つまり、遺産分割手続というのは、相続人間においては一種の交換や贈与、売買として評価することができるところから、177条の適用になじみやすいといえよう。だからこそ、遺産分割において各相続人は相互に売主と同様の担保責任を負担するとされているのであろう（911条以下）。また、遺産分割は場合によっては長期間かかり、それだけに法律上の利害関係ある第三者が出現する可能性が大きいが、相続放棄は基本的には相続開始から3か月以内にしなければならないので利害関係ある第三者が出現する可能性が比較的少ないし、また、3か月を経過した段階で家庭裁判所に問い合わせれば放棄の有無を知ることができるという実際的な理由もあろう。また、放棄の場合には当初から「相続人とならなかったものとみなす」（939条）というのに対し、遺産分割の場合には「相続開始の時にさかのぼってその効力を生ずる」（909条）という規定のしかたの相違も根拠となろう。

3 時効と登記

〔77〕 **時効による物権変動と登記**　時効による物権変動については177条が適用されるであろうか。わが国における不動産の時効取得は登記を伴わない単なる占有（もちろん一定の主観的要件等が必要となるが）によって完成するので、時効と登記との関係が問題となる。これについて最高裁判所は次のような立場をとる。

〔78〕 **時効完成と登記**　まず、時効が完成した時点における不動産所有権者に対しては、登記なくして時効取得を対抗することができる。時効取得は一種の原始取得であり承継取得ではないが、現象面においては物権変動の当事者の立場に類するものとする（大判大正7・3・2民録24-423、最判昭和41・11・22民集20-9-1901、最判昭和42・7・21民集21-6-1643）。

また、時効完成後において、その不動産の所有権を取得した者（たとえば譲受人）に対する関係においては、時効取得者は登記なくして対抗することはできない（二重譲渡類似の関係となる）とする（大連判大正14・7・8民集4-9-412、最判昭和33・8・28民集12-12-1936）。

〔79〕 **時効逆算説について**　判例は、およそ時効というものは一定の起算点から計算すべきものであり、勝手に起算点を動かしたり、逆算したりすることはできないとしているが（最判昭和35・7・27民集14-10-1871）、一部の学説は、時効はその起算点から起算するのではなく、むしろ完成時点を設定してこれから逆算すべきであると主張する。

このような判例の立場については批判もあり、不動産における時効取得について、特に占有に重点を置いて考えるべきか、登記を重視するべきかという問題をめぐっては、なお流動的な状況にあるといえよう。

　　＊　**時効と登記についての学説**
　　この問題について、判例に反対する主な学説を簡単に紹介しておこう。Aの土地をBが占有し、同時にCがAから譲渡を受けた事案について、以下のような説がある。
　　①Bの時効完成前にCへの譲渡がされた場合であっても、Bは移転登記がされた時点からさらに時効完成に必要な期間の占有をしないと時効取得ができないとする説（これによると移転登記が一種の時効中断事由のように扱われるが、これには実体法上の根拠がないと批判される）

②前記①の立場を基本的には支持するが、このような形態ではなく、いわゆる越境型の時効取得（境界線を越えて他人の土地を自主占有していて時効が問題となるケース）については、例外的に判例の考え方に従うのが合理的であるとする説

③時効取得者Bの不動産取得時期は時効の遡及効の結果として起算日となるから、判例の立場に従ってもCの取得は時効完成後ということとなり、結局は登記の前後によってすべての場合が一律に処理されるとする説

④占有を重視し、そもそも不動産の時効取得が登記なくして占有のみで認められる以上は、Bは登記なくして常にCに対抗することができるとする説（著しく取引の安全が害されるという批判がある）

（山川一陽）

4章　権利の客体——動産取引

第1節　動産と動産取引

1　動産について

〔80〕　**動産概念**　民法は、不動産以外の物はすべて動産であるとする（86条2項）。不動産は土地及びその定着物であるから（86条1項）、有体物であって（85条）、土地や、建物、立木を含む土地の定着物以外は、すべてが動産である。草木、石、土砂等の土地の定着物も、原則として土地の一部であって不動産であるが、土地から分離されれば、動産として別個の取引対象になり得る。このように、動産は不動産に比べて種類もその数もきわめて多い。

〔81〕　**動産と扱われるもの**　本来は物ではないが、民法において動産と見なされるのが、無記名債権である(86条3項)。無記名債権とは、商品券や乗車券、映画の入場券など、証券上に権利者の名前が書かれておらず、証券を所持する者が権利者とされる「債権」のことをいう。このように無記名債権は、物＝有体物ではなく「権利」であるが、その権利行使や取引は、物と同様、常に証券自体のやりとりによって行われるため、特別に、物として取り扱うこととされているものである。

　なお、金銭は上記の定義からすれば動産ということになるが、金銭は価値そのものとしての性質を持ち、また、占有とその所有とが一致するため、動産ではあっても動産に適用される各法条の適用は受けないとされている。

2　動産取引概観——不動産との比較

(1) 対抗要件

[82]　動産物権変動の対抗要件　上記の通り、動産はその種類も数も、限りなく多く、また、これを対象とする取引も同様にきわめて多い。このため、そのすべてにつき、不動産と同様の公示方法である登記を求めることは不可能である。

このため、民法においては、動産の物権変動の対抗要件を、（登記ではなく）引渡しであると定めており、（特別法等がない限り）譲渡人から譲受人への引渡しがありさえすれば、所有権の移転等を第三者に対抗できる。もっとも、後に見るように、引渡しとは占有の移転のことであって、占有の移転といっても、その占有自体に様々な態様のものが含まれることから、引渡しがあったにもかかわらず、物が実際には（物理的には）動いていない場合も多い。その結果、所有者とその見た目の上での占有とが異なる場合も多く、このことは、様々な種類があり、きわめて頻繁にその取引が行われる動産にあっては不可避のことであるが不動産における登記と異なり、その公示の方法がきわめて不完全であることをも意味しているといえる。

(2) 公信の原則＝即時取得制度

[83]　動産取引と公信の原則　以上からすると、動産取引においては、不動産に比較して、真実の権利者でない者との取引が生じ得る可能性がきわめて高くなるということになる。しかし、だからといって真実の権利者でない者と取引をした者が、そのたびに目的物の権利を得られないということになってしまうと、きわめて頻繁に行われるものであるにもかかわらず、動産については安心して取引を行うことができなくなり、社会における取引経済活動自体が成り立たなくなってしまうであろう。

このため、不動産取引と異なり、民法は、動産取引においては、公信の原則を採用している。すなわち、動産については、占有に公信力が与えられ、これを信頼して取引に入った者は、たとえ占有者が当該目的物について権利を有しなかったとしても、有効に権利を得られる。これを定めるのが民法

192条の即時取得制度である。それゆえ、多くの場合、対抗要件を具備しているか否かが物権の帰趨を左右し、実質上、対抗要件主義が物権取引の原則に近くなっている不動産と異なり、動産の物権変動においては、むしろ公信の原則と即時取得制度が物権の帰趨を左右し、これが物権取引の原則に近くなっているといえよう。

第2節　動産取引の対抗要件

1　対抗要件としての「引渡し」

〔84〕　**動産物権変動と対抗要件の意義**　民法178条は、「動産に関する物権の譲渡は、その動産の引渡しがなければ、第三者に対抗することができない」とし、これにより、動産物権変動の対抗要件は「引渡し」であるとの原則を定める。登記を対抗要件とする不動産と異なり、動産物権変動の対抗要件の原則が引渡しとされるのは、動産の取引が不動産に比べて頻繁に行われ、すべての動産に不動産と同様の登記制度を備えるのは実際上不可能であるからである。このため、後に述べるように、動産であっても価値が高く、それほど頻繁に取引が行われるわけではない、一部の動産（自動車、船舶、飛行機等）については、不動産と同様の登記や登録制度が存在し、これら登記や登録がなされた動産については、引渡しではなく登記や登録が対抗要件となる。もっとも、そのような登記、登録制度のある動産であっても、未登記、未登録の動産は、通常の動産と同様に扱うことが可能である。

〔85〕　**動産物権変動の特色**　このように、動産においては、対抗要件が引渡しであるというほかに、不動産の物権変動（177条）と違い、問題となる物権変動が「譲渡」に限られている（178条。もっとも、取消しや解除による譲渡の回復も、譲渡と同様に解してよいためこれに含まれる）。そして、動産で実際に178条による対抗要件が問題となるのは、所有権の移転のみであるということも、不動産と異なる点であろう。

2　引渡しの態様

〔86〕　引渡し概念　動産譲渡の対抗要件である「引渡し」とはいかなるものか。この「引渡し」とは具体的には占有の移転のことであるが、民法においては、4つの態様を定めているため、以下にこれをみていく。

① 　現実の引渡し

第1の態様は、現実の引渡しである。これは、現実に目的物を引き渡すことであり（182条1項）、たとえばAからBへの売買において、Aが目的物の占有をBへと実際に移転させることである。これが対抗要件になることについて何ら問題はない。

② 　簡易の引渡し

第2の態様は簡易の引渡しであり、引き渡す相手方が現に目的物を所持している場合、現実の引渡しをしなくとも、意思表示のみでこれを行うことができる（182条2項）。たとえば、AがBに預けていた目的物を、Bに売る場合においては、これをいったんAに返してから現実に引き渡すなどの手続をとる必要はなく、合意のみでBへの引渡しがなされたことになる。

③ 　占有改定

第3は占有改定である。これは、引渡しを行う者（譲渡人）が、以後引渡しの相手方（譲受人）のために目的物を占有する旨意思表示をすることである（183条）。たとえばAからBが物を買ったが、目的物が大きいため、すぐに持ち帰れないなどの理由でそれをそのままAに預けておくといったケースは、しばしばあり得ることであろう。また、Aが資金を得るために、その所有している製造のための機械をBに売却したが、その後も当該機械をBから賃借して稼働するなどといった場合もある（Aが目的物を買い戻すことができるとの特約をつけたうえでこのような取引をする場合、これは譲渡担保として構成し得ることになる）。これらについてはいずれも、目的物自体が現実に動いているわけではない。しかし、「占有権は、代理人によって取得することができる」（181条）ため、Bは、占有改定以後はAによって占有をしているとみることができる（この場合におけるBの占有は間接占有による自主占有となり、Aの占有は直接占有による他主占有となる）。このため、これらもAからBへの

引渡しとして認められることになる。
　④　指図による占有移転

　最後に、指図による占有移転がある。これは、他人が占有している目的物を譲渡する場合、以後譲受人のために目的物を占有するようその他人に命じ、譲受人がこれを承諾した場合に認められるものである（184条）。たとえばAが倉庫会社Cに預けていた目的物をBに譲渡する際、AがCに以後その物をBのために所持するよう命じ、Bがこれに承諾すればAからBへの引渡しがなされたことになり、現実にC→A→B→Cと物のやりとりをする必要はない。

3　対抗要件としての占有改定の問題点

〔87〕　**占有改定の問題性**　　以上のうち、とりわけ問題となるのが③の占有改定である。なぜなら、占有改定においては、引渡しがなされ、所有権が譲受人に移転しても、その直接の占有は譲渡人にとどまったままで、第三者からは外部的にそのことを認識できないため、二重譲渡などの問題が生ずる可能性を排除できず、二重譲受人が権利を取得し得るかの問題が生じ得るからである。たとえば、AがBに動産を売却したが、占有改定により、直接の占有は引き続きAが行っているという場合、Aがその動産を自分の物として再びCに売却するということがあり得よう。上記の通り、占有改定による引渡しが第三者に対する対抗要件となるならば、後から動産を譲り受けたCは、無権利者からの譲受人として、権利を得ることができないことになってしまう。

　このため、立法政策上は、占有改定を禁止し、又は占有改定による引渡しを対抗要件として認めないとの考え方もあり得るところである。しかし、これを認めないとすると、動産を抵当に入れる方策がない以上、当該動産を手元に置いたままこれを担保に入れる手段（いわゆる譲渡担保である）がなくなり、中小の企業等の金融を閉ざしてしまうとされ、わが国では古くから判例、学説とも占有改定を第三者に対する対抗要件として認めている。この場合、上記の通り、二重譲受人が権利を得られない可能性が生じるが、この保護は後述する即時取得の制度により図られることになる。

4 第三者の範囲について

〔88〕 **第三者の範囲** 引渡しがなければ対抗できない第三者とは、不動産において登記がなければ対抗できない第三者と基本的には同様であり、当事者若しくはその包括承継人以外の者であって、相手方に対して、引渡しの欠缺を主張するにつき正当な利益を有する者と解されている。このため、目的物につき有効な取引関係を持たない者や、無権利者からの承継取得者は、民法178条の第三者として、相手方が引渡しを受けていないことを主張できず、権利者は引渡しなくして対抗できる（もっとも、これらの者が後述の即時取得により保護される場合は別問題である）。また、不法行為者に対しても、引渡しがなくとも対抗し得る。いわゆる背信的悪意者についても不動産の場合と同様に考えてよいであろう。

〔89〕 **民法178条における第三者** 動産物権変動における178条の第三者として、とりわけ問題となるのが、賃貸借や寄託など、所有者が目的物を間接占有している場合における、賃借人や受寄者などの直接占有者である。たとえば、AがCに賃貸していた、あるいは寄託していた動産（したがって当該動産はCが直接占有している）を、AがBに売却した場合、BはCに対して、引渡し（Cが直接占有をしているこの場合の引渡しは、指図による占有移転であるから、具体的には、以後その動産をBのために所持するよう命じる旨の、AからCに対する指図である）なくして、その動産の返還を求め得るかということである。

〔90〕 **賃貸借と寄託** この点について、判例は、賃貸借と寄託とを区別し、賃貸借については、Cは178条の第三者であって、このためBは対抗要件である引渡し（指図による占有移転）なくして所有権に基づく返還請求はできないとする（大判大正4・4・27民録21－590等）。しかし、寄託については、受寄者は寄託物の返還の時期を定めたときであっても、請求次第でいつでもこれを返還すべき義務を負うものであるから（662条）、Cは178条の第三者ではなく、BはCに対し、引渡し（指図による占有移転）なくして対抗し得るとしている（最判昭和29・8・31民集8－8－1567等）。

[91] **学説からの問題提起**　これに対し、学説は意見が分かれており、多数説は、賃借人であれ受寄者であれ、目的物を誰に返還すべきかについて重大な利害関係を有しているものであるから、両者を区別することなく、BはCに引渡し（指図による占有移転）なくして対抗できないとする。一方、少数説は、賃借人であれ受寄者であれ、所有者とは両立し得ない物的支配を相争う関係にないことから、いずれの場合も、Bは引渡し（指図による占有移転）なくしてCに対抗し得るとする（Cが誰に返還するかの問題に対する保護は、債権の準占有者に対する弁済の規定（478条）などによって図られる）。これら両説の違いは、178条における「対抗」を、両立し得ない権利を相争う関係に限るか、それ以外の関係も含むか否かに由来するものといえよう。

第3節　動産取引と公信の原則（即時取得）

1　公信の原則と動産取引における必要性

[92] **無権利者との取引**　物権は物を直接かつ排他的に支配する絶対的な権利であり、とりわけ誰に対しても排他的な支配を主張し得ることから、当該物権について取引に入ろうとする者への影響は大きい。このことから、物権の変動を外部に公示する必要があり（公示の原則）、公示の手段としてとられているのが、不動産物権変動における登記、及び、動産物権変動における引渡しである。

　しかし、先に見たように、動産物権変動における公示方法としての引渡しは、必ずしも十分ではない。すなわち、たとえば占有改定にみられるように、譲渡人から譲受人への引渡しがなされても、その直接の占有は譲渡人にとどまっているという場合も、現実には存在している。このため、占有者が無権利者であるにもかかわらず、これを権利者であると誤信して、物を買い受けるという可能性を排除できない。

[93] **公信の原則の必要性**　このように、無権利者から物を買い受けた者は、本来、当該目的物につき権利を取得し得ないというのが原則であり、わが国

の民法においても、不動産についてはこの原則が一応貫徹される（もっとも、94条2項が適用される場合は別である）。しかし、動産取引についてもこの原則が適用されるとなると、上記の通り公示方法が不十分な中で、前主に権利があると信じて取引を行ったものの、実は無権利者であったために、権利を取得し得ないという場合が頻発し、動産全般にわたって、その確実な取引を保障できないという、きわめて不安定な法制度になってしまう。

このため、民法は動産取引について、即時取得の制度を認め、これにより「公信の原則」を採用したとされている。この「公信の原則」とは、権利の表象（公示）を信じて取引に入った者を保護するというものであり、具体的には、前主の占有を信頼して取引行為に入り、動産を譲り受けた者は、仮に前主が実際には権利を有していなかったとしても、有効に権利を取得し得るとする。このような、動産取引における公信の原則を認めたのが192条の即時取得制度とされる。

2　即時取得の要件

[94]　**即時取得の成立要件**　即時取得が成立するためにはどのような要件が必要であろうか。民法192条は「取引行為によって、平穏に、かつ、公然と動産の占有を始めた者は、善意であり、かつ、過失がないときは、即時にその動産について行使する権利を取得する」と定めている。このことから、以下の4つの要件が必要となる。

① 動産であること

即時取得の対象は動産でなければならず、不動産は対象とならない。不動産の従物も動産である限り即時取得の対象となる。一方、動産であっても、登記や登録による公示制度が存在する動産（自動車、船舶、飛行機等）については、不動産と同様に公信の原則は適用されず、即時取得の対象とはならないと考えるべきである。判例も登録自動車について民法192条の適用がないとする（最判昭和62・4・24判時1243-24）。もっとも、登記・登録制度が存在する動産であっても、未登記・未登録（抹消を含む）である場合は即時取得の対象となる（最判昭和45・12・4民集24-13-1987）。

② 取引行為による占有の承継

即時取得は動産取引において前主の占有への信頼を保護し、もって取引安全を図るための制度である。このため、即時取得の対象となるには、取得者が、取引行為によって占有を承継するのでなければならない。具体的には、売買、交換、代物弁済、競売等であって、単に他人の動産を自己の物であるとか無主物であると誤信して占有を始めた場合や、相続などの包括承継等には民法192条の適用はない。なお、取引行為のうち贈与については、対価関係がないことから192条の取引行為から外し、贈与によっては即時取得することはできないとする説もあるが、通説は贈与によっても即時取得は可能であるとする。

③ 無権利者からの取得

民法192条は前主が無権利者である場合に適用される規定である。すなわち、前主が制限行為能力者であった場合や無権代理人であった場合、前主が錯誤無効や詐欺・強迫による取消し等を主張する場合において、取得者がこれらの事由を知らず、そのことに過失がなかったとしても、192条の適用はない。即時取得は動産取引において、物に関する権利の瑕疵を保護するものであって、取引（取引の原因たる法律行為等）自体の瑕疵を保護するものではなく、これらに192条の適用を認めると、これら制限行為能力、無権代理、錯誤無効等の規定の意味がなくなってしまうからである（それぞれの規定によって処理されることになる）。

④ 平穏、公然、善意、無過失

繰り返し述べるように、即時取得制度は前主の占有への信頼による取引を保護する制度である。このため、取得者は、取引による目的物の取得時に、平穏、公然、善意、無過失で占有を開始することが必要である。

このうち、平穏、公然、善意は民法186条によって推定される。また、188条は、占有者が占有物について行使する権利は適法に有するものと推定するとしているため、前主の占有を適法と考えることについても過失はないと推定される。その結果、占有取得者は、自身において過失のないことを立証することを要しない（最判昭和41・6・9民集20-5-1011）。なお、善意・無過失とは、動産の占有を始めた者において、取引の相手方がその動産につき

無権利者でないと誤信し、かつ、そのように信ずるにつき過失のなかったことを意味する（最判昭和26・11・27民集5－13－775）。

⑤　占有の取得

即時取得が成立するためには、取得者が動産の「占有を始めた」ことが必要である。

この「占有を始めた」（＝占有の取得）の内容として、対抗要件のところで述べたところの「引渡し」のうち、まず現実の引渡しがこれにあたることは問題がない。また、簡易の引渡しも問題なく占有の取得となる。一方、占有改定については問題が多く、指図による占有移転についても若干の問題点があるため項を代えて以下に説明する。

3　占有改定による即時取得

〔95〕　**即時取得における占有改定の問題性**　　占有改定（183条）による即時取得が問題となる場面は、たとえば、AがBに動産を売却したが、占有改定により、直接の占有は引き続きAが行っているという場合において、Aがその動産を再びCに売却し、Cへの引渡しも占有改定により行われたことから、目的動産はいまだAの手元にあるというケースである。この場合Cは占有改定による即時取得を主張できるであろうか。判例、学説は立場が分かれている。

①　肯定説

まず、占有改定によっても即時取得が認められるとする学説がある。これは、即時取得が公信の原則を認めた制度であって、前主の占有に対する信頼に基づいて取引した者を保護する制度であるという点にその根拠を求める。すなわち、占有の取得自体は対抗要件であるに過ぎず（即時取得の本来的な要件ではない）、即時取得者は占有の取得によって権利を得るのではなく、前主の占有に対する信頼によって権利を得るのであるから、取得者の占有の形態は問題とならず、間接占有（代理占有）及び占有改定による引渡しが民法上認められているのであるから、占有改定であっても有効に権利を取得し得るとする。

この説は、即時取得制度の趣旨である、前主の占有に対する信頼の保護という近代法の原則の側面を前面に押し出した解釈であり、このような即時取得制度の近代法的側面が解明された当時において、一時支配的な学説となった。しかし、同説を貫徹し、前主の占有に対する信頼という側面にのみ権利取得の効果を結びつけるとなると、即時取得が成立するためにそもそも占有を取得することすら不要となる。また、占有改定による即時取得を認めると、たとえば上に挙げたような二重譲渡の例では、後に譲渡を受けたCが即時取得することになるため、Bから目的物の現実の引渡し請求を受けても、請求を拒むことができ、さらには、Bへ現実の引渡しがなされたという場合にも、CはBに返還請求ができることになってしまうという不都合が生じる。このため、当初肯定説に立っていた論者も学説も、その後修正を加えて折衷説を主張するなど、現在では少なくとも占有改定によりただちに即時取得が認められるとする説はごく少数にとどまっている。

② 否定説

　これに対し、判例は古くから、占有改定によって即時取得は成立しないとする否定説に立っている。たとえば、(最判昭和35・2・11民集14-2-168)は、Bから水車発電機等本件機械を、期日までに代金を支払う条件の下で買い受ける契約を締結したAが、期日までに代金を支払わなかったことから同機械につき無権利者となり、Bは機械を回収して他に売却したが、その間、Cが同機械を買い受けて代金を支払い、占有改定により引渡しを受けていたという事例である。Cは本件占有改定により同機械を即時取得したと主張したが、同判決は「無権利者から動産の譲渡を受けた場合において、譲受人が民法192条によりその所有権を取得しうるためには、一般外観上従来の占有状態に変更を生ずるがごとき占有を取得することを要し、かかる状態に一般外観上変更を来たさないいわゆる占有改定の方法による取得をもつては足らないものといわなければならない」として、占有改定を受けたに過ぎないCによる即時取得を認めなかった。この立場によれば、即時取得が成立するためには、少なくとも占有状態に一般外観上の変更が生じなければならないことになる。

　判例を支持し、否定説をとる学説も、これを敷衍する形で、一般外観上

の変更を来さない占有改定によっては、原権利者（又は第1譲受人）＝Bも、買受人（又は第2譲受人）＝Cも、Aを信頼して所持させているのであり、いまだBの信頼が裏切られた状態は現実化していないことから、Bの権利は存続しており、即時取得によるCの権利取得を認めるべきではない等と説明し、また、占有改定を含む対抗要件としての「引渡し」(178条) と、192条の「占有」とは次元の異なるものであり、そもそも178条の引渡しによる公示方法が不十分であるから即時取得制度が存在するという補充関係があるにもかかわらず、不十分公示である占有改定により即時取得が成立することは矛盾する旨を主張する。

　この立場によれば、占有改定によっても即時取得は成立しないため、たとえば最初の（AからB、AからCへの）二重譲渡の例においては、いずれも占有改定を得ているだけの段階においては、最初に目的動産を譲り受けて対抗要件（占有改定）を得たBが所有者である。しかし、その場合であっても、Cが改めて現実の引渡しを受け、その際に善意・無過失であれば即時取得により所有権を得ることになる。

③　折衷説

　折衷説は、たとえば最初の二重譲渡の例において、基本的にBとCは対等の立場であるはずであるとして、現実の引渡しを受けるまで、いずれも確定的に権利を取得しないとの考え方に基づくものである。この立場は、肯定説の述べるように、即時取得は前主の占有に対する信頼を保護する制度であるから、占有改定によっても一応即時取得は成立するが、確定的ではなく、現実の引渡しを受けて初めて即時取得が確定すると主張する。

　結論的には否定説と大きく変わらないが、この説によれば、即時取得が一応成立するのは占有改定の段階であるため、取得者（C）に求められる善意・無過失の要件は占有改定の段階で存在していればよい（現実の引渡しの段階では悪意となっていても構わない）。また、二重譲渡の例でBCとも占有改定にとどまっている状況で、BCが訴訟を起こした場合、否定説によればB（先に対抗要件＝占有改定を得た第1譲受人）が勝訴するが、折衷説ではBは所有者ではなく、また、後に譲り受け、一応の即時取得が成立しているCについてもそれが確定していないため、両者とも敗訴となるとされる。

裁判で上記のような占有改定の重複が生じる場面は、現実には譲渡担保が二重に設定されることも多く、B、CがいずれもAの債権者であるといった場合がしばしば存在することにも注意されなければならない。この場合、譲渡担保の法的性質をどのように考えるかにもよるが、担保的構成を取る限りは、二重の担保設定もあり得ることになる。この場合、二重に設定された譲渡担保に順位をつけるのか、平等と考えるのかといった問題が生じるほか、譲渡担保（権）の即時取得についても問題となる余地があろう。

4 指図による占有移転による即時取得

〔96〕　指図による占有移転と即時取得　　占有改定と同様、指図による占有移転（184条）も、現実に目的動産が移動するわけではなく、指図という形で観念的に占有が移転するに過ぎない。占有改定による即時取得を否定した前掲（最判昭和35・2・11民集14－2－168）が示す「一般外観上の占有状態の変更」という基準にも当てはまるかどうかは微妙であり、ただちに即時取得を認めることについて問題がないわけではなかろう。

　しかし、指図による占有移転の場合、第三者である所持人への命令が必要であり、これを通じて公示を行っているものであって、即時取得者の存在を比較的外部からも認識しやすいこと、真の権利者の信頼が裏切られていること（所持人である第三者は指図の後は即時取得者のために目的物を所持している）等を理由に、通説は即時取得の成立を認める。判例も、Aが代金の決済をできずにDから所有権を取得できなかった豚肉を、冷凍倉庫業者であるCに預けていたが、AがこれをBに売却し、荷渡指図書の呈示と寄託者台帳上の寄託者名義の変更により指図による占有移転がなされたとされた事案において、Bは「本件豚肉につき占有代理人をCとする指図による占有移転を受けることによって民法192条にいう占有を取得したものであるとした原審の判断は、正当として是認することができる」（最判昭和57・9・7民集36－8－1527）として、指図による占有移転によっても即時取得が可能であることを認めている。

5　即時取得の効果

[97]　**即時取得の効果**　即時取得の成立により、取得者は「その動産について行使する権利を取得する」(192条)。即時取得によって取得し得る権利は所有権と質権である。なお、所有権の移転が担保のためになされた場合は、譲渡担保（権）が即時取得されたものと考えられよう。即時取得による権利の取得は原始取得である。このため、前主の権利に付着していた制限は消滅する。また、原権利者は、即時取得の成立により権利を失う。なお、即時取得者が、権利を失った原権利者に対して不当利得の義務を負うかという議論があるが、通説はこれを否定し、原権利者の損失は（即時取得者がその占有を信頼した）前主との間で処理されるべきとする。

6　盗品・遺失物の例外

[98]　**盗品・遺失物の例外**　即時取得の制度は、目的物が盗品や遺失物の場合には制限される。すなわち、これらの場合、目的物は真の権利者の意思によらずにその占有が失われたものであるため、真の権利者を保護する必要性が認められるからである。具体的には、これらの場合、被害者・遺失主は2年間無償でその回復を求め得る（193条）。ただし、占有者がそれを競売、公の市場、又はその物と同種の物を販売する商人から善意で買い受けたときは、占有者が支払った代価を弁償しなければならない（194条）。もっとも、占有者が古物商や質屋であるときにはさらに例外があり、1年間無償で返還請求ができる（古物営業法20条、質屋営業法22条。）

[99]　**2年間の所有権の帰属**　ここでいくつか議論されている点として、まず、193条により物の回復を求め得る2年の間、目的物の所有権は誰のところにあるのかという点がある。これにつき、判例は、原所有者に所有権が帰属するとし、即時取得の成立は2年の間猶予されるとする。これに対し、多数説は、即時取得者に所有権が帰属し、193条による回復請求が行われたときに、この特別な権利によって所有権が復活すると考える。

〔100〕 **代価の弁償の意味と裁判例**　民法194条の代価弁償の法的性質について議論が存在する。すなわち、民法194条は占有者（即時取得者）が、回復者（被害者又は遺失主）が代価を弁償するまで引渡し請求を拒むことができるという抗弁権を認めたに過ぎないと考えるか（抗弁権説）、占有者（即時取得者）は独立の請求権として、目的物を回復者に交付した後でも、回復者に対し代価弁償を請求することができるかという問題である。従来、判例は抗弁権説をとり、これに対し学説は即時取得者の保護のため、請求権説をとるという構図が存在した。

しかし、この点につき、（最判平成12・6・27民集54－5－1737）は、取得者は盗品等を返還した後でも代価弁償を請求できるとして、従来の判例を変更した。同判決の説示は次の通りである。

「盗品又は遺失物（以下「盗品等」という。）の被害者又は遺失主（以下「被害者等」という。）が盗品等の占有者に対してその物の回復を求めたのに対し、占有者が民法194条に基づき支払った代価の弁償があるまで盗品等の引渡しを拒むことができる場合には、占有者は、右弁償の提供があるまで盗品等の使用収益を行う権限を有すると解するのが相当である。けだし、民法194条は、盗品等を競売若しくは公の市場において又はその物と同種の物を販売する商人から買い受けた占有者が同法192条所定の要件を備えるときは、被害者等は占有者が支払った代価を弁償しなければその物を回復することができないとすることによって、占有者と被害者等との保護の均衡を図った規定であるところ、被害者等の回復請求に対し占有者が民法194条に基づき盗品等の引渡しを拒む場合には、被害者等は、代価を弁償して盗品等を回復するか、盗品等の回復をあきらめるかを選択することができるのに対し、占有者は、被害者等が盗品等の回復をあきらめた場合には盗品等の所有者として占有取得後の使用利益を享受し得ると解されるのに、被害者等が代価の弁償を選択した場合には代価弁償以前の使用利益を喪失するというのでは、占有者の地位が不安定になること甚だしく、両者の保護の均衡を図った同条の趣旨に反する結果となるからである。また、弁償される代価には利息は含まれないと解されるところ、それとの均衡上占有者の使用収益を認めることが両者の公平に適うというべきである。」

「右の一連の経緯からすると、被上告人は、本件バックホーの回復をあきらめるか、代価の弁償をしてこれを回復するかを選択し得る状況下において、後者を選択し、本件バックホーの引渡しを受けたものと解すべきである。このような事情にかんがみると、上告人は、本件バックホーの返還後においても、なお民法194条に基づき被上告人に対して代価の弁償を請求することができるものと解するのが相当である。」

以上の説示から、判例は、(回復請求できる期間の所有権の帰属がどうなるかはともかく) 占有者 (即時取得者) の地位の保護と、取得者と回復者の間の両者の保護の均衡という観点から、盗品等の目的物返還の後にも代価弁償請求権があることを認め、また、(回復者から請求を受けて悪意となった後 (189条2項、190条参照) でも) 代価の弁償の提供があるまでは目的物の使用収益権があるとしたものとして位置付けられる。学説も不当利得に関するそれぞれの立場から理論的な疑問を呈するものもあるが、結論としては、判例を支持するものが多数であると思われる。

第4節　動産譲渡の対抗要件に関する特例

1　特例法の趣旨

〔101〕　**特例法の扱い**　　最後に、「動産及び債権の譲渡の対抗要件に関する民法の特例等に関する法律」につき簡単に述べておく。これまでにも、(とりわけ占有改定に関するところで) 触れたように、動産を譲渡する理由の1つに、金融を得るためにこれを譲渡するという場合がある。たとえば、中小企業が金融機関から融資を得たいが、土地や建物は賃借しているという場合、あるいはすでに担保に入っているという場合において、担保として差し出すことができるのは、その有している機械や在庫商品など動産 (及び債権) だけであるという場合もある。

むろん、これら動産についても質権を設定することはできるが、質権は目的物を引き渡さなければ効力を生じないとされていることから (344条)、稼

働するために必要な機械や、在庫商品等に質権を設定することは不可能であり、このため、これらは譲渡担保によってしか担保に供することはできない。すなわち、これら動産の所有権を、「担保として」譲渡し、弁済がなされない場合にのみ当該動産からの債権回収が行われるというものであって、これによって多くの中小企業等は金融を得ることができた。

　しかし、民法でこのような譲渡の対抗要件として定めるのはこれまでみてきたように「引渡し」であり、しかも稼働に必要な機械や在庫商品等の目的動産を、担保権設定者である企業等の手元にとどめたまま、「引渡し」を行い得る方法は、占有改定しかない。ところが、このような占有改定による引渡しには、これまでみてきたような、様々な問題やリスクが伴っていた。このため、「動産及び債権の譲渡の対抗要件に関する民法の特例等に関する法律」（以下、動産・債権譲渡特例法。これは平成10年に成立した「債権譲渡の対抗要件に関する民法の特例等に関する法律」を平成16年に改正したものである）により、これらの動産物権変動について、登記により対抗要件を備える途が開かれたのである。

2　特例法の概要

[102]　**特例法の概要**　動産・債権譲渡特例法の適用対象は、法人がする動産（及び債権）の譲渡についてである（同法1条）。そして、同法3条1項は「法人が動産……を譲渡した場合において、当該動産の譲渡につき動産譲渡登記ファイルに譲渡の登記がされたときは、当該動産について、民法第178条の引渡しがあったものとみなす」として、登記が引渡しと同様、動産譲渡の対抗要件とされることになっている。

　なお、このように、同法による登記は民法178条における引渡しと同じ効力を有するに過ぎない。このため、従来の引渡しと動産・債権譲渡特例法の登記の両者が行われた場合には、先に行われたものが優先することになる。

　　　　　　　　　　　　　　　　　　　　　　　　　　（山口斉昭）

5章 権利変動の原因としての意思と契約（法律行為）

第1節 はじめに

〔103〕権利とその取得　私たちの周囲にある物は、どのような経緯で自分の所有物になったのだろうか。誰の所有物でもないものを拾ってきて自分の物にした（無主物先占）、あるいは親戚や家族が死亡したために所有権を取得した（相続）といったものもあるかもしれないが、所有物の多くは、友人や家族からプレゼントとしてもらった物（贈与契約）や、自分がどこかの店で購入した物（売買契約）であろう。このように、所有権の発生、移転に代表される権利変動の原因には様々なものがあるが、このうち、契約のように当事者の意思が重要な要素となって権利変動を起こすものを法律行為という（これに対して、無主物先占や相続は事実（行為）である）。

　本章では、第2節で権利変動の原因としての法律行為について、その代表選手である契約を中心に成立要件や有効要件について触れたあと、第3節で契約の成立過程における問題や、双務契約に特有の問題について説明する。また、契約に代表される法律行為には条件や期限をつけることができるが、第4節ではそのような条件や期限、また期限との関係で期間計算についても説明する。

第2節 契約概念と契約

1 法律行為とその典型としての契約

　ある一定の法律効果を発生させたいと思っている者がその効果を発生させるために行う行為を法律行為という。この法律行為には、契約、単独行為、

合同行為という3種のものがあり、いずれも意思表示が重要な要素となる。

〔104〕 **契約**　契約とは、互いに対立する2つの意思表示（申込みと承諾）が合致することによって成立する法律行為である。互いに対立するというのは、利害が対立するという意味ではなく、その向いている方向が反対である——向き合っている——という意味である。たとえば、売買契約を例にとると、一方当事者の「売りましょう」という意思表示と、他方当事者の「買いましょう」という意思表示とが合致することにより契約が成立するのである（各種の契約が成立するのに具体的にどのような意思表示が必要となるのかについては9章参照）。

〔105〕 **単独行為**　これに対して、単独行為とは、1つの意思表示によって成立する法律行為をいう。取消し・追認、解除、相殺のように相手方のあるものと、遺言のように相手方のいないものとがある。

〔106〕 **合同行為**　合同行為は、複数の意思表示から成り立つ点で契約と共通するが、この複数の意思表示が会社設立という同じ方向を向いている点で契約と異なる。

　これら3種の法律行為のうち、私たちの日常生活において最も多く見られるものが契約である。以下では、契約の成立要件と有効要件を説明するが、法律行為一般についてもあてはまるものとして理解してほしい。

2　契約の成立要件

　有効な契約が成立しているということは、契約を締結した当事者がその内

【図表5－1　法律行為の種類】

契約	単独行為 （取消し・解除 など）	合同行為 （会社の設立）

容に拘束され契約上の債務を負う、つまり契約上の義務を履行しなければならず、それができない場合には何らかの責任を負うことを意味する。では、契約が成立しているといえるためには、どのような要件をみたすことが必要なのだろうか。

〔107〕**申込みと承諾**　契約が成立するには、申込みと承諾という2つの意思表示の内容が合致することが必要であり、それで足るというのが民法の原則である（諾成契約の原則）。たとえば、売買契約であれば、一方当事者が「ある財産権を相手方に移転する」という意思表示と相手方当事者の「その代金を支払う」意思表示とが合致することで成立する（555条）。口約束だけで契約は成立するのである。

　　＊　要物契約
　　　民法が規定する契約類型の中には、意思表示の合致だけでは契約が成立しないものもある。これを要物契約という。たとえば、金銭消費貸借契約の場合には、貸し付けられる金銭を借り手が受け取ることが契約成立の要件となっている（587条）。

〔108〕**申込みと申込みの誘引**　申込みと区別すべきものに、申込みの誘引とよばれるものがある。相手方に申込みをさせようとする意思の通知で、たとえば、店頭での商品の陳列や、広告等がこれにあたる。この場合、誘引に対して申込みがあり、それに対して誘引をした者が承諾の意思表示をすることで契約は成立する。

〔109〕**隔地者間の意思表示と契約の成立時期（到達主義と発信主義）**　一方当事者から申込みがなされ、これに対して他方当事者が承諾の意思表示を行い、これらが合致したとして、契約が成立するのは具体的にどの時点なのであろうか。

　契約の締結をしようとしている当事者が、実際に会って、あるいは電話で締結の交渉をしているのであれば（対面者）、一方当事者の意思表示の内容を相手方は瞬時に知ることができるから、意思表示が発せられるのと相手の認識との間に時間のずれは存在しない。承諾の意思表示が行われたその瞬間に契約は成立する。しかし、離れた場所にいる当事者（これを「隔地者」という）が書面のやりとりなどによって契約を締結させようとする場合には、意思表示は、書面を書く（表白）、投函する（発信）、相手に配達される（到達）、

相手が開封して読む（了知）といったプロセスをたどって相手の認識するところとなり、時間のずれが問題となる。民法は、隔地者間でやりとりされる意思表示について規定を置いている（対面者間の意思表示については、この時間のずれの問題がないので規定がない）。

【図表５－２　隔地者間の契約成立イメージ】

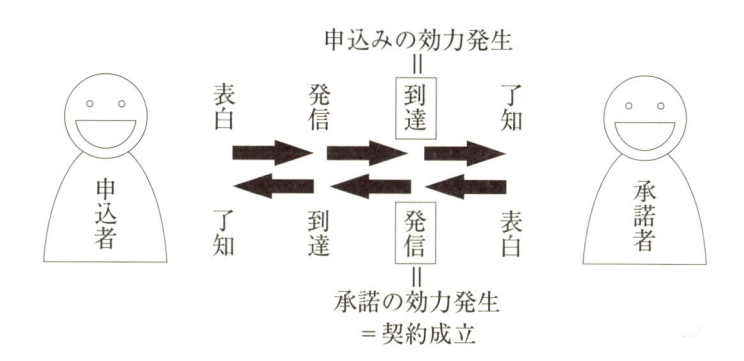

申込みの効力発生＝到達

申込者　表白　発信　到達　了知　承諾者
　　　　了知　到達　発信　表白

承諾の効力発生＝契約成立

　まず、意思表示は一般に、隔地者に対して行われたときは、通知が相手に到達した時点で効力を生ずる（97条1項。到達主義）。隔地者に対する申込みにもこのルールがあてはまるから、申込みの意思表示は相手に到達したときに効力を生ずる。これに対して、承諾の意思表示については特則があって、その通知が発信されたときに効力を発し、これによって契約が成立することになる（526条1項。発信主義）。

　＊　**契約成立時期についての現代的問題**
　　今日では、電話、ファクスはもちろん、電子メールやインターネットブラウザを通じても取引が行われ、意思表示の伝達方法が多様化している。電話による意思表示は上で述べたように原則として対面者間の意思表示として扱われるが（留守番電話の録音は別）、これ以外の電子媒体による意思表示は隔地者間の意思表示として扱われる。しかし、電子媒体については、通常は意思表示がほぼ瞬時に相手のところへ届くため発信主義の考え方が実情に合わなくなっている一方で、何らかのトラブルからメール等が相手に届かない可能性もあるため、承諾の意思表示を発信した時に契約が成立するとする発信主義の考え方をとると当事者（特に消費者）が不安定な状況に置かれたままになるという問題も生ずる。そこで、「電子消費者契約及び電子承諾通知に関する民法の特例に関する法律」では、ファクスや電子メール等での承諾の通知についても、到達主義の原則にたちかえることとした（同法4条）。

3 契約成立に関するいくつかの問題

　口約束によって契約が成立するという民法の原則が、私たちの日常感覚と若干乖離している側面があるのも事実であろう。

〔110〕　**現実売買**　　一口に売買契約を結ぶといっても、すべての場合に「売ってください」（申込み）、「はい、売りましょう」（承諾）という明確なやりとりがあるわけではないことは、コンビニや駅での買い物を連想すれば明らかである。たとえ売主と一言も口をきかなかったとしても、品物を示して金銭を出し、店の人が釣り銭を渡せば売買契約は成立する（ついでに言えば、これで履行も完了する）。このような売買契約を現実売買という。自動販売機でジュースを買い求めるのも現実売買の一種である。

〔111〕　**契約書の法的意義**　　口約束でも契約が成立するのが民法の原則だといっても、現実社会の取引——特に高額の取引——では、きちんと契約書を交わし契約の履行が無事に済むまでは書面を大切に保管するのが普通である。

　契約書には、もちろん、後日紛争が生じる場合に備えての証拠としての意味合いがある。しかし、それにとどまらず、口頭での合意のあとに契約書等の文書を作成することが予定されていた場合、不動産取引のように契約書作成が社会慣行となっている場合、契約当事者が会社等であって稟議の後に契約書を作成するのが普通である場合のように、契約書の作成があってはじめて契約が成立したと判断されることもあるので、注意が必要である（加藤雅信「裁判実務にみる『契約の成立』と『中間合意』」加藤雅信他編『21世紀　判例契約法の最前線』1頁（判例タイムズ社、2006年））。

4 契約（法律行為）の有効要件

　当事者が契約等の法律行為を行う目的は、それによって何らかの権利変動を発生させることである。合意した内容が相手によって実現されなければ、国家権力である裁判所の手で強制的に実現してもらうことになる。したがって、当事者の意思表示が合致して契約が一応成立している場合であっても、

それが法的保護を受けるに値するもの（＝有効なもの）でなければ、当事者はその合意に拘束されない。

　契約が有効であるために必要な要件は、①内容の確定性、②実現可能性、③適法性、④社会的妥当性の4つである。

〔112〕　**内容の確定性**　たとえ「売りましょう」「買いましょう」という意思表示が合致していたとしても、その具体的な目的物や価格が明確でない場合には、その売買契約を強制的に実現するのは不可能である。このように、契約は、最終的に何らかの権利変動を実現することが究極の目標なのであるから、それが不可能な契約ないし法律行為には、効力を与える実益がない。したがって、契約が有効となるためには、その内容が具体的に確定している必要がある。

〔113〕　**内容の実現可能性**　「七夕に天の川へ行くツアー」のように、契約の内容がそもそも実現不可能なものならば、裁判所の手を借りて内容を強制的に実現することは不可能、無意味である。したがって、内容に実現可能性のない契約は無効となる。

〔114〕　**内容の適法性——強行法規と任意法規**　契約が有効とされるためには、それが強行法規に反しないものであることが必要である。民法91条は、「法律行為の当事者が法令中の公の秩序に関しない規定と異なる意思を表示したときは、その意思に従う」と規定している。この「法令中の公の秩序に関しない規定」を任意法規、公の秩序に関する規定を強行法規というが、91条で規定されているのは、契約を結ぶ当事者は任意法規とは異なる内容の契約を自由に締結することができ、この場合には当事者の特約が任意法規に優先して適用されるが、強行法規に違反するような合意をすることはできない、ということである。

　ある規定が強行法規であるか任意法規であるかは、それに反する特約は「無効である」ことが法文に明記されている場合（たとえば、利息制限法1条1項や消費者契約法など）を除き、それぞれの規定の趣旨から個別に判断することになる。しかしながら、基本的には、債権法の規定は契約自由の原則からもうかがえるように多くが任意法規であり、物権法の規定は物権法定主義を定めた175条にあらわれているように強行法規である。

[115] **内容の社会的妥当性——公序良俗**　契約が有効となるためにはその内容が公序良俗に反していないことも必要である。民法はその90条で、公の秩序や善良の風俗（公序良俗）に反する事項を目的とする法律行為を無効であると規定する。90条はいわゆる一般条項とよばれるもので、条文の文言からは具体的にどのようなことが公序良俗に反することなのかは判然としないが、公序良俗違反となり得る契約は次のように分類することができる（加藤雅信『新民法大系Ⅰ　民法総則第2版』225頁以下（有斐閣、2005年））。

① 法秩序に反するもの

　殺人や盗品等の売買、入札の際の談合、賭博等、刑法上犯罪となる事項を内容とするものは公序良俗に反する。また刑法ではないが、臓器の移植に関する法律11条により禁止される臓器売買契約も無効である。弁護士法、司法書士法等の資格を与える法律に反してなされた、無資格者との間で締結された委任契約や名義貸しの契約は無効とされることが多い。

② 社会秩序に反するもの

　親族間での不同居契約、親権制限契約、妾契約などは、家族秩序に反し、また、売春契約、援助交際契約等は、性秩序に反するため、無効である。また、裏口入学の斡旋契約も無効となる。

③ 私人による基本的人権の侵害

　憲法の規定は私人間に直接適用されないというのが判例の立場である。しかし、このような場合にあっても、基本的人権を侵害するような内容の契約が締結された場合は、その契約の効力を問題とする形で、憲法的価値の実現が図られる。たとえば、法の下の平等に反する男女別定年制、思想信条の自由を侵害する就職時の試用期間終了後の思想差別、人身の自由を侵害する芸娼妓契約などがこれにあたる。

④ その他

　また、悪質な取引方法で消費者に被害を与える原野商法や霊感商法、当事者の一方に極端に不利な内容の契約、相手方の窮迫・軽率に乗じて結ばれる代物弁済予約契約のような暴利行為なども、公序良俗違反を理由に無効とされる。なお、現在では、「消費者の利益を一方的に害する」契約は消費者契約法10条が無効と規定しており、代物弁済予約については仮登記担保契約に

関する法律（以下、仮登記担保法）によって清算手続が規定され、現在では民法90条によらない解決が可能になっている。

第3節　契約総論の問題点——双務契約を中心に

〔116〕　**双務契約と牽連性**　売買契約が成立すると売主は目的物を買主に引き渡す債務を負い、買主は売主に代金を支払う債務を負う。この目的物引渡債務と代金支払債務のように、あるいは、雇用における労働と賃金のように、契約上の2つの債務がお互いに対価としての関係に立つ契約を双務契約という（これに対して、贈与や消費貸借のように契約当事者の一方のみが債務を負う契約を片務契約という）。

双務契約では、両債務が対価的な関係にあり、一方債務の消長は他方債務の運命に影響を及ぼす（対価的牽連性）。たとえば、一方の債務が契約成立前の目的物の滅失などにより成立しないときには、他方の債務も成立しない（成立上の牽連性）。また、契約成立後に一方債務が消滅したときに他方債務も消滅することがある（存続上の牽連性）。さらに、一方債務が履行されない間は他方の債務も履行しなくてよいこともある（履行上の牽連性）。

両債務のこのような密接な関係をどこまで認めるかが以下での中心的な問題となる。

〔117〕　**原始的不能と契約締結上の過失**　第2節2及び4で、契約は両当事者の対立しあう意思表示の合致により成立し、有効要件を満たせば効力を発生し両当事者を拘束すると述べた。では、契約が成立する以前には、両当事者には法的に意味のある関係は何も生じていないのであろうか。取引の中には、契約が成立していない場合や、契約は成立しているが無効である場合にも、一定の範囲で当事者が自分たちのした合意の内容の影響を受けるほうが社会通念に照らして公平だと考えられる場合がある。判例や学説は、契約締結上の過失という概念を用いてこの問題に取り組んできた。

① 典型的な事例

那須の別荘の建売分譲の契約締結交渉が東京で行われていたという例を素材に、次の2つの場合について考えてみよう。

【事例1】（交渉破棄型）　販売業者が買受希望者と交渉を継続していたが、希望者がペンションの経営を考えており、そのためには間取りの変更と追加の水道工事が必要になるとのことであったので、販売業者が気を利かせてこれらの工事を行ったところ、この希望者は最終的に契約締結を拒んだ。
　【事例2】（契約成立型）　当事者は別荘の売買契約を締結するにいたったが、じつはその別荘は契約の前日に売主の管理が不十分であったことが原因で焼失していた。
　事例1の場合、そもそも契約は成立していない。しかし、契約が成立していない以上、販売業者は契約締結を拒んだ買受希望者に対して何の請求もできないことになるのであろうか。判例はこのような事例について、販売業者の契約成立に対する期待が正当で、買受希望者の側もその原因を与えているような状況のもとでは、買受希望者の交渉破棄は契約準備段階における信義則上の注意義務に違反するとして、損害賠償責任を認めている（最判昭和59・9・18判時1137−51）。
　事例2の場合には、当事者の間で意思表示の合致がみられるため契約は一応成立しているが、すでに目的物が存在していないのであるから、先に述べた有効要件の1つである実現可能性を欠き無効だということになる（原始的不能）。しかし、契約の当事者には、無効な契約を締結して相手に不測の損害を与えることのないようにする責務があるとはいえないだろうか。このような事例についての裁判例は実はほとんど存在しないが、学説は信義則を根拠に交渉を不当に破棄した者に対する損害賠償請求を認めている。

② 損害賠償の範囲
　契約締結上の過失により契約（交渉）の相手方に損害を与えた者は、これによって生じた損害を賠償しなければならないが、その範囲は、通常の債務不履行があった場合に請求できるものとは異なる。
　通常の債務不履行の場合には、転売利益のように契約が履行されていたら得られたであろう利益（履行利益）を請求できる。これに対し、契約締結上の過失の場合には、有効な契約が成立すると信じたことにより生ずる信頼利益のみが賠償の対象となる。買い手が現地へ調査に行くのに要した費用、代金を支払うためのローンの利息や手数料、売り手が追加で行った工事の費用

等がその例である＊。

> ＊ **履行利益と信頼利益**
> 契約の相手方において当該契約が有効に成立したと信用したことによって本来からすれば負担する必要などなかったのに積極的に負担してしまった諸費用などの損害を「信頼利益による損害」という。このような無駄になってしまった諸費用というものは契約が有効に成立していると考えたからこそ被ってしまったものである。この概念のほかに「履行利益による損害」との概念がある。有効な契約を前提とする通常の債務不履行などの損害賠償の範囲は不履行によって通常生ずべき損害となるところから、当然にその契約が履行された場合に得られたであろう利益も含まれることになる。その意味では通常の損害賠償の場合には履行利益の範囲での損害が請求できるわけである（416条）。信頼利益の範囲には含まれない履行利益の典型的なものに転売利益というものがあるので注意をしておきたい。

[118] **危険負担**　先ほどから設例として用いている別荘の売買について、契約は成立したが、成立後にその別荘が焼失してしまったようなケース（後発的不能）を考えてみよう。

別荘の焼失時期が契約成立前であれば、前述した契約締結上の過失の問題となる。また、契約成立後に焼失した場合であっても、その焼失が、別荘の売主の管理が不十分であった等の理由から生じたものであれば、売主の債務不履行（履行不能）の問題になり、買主は売主に対して損害賠償を請求することが可能である。

これらに対して、契約成立後に生じた焼失の原因がたとえば落雷のように、債務者の帰責事由によるものではないときには、別荘の引渡義務は不能により消滅することになるが、これと対価関係に立つ代金支払債務はどのように取り扱われるのだろう。もはや目的物を引渡してもらうことが不可能なのであるから買主は代金を支払わないでよいのであろうか。それとも、目的物の引渡しを受けられないにもかかわらず買主は代金を支払わなければならないのであろうか。

このような、双務契約において対価関係にある債務の一方が債務者の責めに帰さない事由によって不能となり消滅した場合の、他方の債務の扱いについて定めた制度を危険負担という。

危険負担についての条文は民法債権編の他の多くの規定同様、任意法規であるので、当事者の間で別段の取り決めがある場合にはその特約に従って問

【図表5−3　危険負担】

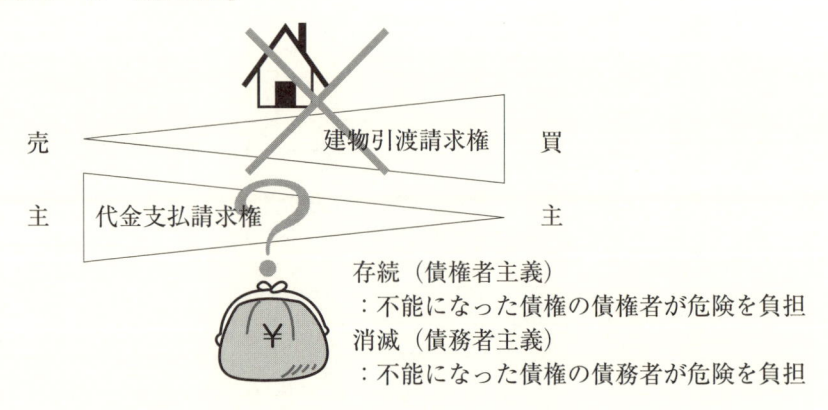

売主　　建物引渡請求権　　買主
　　　代金支払請求権

存続（債権者主義）
：不能になった債権の債権者が危険を負担
消滅（債務者主義）
：不能になった債権の債務者が危険を負担

題の解決が図られるが、当事者がそのような特約をしていない場合には、民法の規定に従って問題が解決される。民法典がこの種の問題の解決のために用意しているルールは、次の2つの考え方に基づくものである。1つは、不能による債権消滅のリスクを消滅した債務（設例でいえば建物引渡債務）の債務者、すなわち売主が負うという考え方（債務者主義：原則）であり、もう1つは、消滅した債務の債権者、すなわち買主がリスクを負担するという考え方（債権者主義：例外）である。

〔119〕 **債務者主義の原則**　　まず、民法の原則である債務者主義がどのようなものであるかをみていこう。債務者主義とは、先に述べた通り、消滅した債務の債務者がリスクを負担するという考え方である。

　たとえば、悪天候で自宅近くの鉄道が運休になりアルバイト先へ行けなくなったために就労できなかった場合を例に考えてみよう。この場合、消滅した債務の「債務者は、反対給付を受ける権利を有しない」(536条1項)。つまり、被用者の労務提供債務が不可抗力により履行できなくなって消滅した結果、これと対価関係に立つ賃金債権も消滅し、結果として被用者は賃金を払ってもらえないということになる。

　なお、被用者が就労できなかった原因が、債権者である雇い主の責めに帰すべき事由である場合（たとえば、何の理由もなく被用者の出勤を拒否した場合

など）には、被用者は賃金請求権を失わない（536条2項）。

〔120〕 **債権者主義とその問題点**　これに対して、冒頭にあげた別荘の売買のように、「特定物に関する物件の設定又は移転」を目的とする双務契約について、民法は債権者主義の考え方を採用し、目的物が滅失又は損傷したときは、滅失・損傷によって債務が消滅するリスクを債権者が負担すると規定する（534条1項）。つまり、特定物の買主は目的物の引渡しを受けられないにもかかわらず代金を支払わなければならず、売主は目的物を引き渡せないにもかかわらず代金を受け取ることができるという結果になる。

このような結論は、買主に一方的に不利なものであり問題が多いと思われるが、判例は特に債権者主義には修正を加えていない（最判昭和24・5・31民集3－6－226）。これに対して学説はほぼ一致して534条を批判し、同条の適用範囲をなるべく狭めようとする。目的物の引渡し又は登記のいずれかが生じた後にはじめて534条が適用され、少なくとも、所有権移転の時期についての特約がある場合には、危険もその時期に移転するとの特約をしたものと解すべきだと考えられている。

債権者主義はこのように批判の強い制度であり、将来民法が改正される場合には、まっさきに廃止されることが予測される制度の1つである。

なお、売買の目的物が不特定物である場合にも基本的には特定物について述べたところがあてはまるが、特定物と異なるのは、目的物の特定（法文では「確定」）が生じてはじめてこのルールが適用される点である（534条2項）。

> ＊ **特定物と不特定物（種類物）**
> 取引の対象となる物には、その個性が問題となるものとそうでないものとがある。たとえば、同じメーカーの同じ銘柄のグローブであっても、有名なスポーツ選手が使っていたものであれば特定物であり、スポーツ用品店で売られていれば不特定物である。不特定物であっても、「このグローブ」を買うと指定して他の商品から取り出して別の場所で保管すれば（これを「特定」という）、以後は特定物と同じ扱いを受けることになる。

〔121〕 **同時履行の抗弁権とは**　急用でコンサートに行けなくなったので定価の9割でチケットを買い取ってもらう契約を結んだとして、その相手から「まずチケットを郵送してほしい、内容を確認したら代金を振り込む」と言われたとしたらどう感じるであろうか。相手のことがよほど信頼できるのでない

限り、代金を受け取らないうちにチケットを渡してしまったら代金が支払われないのではないかと不安に感じ、代金の支払いがあるまでは引渡しを拒みたいと思うであろう。このように、対価関係に立つ両債務は、一方の債務が履行されずにいることで他方の債務の履行をうながす、つまり、対応する債務の履行をたがいに確保しあう機能を持っている。

　民法は、双務契約の一方の当事者が、相手方が契約上の債務の履行を提供するまでは自分の債務の履行を拒絶することができる権利、すなわち同時履行の抗弁権を規定している（533条）（もちろん、当事者が履行の順序を特約で定めることによりこの抗弁権を放棄することは可能である）。

〔122〕　**同時履行の抗弁権の成立要件**　　同時履行の抗弁権が認められるのに必要なのは次の3つの要件である。以下、順にみていこう。

　①　双務契約上の債務

　　同時履行の抗弁権が認められるためには、たとえば売買契約における代金支払義務と目的物引渡義務のように、2つの債務が同一の双務契約から生じたものであることが必要である。売主が買主に対して、たまたま別の契約の債務不履行により生じた損害賠償債権を持っていたとしても、その損害賠償債権と買主の目的物引渡債権とは同時履行の関係に立たない。

　②　弁済期の到来

　　相手の債務が弁済期になければ、同時履行の抗弁権を行使することはできない。したがって、原則として、先に履行する義務を負っている債務者はその債務の履行を拒むことはできないが、先に履行すべき者が履行しないでいるうちに相手の債務の履行期が到来した場合に、同時履行の抗弁権を主張することができるかが問題となる。通説は、原則として先履行義務者も同時履行の抗弁権を行使できるとしながらも弁済期の先後が定められた趣旨を考慮すべきであるとする。

　③　請求を受けたこと

　　同時履行の抗弁権が認められるためには、相手方がその債務の履行・提供をしないまま履行を請求してきていることも必要となる。

〔123〕　**効果**　　同時履行の抗弁権が認められると、次のような効果が発生する。

　①　履行の拒絶

同時履行の抗弁権が認められると、自分の債務を履行することを拒むことができる。ただし、これが裁判で問題となった場合には、判決は、「被告は、原告の債務の履行と引換えに自己の債務を履行せよ」という引換給付判決の形で下されることになる。

② 履行遅滞の問題

抗弁権を有する者の債務は、履行期を過ぎても履行遅滞に陥らない。同時履行の抗弁権が存在すればよく、履行遅滞に陥らないようにするためにわざわざ抗弁権を援用する必要はない。相手方が債務不履行を理由に契約を解除することはできなくなる。相手方がこちらを履行遅滞に陥らせるには、自分の債務の提供をしなければならない。逆に言えば、相手に履行の意思がないことが明らかな場合でも、契約解除をしたいのであれば自分の履行の提供をして相手の抗弁権を失わせておく必要があるということになる。

③ 相殺の無効

同時履行の抗弁権の付着した債権を自働債権として相殺を行うことはできないため、相手から相殺されることがなくなる（大判昭和13・3・1民集17－4－318）。

第4節　契約（法律行為）に付されるもの
──条件・期限、期間計算

〔124〕**法律行為の附款**　契約をするときに、将来ある事実が発生したら、あるいは、一定の時間が経過したら、そのときに契約又は法律行為の効力を発生ないし消滅させようとする場合がある。たとえば、「次の誕生日にアクセサリーをプレゼントしよう」とか、「希望の大学に合格したら卒業まで自宅の一室に下宿してもよい」といった例である。このように、ある契約の効力の発生又は消滅を将来の一定の事実にかからせようとするためにその契約に付加される付随的事項（附款）のことを条件又は期限という。

以下では、契約を例にとって説明するが、すでに述べたように、法律行為一般にもあてはまることである。

1 条件——停止条件と解除条件

〔125〕 **条件**　条件とは、契約の効力の発生・消滅を、将来発生するかどうかが不確実な場合にかからせる附款ないしその事実のことをいう。条件には、停止条件と解除条件という2種類のものがある。

① 停止条件

たとえば、大学生に対しておじが「第一志望の会社に内定が決まったらお祝いにバイクを買ってあげる」という約束をしたとしよう。この場合、大学生とおじとの間で贈与契約は成立しているが、その効力の発生は第一志望の会社の内定が出るまでは停止しているといえる。このように、条件となっている事実が発生する（すなわち条件が成就する）までは契約の効力が発生しないタイプの条件を停止条件という（127条1項）。

② 解除条件

これに対して、奨学金給付契約のなかに「進級できなかった場合には奨学金の給付を中止する」という取り決めがあるとすると、すでに効力を発生し履行がされている奨学金給付契約の効力は、留年という事実が起こると消滅し、奨学金は給付されなくなる。このように、条件となっている事実が発生すると契約の効力が消滅するタイプの条件を解除条件という（同条2項）。

2 条件に関する制約

〔126〕 **条件を付けられるもの**　もちろん、契約には、どんな条件を付してもよいというわけではない。一定の場合には、その条件が無効となったり無条件となったりする。

たとえば、不法な条件を付した契約は無効であるし（132条）、実現不可能な停止条件を付した契約もまた無効である（133条1項）。また、「気が向いたら」というような、単に債務者の意思のみにかかる条件（純粋随意条件）を停止条件とする契約も無効となる（134条）。これらに対して、実現不可能な解除条件を付した契約は、無条件の契約とされる（133条2項）。

3　条件成就の妨害

〔127〕 妨害による条件不成就　たとえ現実には条件が成就しなかったとしても、その条件成就によって不利益を受ける当事者が故意に成就を妨害したときには、相手方は条件が成就したものとして債務の履行等の請求をすることができる（130条）。たとえば、先にあげた「第一志望の会社から内定が出たらバイクを買う」という例において、バイクを買ってやることが惜しくなり、最終面接前日にその大学生にさんざん酒を飲ませ翌日の面接で失態を演じさせた場合には、これにあたる可能性がある（実際には、妨害が故意によること、妨害と条件不成就との間に因果関係があること、妨害が信義則違反である、という要件を満たすことが必要になる）。

これと類似の問題を考えてみよう。条件の成就によって利益を受ける当事者が故意に条件を成就させた場合の扱いである。かつらメーカーXとYとの間で、特許権をめぐり、「Xは一定の部分かつらの製造販売をしないこと、Xに違反があった場合にはXはYに違約金を支払う」という内容の和解が成立していたが、Yの関係者が客を装ってXの店舗に出向き、和解によれば製造販売できないことになっていた部分かつらの製造を強く求めたため、Xがやむを得ず製造したというものである。このような場合には、130条が類推適用され条件は成就していないものとみなされるので、Xは違約金を支払う必要はない（最判平成6・5・31民集48－4－1029）。

4　期限

〔128〕 確定期限と不確定期限　条件は、成就するかどうかが不確実な事項であったが、期限は、到来することが確実なものである。期限のうち「来年の7月3日に」とか、「今年度末まで」というように、到来する時期が明確に決まっているものは確定期限と呼ばれ、「自分が死亡したら」というように、いつか到来することは確実だがその時期が明確に決まっていないものは不確定期限と呼ばれる。

〔129〕 始期と終期　条件に停止条件と解除条件があるのと同じように、期限

にも始期と終期がある。到来するまで履行の請求ができないものを始期、逆に到来すると契約の効力が消滅するものを終期という。

〔130〕 **期限の利益**　たとえば、1年後に返済する約束で100万円を借り入れた場合、この金銭の借り手は1年後に元本100万円を返済しなければならないが、これは、借り手は期限である1年後までは返済しなくてもよいということでもある。このような、期限が付されていることにより債務者が受ける利益を期限の利益という。

期限の利益は債務者のためにあるものと推定される（136条1項）。期限の利益は、債務者が自分で放棄するのは原則として自由であるから、上の例で債務者は、返済期限前であっても100万円を債権者に返済することができる（136条2項本文）。ただし、利益が債権者のためのものでもある場合には、利益放棄によって債権者を害することはできないことになっているから（同項ただし書）、上の金銭消費貸借契約が利息付きのものであった場合には、すでに経過した期間の利息に加えて残る期間分の利息を支払わなければならない可能性もある（大判昭和9・9・15民集13−21−1839）。

なお、債務者の信用を失わせる一定の事実が発生した場合には、債務者は期限の利益を失う。これを期限の利益の喪失という。期限の利益を失わせる事実は、民法に規定された3種の事由（137条）のほか、当事者の特約であらかじめこれを決めておくことも許される。このような特約を期限の利益喪失条項（約款）という。たとえば銀行取引約定書では、手形の不渡りや差押えなど、債務者の信用悪化を推測させる様々な期限の利益喪失事由が列挙されている。

〔131〕 **条件と期限の区別——出世払い契約**　ここまで、条件と期限について説明してきたが、条件と不確定期限との区別は実は自明ではない。たとえば、「将来出世をしたら支払ってもらうから」といって金銭の貸付けなどを行う、いわゆる「出世払い契約」があったとして、債務者に出世の可能性がないことが確実になったらこの債務はどのような運命をたどるのであろうか。

「出世したら」を条件だと考えれば、条件が成就しないことが確定した場合にはもはや債務を履行する必要はないことになる。しかし、これが不確定

期限であれば、弁済の猶予についての特約が効力を失い、債務者は債権者の請求に応じてただちに弁済をしなければならないということになる。

　ちなみに、判例はこれを不確定期限と解している（大判大正4・3・24民録21－439）。この事件の事実関係のもとでは、具体的にいつになるかははっきりしないがいつか必ず出世して債務の弁済をするというのが当事者の意思であると裁判所が判断したわけである。

〔132〕　**期間計算（138条）**　条件や期限に関連する問題として、期間の計算方法について触れておこう。

　民法は、時間（時・分・秒）によって期間を定めた場合と、日以上の単位（日・週・月・年）によって定めた場合とで、異なる計算方法を規定している。

① 自然的計算法

　時間で期間を定めたときは、即時に期間が起算され（139条）、その期間が経過した瞬間に期間が満了する。たとえば、朝10時からレンタカーを24時間借りるのであれば翌日の朝10時までに車を返却しなければならないという場合である。

② 暦法的計算法

　これに対して、日以上の単位で期間を定める場合には、その翌日に期間の計算が始まるのが原則だが（初日不算入の原則）、期間が午前0時から始まるときには初日も算入されることになっている（140条）。

　　＊　**他の法律の定め**
　　他の法律が別段の定めをしている等の場合には、その定めに従うことになる（138条）。たとえば、年齢計算については、「年齢計算ニ関スル法律」で初日が算入されると規定されているため、ひとつ歳をとるのは、（たとえ生まれた時刻がいつであっても）誕生日の午前零時ということになる。
　　また、訪問販売等において活用されるクーリング・オフの制度についても、初日を参入することになっている（特商9条1項。「書面を受領した日……から起算して8日」）。したがって、今週の火曜日に駅前のキャッチ・セールスにつかまって契約を結ばされたがやめたい場合には、初日である今週の火曜日から起算して8日間、つまり、来週の火曜日までの間はクーリング・オフができることになる。

（高橋めぐみ）

コラム2　ウィーン売買条約について

1. ウィーン売買条約とは、正確には国際物品売買契約に関する国際連合条約、United Nations Convention on Contracts for the International Sale of Goods）といい、頭文字をとってCISGと略称される。国際間の貿易取引を規律する本条約は、発効以来着実に締約国を増やしており、参加国は平成21年1月現在で73か国にのぼる。その中にはアメリカ合衆国、中国のような大国も含まれており、先進国で締約していないのはイギリスと日本くらいであるといわれていた。

　このような折、わが国においても、債権法改正に先立ち、平成20年ようやくウィーン売買条約が国会で承認され、20年7月1日に加入書を寄託し、21年8月1日にその効力が発生することになった。

　いうまでもなく本条約の発効により、国際的な商取引について今後はこの条約が統一のルールになるわけであり、わが国が国際ビジネスを行ううえでいかに重要かつ注意を要する条約であるかは論を俟たない。

2. ウィーン売買条約は、その条文の文言から明らかな通り、売買契約に関するすべてを規律するものではなく、国際間の商人間における売買（商事売買：CISG1条、2条）の成立並びに売買契約から生ずる売主及び買主の権利及び義務についてのみ対象とし（CISG4条）、契約又は慣習の有効性及び所有権に対する効果については関知しない。

　その意味では、本条約の存在によって、既存の民商法の存在が不必要となるわけではない。

　ただ、わが国の民法が、原始的不能と後発的不能を区別し、義務違反につき過失を要求し、その帰結として瑕疵担保責任という制度を存置しているのに対し、ウィーン売買条約は、過失責任を否定したうえ（CISG45条1項（b）、61条1項（b））、不能につき原始的・後発的という区別を設けず、一元的な契約違反（義務違反）概念を採用しており、彼我の違いは著しい。

　このような特色を有する本条約の発効は、来たるべき民法債権編の改正及びそれと連動すると思われる商行為法の改正にも大きな影響を与えるものと予想される。

（松嶋隆弘）

コラム3　企業買収における「基本合意書」：
契約締結上の過失論のシステム化

1．企業を構成するのは、なんといっても「ヒト」・「モノ」・「カネ」であるが（「情報」を加えてもよいかもしれない）、これらの構成要素を一気に変更し、シナジーを生じさせるのが企業買収（M&A：Merger and Acquisition）である。企業買収の目的は様々であり、国内では、中小企業の後継者対策（事業承継）目的や、事業再編目的で近時盛んに行われている。国際間では、国をまたぐM&Aがグローバリゼーションと保護主義との狭間で話題になることも多い。

2．いかなるスキームをとるにせよ、M&Aは、最終的には株主総会での承認手続により完結するところ、そこに至るまで、経営陣の手による契約締結に向けた長いプロセスを経なければならない。一般的なプロセスとしては、まず対象会社を特定し、それから契約締結に向けて双方誠実に尽力する旨の大枠の合意が取り交わされる。かかる合意書のことを「基本合意書」（Term Sheet）と呼ぶ。この中には、①契約締結に向けた交渉段階における当事者の誠実交渉義務、②当事者以外の第三者との交渉避止義務（独占交渉条項）などが規定される。

　基本合意書を締結した後、買収対象企業の価値を算定するためデュー・デリジェンス（Due Diligence）を実施する。デュー・デリジェンスとは、「相当な入念さをもって行う事前の評価手続」のことであり、当事者間の錯誤による誤った意思決定を防止するために実施される。これによって売買の対象である被買収企業（実際には被買収企業の株式）の「対価」が判明する。企業買収にあたってのデュー・デリジェンスに際しては、買収対象企業の資金繰りの実態、簿外債務の状況、重要な契約の内容、係争の有無などが精査される。その後、当事者間の交渉を経て、最終合意が締結され、企業買収は完結する（クロージング）。

3．基本合意書の段階では、デュー・デリジェンスも不十分だし、条件の詳細もつまっていないため、この段階で基本合意書そのものに契約としての拘束力を認めることはできないと考えられる（legally non-binding）。ただ、だからといって基本合意書締結後に、合意を一方的に破棄して他の企業と買収交渉に入ったとしたら、損害賠償の問題を生じさせる（東京地判平成18・2・13判時1928-3）。

　こうみると一見こむずかしそうであるが、よくよく考えてみると、基本合意書の役割は、当事者が信義誠実の原則に基づき、交渉関係に入ることを表明するものであり、民法における「契約締結上の過失」をシステム化したものにほかならない。このように商法を勉強する場合でも、民法をしっかり理解することはとても重要なのである。

（松嶋隆弘）

6章 代理人を通じてする契約

第1節 代理制度総論

1 代理制度の意義

〔133〕 **代理とは** 代理とは、代理人という他人が、独立に意思表示をし、又は意思表示を受領することによって、本人が直接にその意思表示の法律効果を取得する制度である（99条以下）。たとえば、本人Aが代理人Bに自分の土地の売却を依頼し、それに基づいて、BがAの土地を相手方Cに売却したときは、その売買はA・C間の法律関係となる（図表6－1）。このように、代理制度では、法律行為を実際に行う者（法律行為の「行為者」）と法律行為に基づく権利義務が帰属する者（法律行為の「当事者」）が異なる点に特色が

【図表6－1 代理の関係】

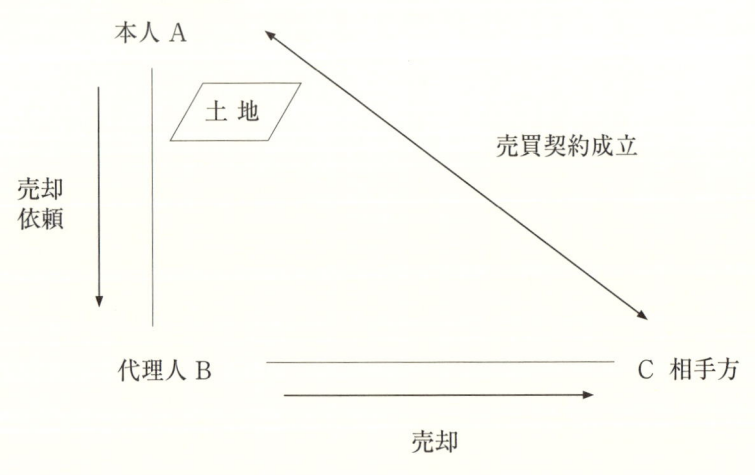

ある。

〔134〕 **代理の必要性**　代理制度は、後述する2つの代理の種類——本人が代理人を自ら選任する任意代理と、法律に基づいて代理人や代理権の内容が定められる法定代理——に応じて、その必要性が認められる。第1に、任意代理は、本人の活動範囲の拡張（「私的自治の拡張」）のために必要とされる。たとえば、事業者が、従業員や代理店などを代理人として使って取引をすることができれば、広範な地域で、多量の取引を行うことができる。第2に、法定代理は、取引能力がない者の活動を補充（「私的自治の補充」）するために必要とされる。未成年者や成年被後見人は、自分では取引ができないので、代わって取引をしてくれる者（代理人）が必要となるのである。このように、代理は私的自治の拡張又は補充（「私的自治の拡充」）という重要な作用を有する。

〔135〕 **能動代理、受動代理**　代理は、上に述べたように、本人Aの代理人Bが相手方Cにした意思表示、若しくはBがCから受領した意思表示が、直接にAに生ずるものである。この点、前者のように、代理人が積極的に意思表示を行う場合を「能動代理」といい（99条1項）、逆に、相手方から、本人の代理人として意思表示を受領する場合を「受動代理」という（99条2項）。

〔136〕 **代理と類似した観念**　代理と類似した観念であるが区別すべきものとして、以下のものがある。

①　代表

株式会社などの会社（法人）は、法律によって権利能力を付与され、取引の主体となることができるが、それ自体は観念的な存在であって、目に見える実体があるわけではない。そこで、会社のために実際に意思表示を行う者が必要となり、代表という観念が用いられる。代表は、他に本人の行為というものが考えられない点で代理と異なるが、実質は代理と同じといってよく、その法律関係は代理に関する規定に準拠する。

②　使者

本人の決定した意思を相手方に表示し（表示機関）、又は完成した意思表示を伝達するもの（伝達機関）である。代理に似ているが、代理人は多少なりとも自分の意思で判断する裁量の権限を有するのに対し、使者は本人の決

定した意思を伝達するにとどまる点で異なる。使者は、単に本人の意思表示を伝達できればよいので、意思能力さえも必要ない（代理人は行為能力までは必要ないが、意思能力は必要と解されている。102条参照）。他方、本人には行為能力が必要とされ、また、法律行為の瑕疵の有無は、使者についてではなく、意思表示をした本人について決する（101条参照）。

③　間接代理

問屋（商551条）のように、自己の名をもって法律行為をしながら、その経済的効果だけを委託者に帰属させる制度である。経済的作用は代理に似ているが、法律行為を実際に行う行為者と、法律行為に基づく権利義務が帰属する当事者が、ともに間接代理人であり、分離しない点で代理と異なる。

④　代理占有

民法は代理人によって占有（権）を取得することを認めている（代理占有。183条、184条、204条参照）。ただ、占有は物を所持するという事実状態であるから、意思表示の代理とは無関係である。

2　任意代理と法定代理

〔137〕　**代理の種類**　代理には、代理権（詳細は本章第2節参照）付与の根拠に応じて、任意代理と法定代理の2種類がある。前者は本人の依頼によって代理権が与えられるものであり、後者は法律の規定によって代理権が与えられるものである。両者は、代理権の内容や、後述する復代理（104条〜107条）、代理権の消滅事由（111条）において差異がある。

〔138〕　**任意代理**　任意代理においては、本人が自ら代理人を選任し、代理権を付与する。本人から依頼を受けた代理人（任意代理人）の代理内容は、本人から付与された代理権の内容に従う。依頼の形式は、委任（643条以下参照）によるのが通常であり、たとえば、本人Aが代理人Bに対して、不動産の売買及びその所有権移転登記手続について委任して委任状（図表6－2）を交付すると、これによりAはBにこれらの行為について代理権を与えたことになる。もっとも、依頼の形式は委任に限らず、組合契約（667条以下参照）、雇用契約（623条以下参照）、請負契約（632条以下参照）などの場合もある。

【図表6-2　委任状】

委　任　状

平成22年1月18日

〒○○○-○○○○
住　所　　東京都○○区○○□-□-□
委任者　　　　　A　　　　　㊞

私は、次の者を代理人と定め、下記の事項を委任します。

〒△△△-△△△△
住　所　　東京都△△区△△□-□-□
受任者　　　　　B

記

一、次の不動産の売却、その代金の受領、所有権移転登記手続に関する件
　　不動産の表示
　　　所在　○○市□□
　　　地番　△△番△△
　　　地目　宅地
　　　地積　150㎡
二、上記に附帯する一切の事項

以上

〔139〕 **法定代理**　法定代理においては、代理人を置く場合が法律によって定められていて、代理権の内容も法律によって定められている場合が多い。法定代理には、次の3つの場合がある。すなわち、第1に、親権者（818条・824条参照）など本人に対して一定の地位にある者が当然に代理人となる場合である。第2に、離婚した父母が協議で一方を未成年親権者とする場合（819条参照）、親権者が指定する未成年後見人（839条）など本人以外の私人の協議又は指定によって代理人となる場合である。第3に、不在者の財産管理人（25条）、未成年後見人（841条）、成年後見人（843条）、代理権を持つ保佐人（876条の2、876条の4）、代理権を持つ補助人（876条の7、876条の9）、相続財産管理人（918条、952条）など裁判所の選任によって代理人となる場合である。

3　復代理（復代理人の選任）

〔140〕 **復代理の意義・要件**　復代理とは、代理人が、自己の権限内の代理行為を他人（復代理人）に行わせることである（104条〜107条）。本人Aの代理人Bが、Dを復代理人に選任し、Dが相手方Cと取引をするような場合である（図表6-3）。この場合、復代理人は、代理人が自己の名義で選任してその権限内の行為を代理させる本人の代理人である（107条1項参照）。

【図表6-3　復代理の関係】

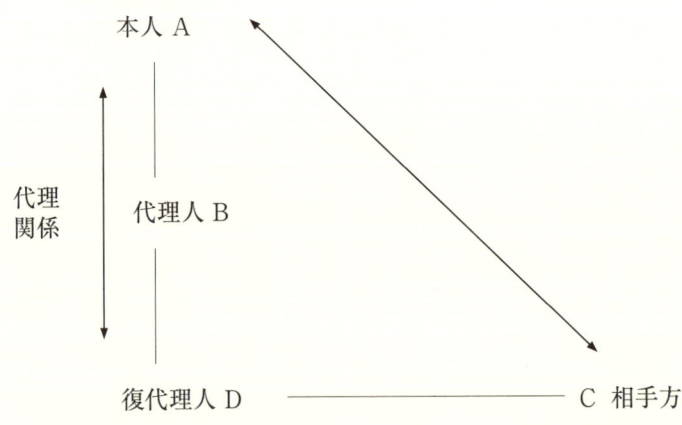

```
                    本人 A
                   ↑      ＼
        代理        ｜       ＼
        関係    代理人 B      ＼
                   ↓            ＼
                復代理人 D ──────── C 相手方
```

復代理は、任意代理では制約を受けるが、法定代理では一般的に認められる。すなわち、任意代理人は、本人から信任を受けて代理人となった者であるから、原則として自ら代理行為をしなければならず、ただ、本人の許諾を受けたとき、又はやむを得ない事由があるとき（急迫な事情があって自ら代理行為をすることができず、本人の承諾を得る暇もないとき等）に限り、復代理人を選任することができる（104条）。これに対し、本人の意思に基づかない法定代理人は、特別の事情がなくても、常に復代理人を選任することができる（106条）。

〔141〕 **復代理人を選任した場合の代理人の責任**　任意代理では例外的に復代理を認める代わり、復代理人の過誤・非行に対する代理人の責任は軽いのに対し、法定代理では制限なしに復代理を認める代わり、その責任は重い。すなわち、任意代理人は、復代理人の選任監督について自ら過失があった場合、又は、本人の指名する復代理人が不適任若しくは不誠実であることを知りながら、これを本人に通知したり復代理人を解任したりしなかった場合にだけ責任を負う（105条参照）。これに対し、法定代理人は、自らが選任した復代理人の行動について、原則として全責任を負い、ただ、やむを得ない事由があるときは、選任監督に関する責任のみに軽減される（106条参照）。

〔142〕 **復代理の効果**　第1に、復代理人は本人の代理人であるから、代理人を代理するのではなく、本人を直接代理する（107条1項）。したがって、前述した例（図表6-3）でいえば、復代理人Dは相手方Cに対して、「Aの復代理人D」と自らを示し、また、Dの意思表示の効果は、代理人Bを経由することなく、直接本人Aに帰属する。第2に、とはいえ、Dの代理権は、Bの代理権を基礎として成立しているから、その範囲はBの代理権の範囲内であり（107条1項参照）、Bの代理権が消滅すれば、Dの代理権も消滅する。また、Dを復代理人として選任しても、Bは依然として代理人の地位にあり、代理権は存続する。第3に、Dは、Bから選任されたのだから、本来、Bの監督に服し、Bとの間にだけ委任などの内部関係を生ずるはずである。ただ、民法は、実際の便宜を考え、本人Aと代理人Bとの内部関係と同様の関係を、Aと復代理人Dとの間でも生ずるものとしている（107条2項参照）。これにより、Dは、必要な費用や報酬を直接Aに請求することができる。なお、復

代理人は、相手方から受領した物を、本人のみならず代理人にも引き渡す義務を負い、もし代理人に引き渡したときは、本人に対する引渡義務は消滅する（最判昭和51・4・9民集30－3－208）。

第2節　代理権（本人と代理人との関係）

1　代理権の発生原因

〔143〕　**代理権**　　代理人による法律行為（代理行為）の効果が本人に帰属するためには、代理人が当該行為について代理権を有することを要する。代理権は、代理人の法律行為の効果が本人に帰属するための要件（効果帰属要件）である。

代理権の発生原因は、法定代理と任意代理とで異なる。法定代理権の発生原因は、前述した法定代理の3つの場合である（〔139〕参照）。これに対し、任意代理権は、本人による代理権授与の意思表示である代理権授与行為（授権行為）に基づいて発生する。ただ、授権行為の性質については、委任と代理の関係に関連して問題となる。

〔144〕　**委任と代理の関係**　　任意代理における本人の依頼の形式は、委任（643条以下参照）によるのが通常であることから（〔138〕参照）、任意代理権は委任契約を根拠に発生するとも考えられる（「委任による代理」との表現から（104条、111条2項）、起草段階ではこのように考えていたことがうかがえる）。しかし、委任契約が締結されていても前述した問屋（〔136〕の③参照）のように常に代理権の授与を伴うわけではなく、また、組合（667条以下参照）、雇用（623条以下参照）、請負（632条以下参照）など委任以外の契約を根拠として代理権が授与される場合もある。それゆえ、委任と代理には直接的な関係があるとはいえず、授権行為は委任契約そのものではなく、それとは別個の独自の原因によって存在するものといえる。

〔145〕　**授権行為の性質**　　では、委任契約とは別個の独自の原因によって存在する授権行為は、いかなる性質のものか。この点について、授権行為は代理人の承諾を要するか否かという問題をめぐって、これを本人から代理人若し

くは代理行為の相手方に対する単独の意思表示とみるか（単独行為説）、本人と代理人との間の授権契約（契約説）とみるか争いがある。前者（単独行為説）は、代理権を与えるというのは、単に代理人に資格を与えるだけで何らの不利益を与えるものではないから、その承諾を要しない単独行為であると説明する。これに対し、後者（契約説）は、代理人となる以上、本人・代理人間に代理に関する合意があるのが常態であることから、合意（契約）によって代理権が授与されると説明する。後者（契約説）に立ち、その契約の性質については、民法は委任と代理を明確に区別していないことから（104条、111条2項参照）、委任そのものではないが、それに類似した一種の無名契約と解するのが通説的見解である。

〔146〕 **授権の方式**　授権行為は一般的な意思表示であるから、何らの要式も必要とせず（不要式行為）、口頭で行ってもよい。また、明示的に行っても、黙示的に行ってもよい。したがって、たとえば、ある事業のために人を雇った場合、この者に代理権が授与されたか否かは、具体的事情に基づいて判断されることになる。ただ、実際には、本人が代理人に委任状（前掲図表6－2）を交付して行うことが多い。委任状には、本人が、代理人に対し一定の事項について代理人としての権限を委託した旨を記載し、署名捺印するのが通常である。ただし、委任状の中には、本人が委任事項などを白紙にしておいて、後に代理人が補充することを予期して交付する白紙委任状と呼ばれるものもある。白紙委任状が交付される場合、それは委任事項などについて無制限の代理権を与える趣旨ではなく、一定の事項（たとえば、建物の賃貸）について代理権を与え、ただ、その事項を代理人の方で適切に補充させる趣旨と解すべきである。したがって、代理人が事前に合意した事項に反して補充した場合（たとえば、建物の売却）、相手方との取引の効果はただちに本人に帰属することなく、相手方の保護は後述する表見代理の問題となる。

2　代理権の範囲

〔147〕 **任意代理の場合**　代理権の範囲は、代理権授与行為（授権行為）の解釈によって定まる。具体的には、代理人は、任意代理権が与えられる原因と

なった契約により定められた行為のほか、その目的を達成するために必要な行為をする権限を有する。たとえば、売買契約を締結する代理権には、登記をする権限（大判大正14・10・29民集4－11－522）、売買不成立の場合に内金・手付の返還を受ける権限（大判昭和16・3・15民集20－9－491）、相手方から取消しの意思表示を受ける権限（最判昭和34・2・13民集13－2－105）などが含まれると解される。

〔148〕 **法定代理の場合**　代理権の範囲は、法令の規定の解釈によって確定される。ただ、法令の規定によって法定代理権の範囲が明らかでない場合があり、この場合には、次の103条による。

〔149〕 **保存・利用・改良行為**　授権行為の解釈や法令の規定の解釈によっては代理権の範囲を確定できない場合について、民法は補充的な規定を置いている（103条）。すなわち、代理人は、代理の目的である財産の現状を維持する保存行為（たとえば、家屋の管理を任された代理人が、家屋の修繕を目的とした請負契約を締結すること。同条1号）、代理の目的物の性質を変えない範囲で、それを利用して収益を図る利用行為（たとえば、預かっている物を賃貸したり、現金を銀行預金にしたりすること）又は財産の価値を増加させる改良行為（たとえば、家屋に造作をほどこすことを目的として請負契約を締結すること）をなし得る（同条2号）。これらは総称して管理行為といわれ、これらの範囲を超えた処分行為と区別される。

〔150〕 **自己契約・双方代理の禁止**　同一の法律行為について、一方の当事者が相手方の代理人となったり（たとえば、本人Aから土地の売却を依頼された代理人Bが、自らその土地の買主になること）、当事者双方の代理人となったり（たとえば、Aから土地の売却を、Cから土地の買い受けの代理権を与えられた代理人Bが、AC双方の代理人となること）することはできない（108条本文）。前者を自己契約、後者を双方代理といい、ともに本人（A、C）の利益を害することから禁止される（この場合、代理行為は無効となり、後述する無権代理となる）。ただ、これらはいずれも本人の保護のために禁止されるものであるから、すでに成立している契約について債務を履行するに過ぎない場合など本人の利益を害するおそれがない場合や、本人がそれでもよいとあらかじめ許諾している場合には、有効な代理行為となる（108条ただし書）。また、

本人による事後の追認も認められる（最判平成16・7・13民集58－5－1368）。

〔151〕 **代理権の濫用**　たとえば、本人Aから土地の売却を依頼された代理人Bが、相手方Cに土地を売却し、その売却代金をAに引き渡さずに着服してしまった場合など、代理人が自己又は他人の利益を図るために客観的にはその権限内にある行為をした場合、民法にはこれに関する規定がなく、当該代理行為の効力が問題となる。かかる代理権の濫用について、判例は、権限濫用といえども代理権の範囲内の行為であるから原則として有効な代理行為であるとしつつ、ただ、相手方が代理人の権限濫用の意図を知っていたか、又は知ることができた場合に限り、93条但書の類推適用により、本人は当該代理行為の無効を主張できるとしている（最判昭和42・4・20民集21－3－697）。

3　代理権の消滅事由

〔152〕 **共通の消滅事由**　111条1項は、任意代理・法定代理を問わず、本人が死亡した場合（同1号）、代理人が死亡し、破産手続開始の決定を受け、若しくは後見開始の審判を受けた場合（同2号）、代理権が消滅するとしている。

〔153〕 **任意代理特有の消滅事由**　さらに111条2項は、任意代理に特有の消滅事由として、「委任の終了」をあげる。具体的には、本人が破産手続開始の決定を受けたとき（653条2号）や本人・代理人いずれかが委任契約を任意に解除した場合（651条）などである。なお、代理権が委任以外の契約（組合、雇用、請負など）と結合しているときも、本条項により、これらの契約関係の終了とともに、代理権は消滅するというべきである。

第3節　代理行為

〔154〕　**意義**　代理行為とは、代理人が行う意思表示であるが、その効果を自分自身にではなく、自分とは別に存在する本人に帰属させる意思表示である。代理行為においては、意思表示の仕方、代理行為に瑕疵がある場合の判断基準、代理人の能力について特有の問題がある。

〔155〕　**意思表示の仕方——顕名主義**　BがCと取引をする場合、Cは、その取引行為から生ずる権利義務（たとえば、売買契約における代金支払義務）は行為者B自身に帰属すると考えるのが普通である。ところが、代理の場合には、その権利義務が帰属する者は、代理人Bではなく、本人Aとなるので、そのことが相手方Cにわかる必要がある。そこで、代理人が代理行為をするためには「本人のためにすることを示して」しなければならない。このように、代理人が代理意思（自己の法律行為の効果を本人に帰属させる意思）を表示して、相手方に対し契約の当事者が誰であるかを明らかにすることを顕名といい、民法は代理行為に顕名を要求する顕名主義を採用している（99条1項。なお、代理人が本人に代わって意思表示を受領する受領代理の場合、相手方の方で本人の名を示すことを要する（99条2項））。顕名は、たとえば、代理人Bが「A代理人B」、「A株式会社代表取締役B」などと本人の名あるいは資格を示すことでなされる。

　ところで、顕名は、あくまでも意思表示全体から契約の当事者が誰であるかを明らかにするものであるから、その意味は、厳格に解する必要はない。諸般の事情から、取引行為の効果の帰属する者は、代理人Bではなく本人Aである、とわかればよい。そこで、民法は、代理人Bが本人Aのためにすることを示さないで意思表示を行った場合、原則として代理人B自身の行為にあたるとしつつ、相手方Cが、BはAの代理人であることを知り、又は知ることができたときは、本人Aに取引の効果が帰属するとしている（100条）。また、商行為の代理では、そもそも顕名主義を採用しておらず、代理人Eが本人Dのためにすることを示さなくても、相手方Fとの取引の効果は常に本人Dに帰属するとしている（商504条）。

〔156〕 **代理人が本人の名を示した場合**　では、代理人Bが相手方Cとの取引に際して、契約書に本人Aの名を書いてAから預かっているハンコを押した場合（いわゆる署名代理）、本人のためにすることを示したといえるか。この点、これを認めると、代理行為なのか本人自身の行為なのか不明になるので、望ましくはないが、このような慣行が広く行われていることからすれば、これをただちに否定することは適切でない。そこで、代理人Bが本人Aより、署名代理の方式を用いることまでの権限を与えられているならば、取引の効果が本人に帰属することが認められるとし、BがAより実印を預かっているときなどは、多くの場合このような権限が与えられているとするのが判例・通説である。

〔157〕 **代理行為の瑕疵**　代理行為は、代理人の意思表示としてなされるものであるから、意思の不存在、詐欺・強迫、善意・悪意、過失の有無は、代理人について判断するのが原則である（101条1項）。たとえば、①相手方Cが、本人Aの代理人Bに対して、目的物を不当に高額で売却した場合、詐欺を受けたか否かはBについて判断し、これが認められれば、Aが取消権（96条1項）を取得する。また、②代理人Bが相手方Cから購入した家屋に瑕疵があった場合、本人AのCに対する瑕疵担保責任（570条）の追及の可否は、Bが瑕疵について知っていたか否かによって判断する。

　しかし、②の例で、Aが何らかの事情で瑕疵について知っていたうえで、Bに対し当該家屋を購入する代理権を与えていたならば、たとえBが瑕疵について知らなかったとしても、AのCに対する瑕疵担保責任の追及を認める必要はない。そこで、公平の観点から、代理人が本人から特定の法律行為をすることを委託され、本人の指図に従ってその行為をしたときは、本人は、自ら知っている事情（又は過失によって知らなかった事情）について、代理人が知らなかったことを主張することができないとされる（101条2項）。さらに、本条項の趣旨から、「本人の指図」について緩やかに解し、本人が代理人をコントロールする可能性があれば足りるとするのが通説である。

　ところで、①の例とは逆に、代理人Bが相手方Cに目的物を不当に高額で売却し、AがBの詐欺について知らなかった場合、Cは、売買契約を取り消すことができるか。この点、この場合にも101条1項を適用する見解があるが、

同条項は代理人の意思表示に瑕疵がある場合の規定であるから、この場合には適用すべきではない。むしろ、この場合には、詐欺を行うようなBを代理人として選任したAがそのリスクを負担すべきであり、Cは、101条1項とは無関係に、96条1項によって取消権を取得すると解すべきである。

〔158〕 **代理人の行為能力**　代理人は、自ら意思表示をするが、その効果はすべて本人に帰属するので、代理行為が判断を誤って行われても、代理人が損をすることはない。それゆえ、このような場合に、代理人の保護を考える必要はなく、代理人は、行為能力者であることを要しない（102条）。したがって、本人は、代理人が制限行為能力者であることを理由に、代理行為を取り消すことができない。本人があえて制限行為能力者を代理人として選任した以上、その不利益は本人が負うことになる。

　もっとも、本人は、代理人が制限行為能力者であることを理由として、代理権授与とともに行った委任契約を取り消すことができる（委任と代理の関係については、〔144〕参照）。この場合、委任契約は契約時にさかのぼって無効となるので（121条）、委任と代理権授与は通常1つの契約で行われることから、それに伴って代理権授与もさかのぼって無効になるとも思える。しかし、それでは102条の趣旨が失われてしまう。そこで、102条の趣旨を生かすため、代理権は将来に向かって消滅し、すでになされた代理行為には影響しないと解されている。

　なお、代理人は意思表示を行う以上、意思能力は必要である。

〔159〕 **代理行為の効果**　代理人が、代理権の範囲内で有効に代理行為を行ったときは、その効果は直接本人に帰属する。いったん、代理人に帰属したうえで、本人に移転するものではない。その結果、代理人が詐欺された場合の取消権（96条1項）などは本人が取得する。

　代理権がないのに代理行為を行ったり、代理権の範囲外の行為を行ったりした場合は、次節以降の無権代理の問題となる。

第4節　無権代理

1　意義

〔160〕　**2つの態様**　　無権代理（下記の狭義の無権代理と対比させて、広義の無権代理ともいう）とは、BがAの代理人として取引（代理行為）をしたが、Bには、その行為をする代理権がなかったという場合である。「代理権がなかった」とは、そもそも代理権がない場合と代理権を超えた場合がある。Bが無権代理行為を行った場合、当該行為の効果は、代理権が存在しないのでAに帰属させることはできず、他方、BはAに効果を帰属させる意思（代理意思）があり、自己に帰属させる意思はないから、Bにも帰属しない。しかし、それでは事情を知らないで取引をした相手方Cの保護に欠けることになり、代理制度の円滑な運用を阻害する。そこで、民法は以下のようにして、AとCの利益の調整を図った。第1に、無権代理人と本人とされた者との間に特別の関係がある場合に、一定の要件のもと、本人とされた者に代理権が存在するのと同様の効果を生じさせることとした（109条、110条、112条）。これを表見代理という。第2に、上記のような関係になく、本人とされた者に効果を及ぼすことができない場合――このような場合を狭義の無権代理という――に、一定の要件のもと、無権代理人に重い責任を負わせることとした（117条）。以下、両者に関連する法律関係について検討する。

2　表見代理

表見代理は、次の各場合に認められる。

〔161〕　**代理権限授与の表示による表見代理**　　AがCに対し、「Bを代理人に選任した」と告げながら（代理権授与表示。その方法は書面でも口頭でもよい）、実際にはBに代理権を与えていなかった場合において、Bが告げられた代理権の範囲内でCと取引をしたときは、Aは、Bの行為について責任を負わなければならない（109条本文）。もっとも、Cが、Bに代理権がないことを知っ

ていたか、又は知らないことについて過失があったことが証明されれば、Aは責任を負わない（同条ただし書）。

代理権授与表示は、Cの取引安全の観点から、Aが、「Bを代理人に選任した」と直接Cに告げる場合だけでなく、CがBを代理人と信じるような原因を作り出す行為をすれば足りると解されている。それゆえ、本条が適用される範囲は広い。たとえば、請負人Aが、下請人Bに対し、Aの名義を使用して工事をすることを許諾した場合は、工事材料の買入れなどにつき、Bを代理人とした旨を買入先Cに告げたことになり、Aは、Bに下請代金を支払ったことを理由に、Cに対する責任をのがれることはできない（大判昭和4・5・3民集8－7－447）。また、東京地方裁判所が、その庁舎内に「厚生部」という売店を存在させ、その事業の存続・継続を認めていたときは、東京地裁は、「厚生部」が行った取引について責任を負うとされる（最判昭和35・10・21民集14－12－2661）。さらに、Aが、Bに委任条項・代理人名・相手方名等を白地にした白紙委任状（〔146〕参照）を交付したところ、B又はBからの転得者Dがそれを濫用した場合、Aは白紙委任状の交付によって白地部分の代理権を授与したかのような表示をしたといえるので、本条が適用される余地がある。

なお、本条は、本人が代理権を与えることがない法定代理には適用がない（大判明治39・5・17民録12－758）。

〔162〕 **権限外行為の表見代理**　代理人Bが、本人Aから与えられた権限を超えて行為をした場合に、相手方Cが、Bの行為は権限内であると信じることについて正当な理由があるときは、AはBのした行為について責任を負わなければならない（110条）。たとえば、Bが、AからAの家屋を他人に賃貸する権限を与えられていたに過ぎないのに、その家屋をCに売却し、Cが、Bには売却する権限があると信じた場合である。

本条が適用されるための第1の要件は、代理人Bに何らかの代理権（これを基本代理権という）が与えられていることである。何らの代理権も与えられていない者の行為は、いかに代理行為らしくみえても、本条が適用されることはない（最判昭和27・1・29民集6－1－49）。基本代理権が与えられたか否かは、慎重に認定されるべきである。たとえば、AがBに実印を預ける

ことは、単にその保管を依頼したものか、代理権を授与したものか認定に困難を伴うことが多い。

基本代理権は法定代理権でもよい（大連判昭和17・5・20民集21-11-571）。この点に関連して問題となるのは、夫婦相互に日常の家事に関する債務について連帯責任を認める761条についてである。判例は、①761条は、夫婦が相互に日常の家事に関する法律行為について他方を代理する権限を有することをも規定していると解し、②夫婦の一方が本条所定の日常の家事に関する代理権の範囲を超えて第三者と法律行為をした場合において、その代理権を基礎として一般的に110条所定の表見代理の成立を認めるわけではないものの、③その越権行為の相手方である第三者が、当該行為がその夫婦の日常の家事に関する法律行為に属すると信ずるにつき正当の理由があるときに限り、110条の趣旨を類推して第三者の保護を図る（最判昭和44・12・18民集23-12-2467）。判例が、この場合にただちに110条の適用を認めないのは、夫婦の財産的独立性を損なわないようにするためである。

基本代理権は、厳格な意味での代理権でなければならないかが問題となる。すなわち、代理は、私法上の法律行為（意思表示）についてのものであり、純然たる事実行為については問題とならないが、それに限られるかが問題となる。この点、判例は、Aから登記申請行為を委任されたBが、その権限を越えてCとの間でAをBの保証人とする契約をした場合に、登記申請行為自体は公法上のものであっても、それが私法上の取引行為の一環として、契約による義務履行のためになされたものであるときは、その権限は基本代理権になるとしている（最判昭和46・6・3民集25-4-455）。

本条が適用されるための第2の要件は、取引の相手方Cが、Bの行為は権限内であると信じることについて正当な理由があることである。これは善意無過失と同義と解される。Cは、自ら正当理由を基礎付ける事実（実印や委任状の存在等）を主張立証することを要する。

〔163〕 **代理権消滅後の表見代理** Bが、Aから与えられた代理権がなくなった後に代理行為を行い、しかも、相手方Cがその事実を知らなかった場合には、Aは、その行為の無効を主張することができない（112条本文）。ただし、Cが過失によって代理権の消滅の事実を知らなかったときは、Aは、Bの行

為の無効を主張することができる（同条ただし書）。たとえば、Aから集金の代理権を与えられていたBが、解雇された後にCから集金を行った場合、Cに過失がなければ、AはCのBに対する支払いの無効を主張することができない。

　本条が適用されるには、Bが消滅する前の代理権の範囲内の行為をすることを要する。Bが、これを超えた行為をした場合には、次に述べる110条との重畳適用の問題となる。

〔164〕　**3つの表見代理権規定の組み合わせ**　表見代理に関する各規定は、一定の要件のもと、本人Aの利益を犠牲にして、無権代理人Bに正当な権限があると信頼したCの取引の安全を図る点で共通する。そのことから、109条と110条、あるいは110条と112条の重畳適用が認められる。前者は、Aから関係書類の交付を受けたBが、それを濫用して表示以上の代理行為をした場合、後者は、かつてAの代理人であったBが、代理権の消滅後に、消滅前に持っていた代理権の範囲を超えた行為をした場合に、それぞれ適用が問題となる。

3　狭義の無権代理

〔165〕　**本人の追認**　Bが本人Aの代理人として相手方Cと取引（代理行為）をしたが、Bにその代理権がなかった場合、取引の効果は当然にはAに帰属しない。しかし、Aが、Bの行った取引の内容を自己に有利と判断して、効果の帰属を望む場合もある。そこで、民法は、本人Aの追認を認めた（113条1項）。他方、Aが効果の帰属を望まない場合、追認を拒絶して、取引の効果が自己に及ばないことを確定することもできる。追認又はその拒絶は、C又はBのいずれに対して行ってもよいが、Bに対して行った場合には、Cがその事実を知るときまで、その効果を主張することができない（同条2項）。

　追認は、原則としてBの無権代理行為のときにさかのぼって、その効力が生ずる（116条本文）。すなわち、Bの行った取引は、当初から代理権があったものと扱われる。ただし、この遡及効は、第三者の権利を害する場合には制限される（同条ただし書）。たとえば、Aの無権代理人Bが、Cから、A

のCに対する債権の弁済を受けた後に、Aの債権者DがAのCに対する債権を差し押さえた場合、その後に、Aが、Bの無権代理行為を追認しても、Dの差し押さえの効力が害されることはない（大判昭和5・3・4民集9-5-299）。なお、116条但書は、登記を対抗要件とする場合（177条）には、登記の先後によって優劣が決せられるので、適用の余地がない。

〔166〕 **相手方の催告権・取消権**　本人Aが追認するか否かを決しないままでいると相手方Cは不安定な地位に置かれる。そこで、民法は、Cに、Aに対し、相当の期間を定めて、その期間内に追認するか否かを確答すべき旨の催告をすることができる（114条前段）。Aが期間内に回答しない場合、追認を拒絶したものとみなされる（同条後段）。催告権は、Cが、無権代理人Bに代理権がなかったことを知っていたときにも、与えられる。

Cは、Aが追認をしない間は、Bとの契約を取り消すことができる（115条前段）。ただし、Bに代理権がないことを知っていた場合は、取り消すことはできない（同条後段）。

〔167〕 **無権代理人の責任**　無権代理人Bは、自分が代理権を有していることを証明することができず、かつ、本人Aの追認を得ることができなかったときは、相手方Cの選択に従い、Cに対し、履行又は損害賠償の責任を負う（117条1項）。

たとえば、Bが、Aの代理人と称して、A所有の土地をCに売却したところ、Bには、その代理権がなかったという場合、Cとしては、Aが追認しない限り、Aに取引の効果を帰属させるために、まず、AはBに代理権を授与したと主張し、それが証明できなければ、表見代理の成立を主張することになる。そして、表見代理の成立も認められないとなると、もはやAに取引の効果を帰属させることはできないので、無権代理人Bに責任追及するほかない。そこで、本条項が規定された。

もっとも、Cが、Bに代理権がないことを知っていたときや、過失によって知らなかったとき、さらには、Bが行為能力を有しなかったときには、Bは責任を負わない（同条2項）。

無権代理人Bの責任は、Bに故意・過失があったことを要しない無過失責任である。すなわち、CがBに本条の責任を追及するためには、Bが、自己

に代理権のないことを知っていたか、又は、過失によって知らなかったことは必要ではない。

Bの責任を追及するために、CはBに代理権がなかったことを証明する必要はない。証明ができないためにBの責任を追及することができないとすると、Cは、AにもBにも責任を追及することができなくなるおそれがあり、保護に欠けるからである。

Bの責任の内容は、履行又は損害賠償である。履行責任とは、CとAとの間で成立するはずであった一切の法律関係が、Bとの間で発生することである。他方、損害賠償責任は、履行責任に代わるものであるから、代理権があると誤信したことによる損害（信頼利益）だけでなく、代理行為がAについて効力を生じなかったことから生ずるすべての損害（履行利益）を含む。

〔168〕 **無権代理と相続**　本人の地位と無権代理人の地位が、相続などによって同一人に帰属した場合に、無権代理関係がなお存続するかが問題となる。この問題は、無権代理人が本人を相続した場合と、本人が無権代理人を相続した場合に、区別して考える必要がある。

第1に、無権代理人Bが本人Aを相続した場合である。たとえば、Bが、A所有の土地を処分した後に、Aの死亡によってAを単独相続した場合、Bに、Aの相続人としての追認又は追認拒絶を認めるべきではなく、当初よりAを代理する権限が与えられていたと解すべきである（最判昭和40・6・18民集19－4－986）。これに対し、Bが、Aを他の相続人とともに共同相続した場合、無権代理行為の追認は共同相続人全員で行う必要があるので、Bの相続分に相当する部分についても、無権代理行為が当然に有効となるわけではない（最判平成5・1・21民集47－1－265）。なお、無権代理行為は、本人Aが追認を拒絶した場合には無効と確定するので、その後、相続によってAと無権代理人Bの地位が同一人に帰属することになっても、有効となることはない（最判平成10・7・17民集52－5－1296）。

第2に、本人Aが無権代理人Bを相続した場合である。この場合、第1の場合と異なり、Bの無権代理行為は、Aの相続によっても当然には有効とはならないとされる（最判昭和37・4・20民集16－4－955）。もっとも、Aは、BがCに対して負担した債務を相続するので（最判昭和48・7・3民集27－7

-751)、Bの損害賠償責任（117条1項）は承継することになる。

〔169〕 **表見代理と無権代理の関係**　前掲〔167〕の例において、Cは、まず、表見代理の成立を主張し、それが認められない場合には、無権代理人Bに責任追及するほかないと説明した。では、Cは、表見代理の要件を満たす場合に、あえてそれを主張せず、Bに無権代理人の責任（117条1項）を追及することはできないか。この点、表見代理の要件を満たす場合であっても、自動的に有権代理となるわけではなく、無権代理であることに変わりがないとして、Cは、表見代理を主張してAに責任を問うことも、無権代理を主張してBに責任を問うことができるとするのが、判例（最判昭和62・7・7民集41-5-1133）・通説である。

〔170〕 **単独行為の無権代理**　相手方のない単独行為の無権代理行為は常に無効となる。追認や無権代理人の責任は問題とならない。他方、相手方のある単独行為の無権代理行為は、原則として無効であるが、相手方Cが同意するか、代理権のないことを争わないときは無効とはならず、113条から117条の規定が準用される（118条前段）。単独行為の受動代理（前掲〔135〕）の場合には、無権代理人Bが同意した場合に限り、無効とはならない（118条後段）。

（上野真裕）

7章 意思なき契約と欠陥ある意思による契約

第1節 意思表示をめぐる基礎理論

1 契約の成立

[171] **契約の成立**　甲が「X建物を3,000万円で売りたい」と乙にいい、乙が甲に「X建物を3,000万円で買いましょう」と返答することによって甲・乙間にX建物についての3,000万円での売買契約が成立する。ここで、甲の申出を「申込み」といい、乙の返答を「承諾」という。土地や建物などを取引きする場合には、当事者は「あと300万円値を下げてくれ」などの交渉を重ねることが通常であろうが、いずれにしても最終的には一方の「申込み」に対して相手方が「承諾」することによって契約が成立する。このように、契約とは、当事者の申込みの意思表示と承諾の意思表示とが合致することにより成立する行為であるといえる。契約が成立すると、その契約が無効であったり取り消されたりしない限り、両当事者は相手方に対して契約内容に従った給付を請求する権利を取得する（同時に義務も負担する）。つまり、売主は買主に対してX建物の所有権を移転し、引き渡し、登記を移転するなどの「財産権移転義務」を負い、買主は売主に対して売買代金3,000万円を支払う「代金支払義務」を負担することとなる（555条）。

[172] **意思表示の不合致**　売主・買主の意思表示が合致しないときは、売買契約は成立しない。たとえば、甲は「X建物を売りたい」といい、乙は「Y建物を買いましょう」と返答している場合で、これを意思表示の「不合致」という。このような場合は、当事者が不合致を認識していることから、両当事者は義務を負うことはない。しかし、これとは異なり、次のような不合致の場合は問題となる。たとえば、甲が品川駅前にX建物とY建物を所有し

ていたところ、X建物を売るつもりで乙に対し「自分の所有する品川駅前の建物を3,000万円くらいで買ってくれ」と申し込んだところ、乙はY建物を買うつもりで「あれなら3,500万円で買いますよ」と返答した場合、甲・乙ともにそれぞれが考えている建物の売買契約が成立していると思っていた場合である。この場合、そもそも意思の合致があり、契約が成立しているのか、そして成立しているとして、X・Yどちらの建物についての売買が成立していると解すべきかが問題となるわけである。契約の成否を意思表示の主観的な意味で判断する立場をとると、この場合も意思の合致がなく、契約は不成立となる。

[173] **意思表示の解釈** 契約の成否を判断する意思表示の解釈は、客観的にすべきであると解されている（契約の成立に関する表示主義）。契約の成立レベルでの意思表示の合致の有無は、甲・乙のそれぞれの意思表示から推断される外部的表示行為に客観的な合致があるか否かによって判断されるべきものと考えられている。つまり、先の甲・乙間の建物の売買契約に関していえば、当事者の用いた文言、交渉の経緯、取引慣行、代金額、その他の諸事情に照らして、「品川駅前の建物」がX建物・Y建物かが客観的に判断されることとなる。もちろん、どちらの建物を指すかがそれでも決めることができなければ、意思の合致がないものとして契約が不成立となる。これに対してこのような解釈の結果、その表示の客観的意味として、X建物の表示を意味すると解されれば、X建物についての売買契約が成立し、乙にとっては、その思い違いは錯誤の問題となる。

2 契約の拘束力の根拠——意思主義と表示主義

[174] **意思主義と表示主義** 意思表示とは、「この家を贈与したい」「この本を買いたい」というように、契約の各当事者がなす私法上、一定の法律効果の発生を意欲してなされる行為をいう。売買契約の申込み・承諾・解除・取消しなどがこれにあたる。通常は、かかる売主の申込みの意思表示と買主の承諾の意思表示とが合致して、売買契約という法律行為が成立し、そしてこの法律行為が売主の財産権移転義務、買主の代金支払義務（555条）という

法的効果を発生させることとなるわけである。

　意思表示は表意者側から眺めると、次のようなプロセスを経てなされている。まず、一定の動機があり、それに基づき「売ろう」「買おう」という意思（効果意思・内心的効果意思）が決定され、これを外部に表示しようとする意思（表示意思）のもと、表示行為（外形的挙動・態度）を行っているわけである。ところが、この表意者側の内心的効果意思は、他人（相手側）は直接知ることはできない。したがって、内心的効果意思は、外部的な表示行為から推察されることとなる。そして、通常は音声による意思表示であろうが、文書、態度などの外形的挙動及び黙示的行為も含め、あらゆるものが表示行為となり得るのである。そうすると、外形上は、売ろう・買おうという意思の合致があるようにみえても、実は本人の真意とは異なる場合が生じることがある。内心の効果意思としては、チョコレートケーキを買おうと決心していながら、何かのはずみで、うっかりビスケットを指さして、「このお菓子をください」と表示した場合、外見上の表示行為によって外部から推断される意思は、「ビスケットをください」であり、店員からすると「ビスケットを買いたいのだな」と解することとなるわけである。このように、表意者の意欲した内心の効果意思と、相手側が推断した表示内容が一致しない場合が生じる。そのいずれを尊重すべきであるかという問題に関し、表意者が意欲した効果意思を重視する主義を意思主義、相手方が推定した表示内容を重視する主義を表示主義という（法律行為を構成する要素としての意思表示に関する問題で、契約の各当事者で問題となる）。

〔175〕　**表示主義による意思主義の修正**　　この問題は、一面においては、人の自由意思の尊重という近代法の理念からすれば、表意者の内心的効果意思の伴わない表示行為は、無効と考えることもできる。しかし、他面において、相手方にしてみれば、人の内心の意思は、外部からは知り得ないものである以上、このような場合、常に無効となったら、取引の安全を害することとなる。そこで、表意者の利益と、相手方及び第三者の利益とを調節しながら、意思表示にまつわる条文規定として、民法は93条で心裡留保、94条で虚偽表示、95条で錯誤を規定した。これらは、表示行為は存在しても、それに対応する内心的効果意思がない場合（「意思の欠缺」の場合という）とされ、意思

表示は無効とされている。また、96条では、内心的効果意思も表示行為も完全に存在するが、意思表示の形成過程で他人の違法な干渉（詐欺・強迫）があった場合、その意思表示を「瑕疵ある意思表示」と呼び、その取消しを可能とした。なお、これら民法総則上の意思表示理論は、家族法の領域では当然には適用されることがない場合や修正を要するものもある。

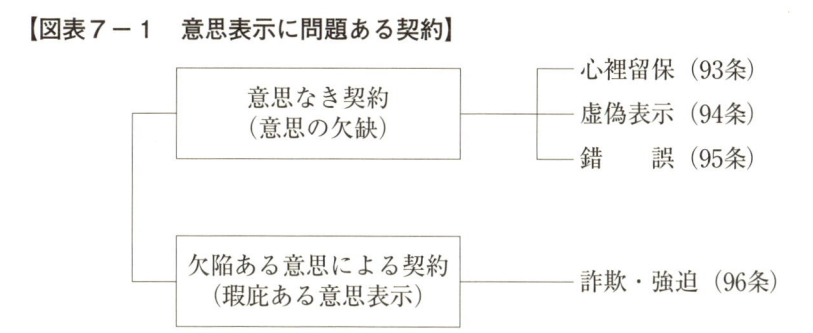

【図表7-1　意思表示に問題ある契約】

```
                              ─ 心裡留保（93条）
  ┌ 意思なき契約            ─ 虚偽表示（94条）
  │ （意思の欠缺）            ─ 錯　　誤（95条）
  │
  └ 欠陥ある意思による契約   ─ 詐欺・強迫（96条）
    （瑕疵ある意思表示）
```

第2節　心裡留保（93条）──心裡留保の意義

〔176〕**心裡留保**　「心裡留保」とは、単独虚偽表示ともいわれ、表意者が表示行為と内心の効果意思との不一致を知りながら、故意にする意思表示のことをいう。たとえば、マンションを贈与する意思がないのに、知り合いの若い女性に「このマンションをあげよう」などというような場合である。ここで、表意者の真実の意思が心のうち（裡）に留保されて表示されたものであることは、意思表示の外形からでは推断し得ない。したがって意思表示は、表意者がその真意でないことを知ってしたときであっても、そのためにその効力を妨げられることはない（93条）。

〔177〕**心裡留保の要件**　心裡留保が認められるための要件としては、①意思表示の存在すること、②表示行為と内心の効果意思が一致しないこと、③この不一致を、表意者自身が知っていること、が必要である。

〔178〕 **心裡留保の効果**　心裡留保がされた場合であっても原則として、表示行為の通りの効果が生じる。つまり今の例では、マンションを贈与する旨の契約としての効果が生じる。意思表示を受ける相手方は、表示通りの効果が与えられるものと期待することから、相手方を保護するために、期待通りの効果を与えるものとした。もっとも、相手方が、表意者の表示行為が真意によるものでないことを知っている場合、又は相手方が認識することができた場合には、その意思表示は無効となる（93条ただし書）。この場合にまで相手方を保護する必要はないからである。その際、相手方の悪意・知らないことについての過失があることの主張・立証責任は表意者にある。なお、判例は93条ただし書に関し、代理人が本人の利益のためでなく、自己の利益を図るために代理権を濫用した場合に、代理人の相手方がこれを知り、知り得べきときに、93条ただし書を類推適用して相手方は本人に対し代理の効果を主張できないとしている（最判昭和42・4・20民集21-3-697）。

　また、心裡留保が無効となる場合、その無効をもって、善意の第三者（心裡留保のゆえに無効である事情を知らないで、利害関係を持つに至った第三者）に対抗することはできない。条文はないが、民法94条2項の規定を類推適用するのが通説である。たとえば、ホステスが、常連客が「マンションをあげる」と言っているものの、マンションを無償でくれるはずがない（真意でない）ことを知りながら、贈与を承諾した場合、この贈与契約は無効であるが、このことを知らないで、そのホステスからそのマンションを買い受けたものに対しては、表意者は、贈与が無効であることを主張できないと解されている。

　なお、本条は、婚姻など当事者の真意を必要とする身分上の行為については適用がなく、その結果、真意に基づかない身分行為は常に無効となると解される。

第3節　通謀虚偽表示

1　通謀虚偽表示の意義

〔179〕**虚偽表示とは**　「通謀虚偽表示」とは、表意者が相手方と通謀して故意に内心の効果意思と異なる表示行為をする意思表示のことをいう。たとえば、債務者が債権者の差押えを避けるために、債務者所有の不動産を知人に売却したようにみせかける場合である。表意者が表示行為の真意でないことを知っている点では心裡留保（単独虚偽表示）と同じであるが、相手方もこれを了解して（通謀して）意思表示を行っている点でこれとは異なっており、通謀虚偽表示といわれるゆえんである。

〔180〕**虚偽表示の要件**　虚偽表示が認められる要件は以下の通りである。
①　虚偽の意思表示が存在すること
②　表示行為と内心の効果意思が一致しないこと
③　この不一致を、表意者自身が知っていること
④　相手方と通謀して、内心の効果意思と異なる表示行為をすること

ここでは、相手方が単に②、③を知っているのみだけではなく、このような仮装の表示行為をするについて、表意者と相手方が連絡し、合意していることが特色である。かかる虚偽表示は虚偽の売買契約書の作成などが多いであろうが、虚偽の意思表示の存在を推断させる事実の作出があればよいと解されている。したがって、金銭の授受の全然ない仮装の公正証書による消費貸借などもこれにあたる。

〔181〕**虚偽表示の効果**　当事者間においては無効となる（94条1項）。当事者においては、法律上の効力を認める必要がないからである。したがって、Aが不動産の所有権を移転する意思を有していないにもかかわらず、AとBが共謀して虚偽の売買契約をしてBに不動産の登記名義を移転している場合には、AはBに対してはその虚偽表示の無効を主張して自己名義の登記を回復することができる。

虚偽表示の無効は、善意の第三者に対して、対抗することができない。虚偽表示の外形を信頼した第三者の利益を保護しなければならないからである。たとえば、上記の例でBがAに無断でAの土地を善意の第三者Cに売却していたときには、AはCに対してA・B間の売買契約は無効であり、自己が所有権者であることを主張することができない。

〔182〕　**民法94条2項の重要性**　本条に関し、起草者が重視したのは民法94条の1項ではなく2項であるという点は確認されるべきである。すなわち、起草者である富井政章博士は、通謀虚偽表示の規定に関し、「第一項ハナクテモ済ムガ斯ウ書キマセヌト第二項ノ書キヤウカナカッタノデアリマス」そして、「本條ノ骨ト云フモノハ」まさに「二項ニアル」と明言しているのである。

　本条においての第三者とは、虚偽の意思表示があったことを前提として、新たに利害関係を持つに到った第三者を指す。たとえば、不動産の仮装譲受人から目的物を譲り受けた者や、その目的物上に抵当権の設定をした者は、「第三者」として保護される。しかしながら、債権が仮装譲渡された場合の債務者や、一番抵当権が仮装で放棄され、順位が上昇したと誤信した二番抵当権者などは、「第三者」にあたらない。また、判例には、土地が仮装譲渡され、仮装譲受人がその上に建物を建ててこれを賃貸した場合、建物の賃借人は「建物」の賃借人であり、土地について利害関係を取得した「第三者」ではない（最判昭和57・6・8判時1049-36）とするものがある。

〔183〕　**「対抗することができない」ということ**　「対抗することができない」とは、虚偽表示の当事者は、その行為の無効を善意の第三者に主張することができないということ、「善意」とは、利害関係を生ずる際に、虚偽表示であることを「知らない」ことをいう。第三者の無過失は必要ないと解される。本条の場合、虚偽の外形を表意者が自ら作出している以上その外形通りの責任を負うべきものと解されるからである（禁反言のルール）。

2　通謀虚偽表示規定の類推適用（不動産取引における第三者保護制度）

〔184〕　**通謀虚偽表示規定類推適用の前提問題**　わが国では、動産取引におけるような「公信の原則」（192条）が不動産取引については認められていな

い。したがって、真実と異なる「登記」を信頼して取引に入った者は、登記に示された権利を取得することはなく、保護されないと解されている（登記に公信力なし）。しかし、このように登記に公信力がないとしても、真の権利者が不実の登記の作成に関与している場合には、虚偽の外形作出に関与した真の権利者に不利益を負担させ、善意の第三者を保護すべきことは、民法94条の予定するところのものである。そうすると、虚偽の登記の外形を信頼して不動産を取得した第三者は保護されることとなるわけであるから、その限度において、民法94条2項はあたかも登記に公信力を付与した結果と同様の機能を果たすことになる。もちろん、ここでは仮装行為の通謀性の存在が前提とされている。ところが最高裁判例は、第二次世界大戦後の早い時期において、虚偽表示の無効を主張し得ないことによって不利益を被る者が、自分で仮装行為をしたのでなくとも、他人がこれをするために承諾を与えたときは、同じくその無効を主張し得なくなるという理論を認めた。これが民法94条2項類推適用論である（最判昭29・8・20民集8-8-1505）。虚偽の外形作出についての当事者の通謀性の要件を緩和する一方で、外形の存在を信頼した第三者を保護するという結果を94条の類推適用により導き出している。ここにおいて、不動産取引における取引安全の保護の実現を、本人の外観作出の帰責性と外形を信頼して取引に入った第三者の要保護性とを個別具体的事例ごとに相関的に判断することによって、登記に公信力を認めていないわが国においても、民法94条類推適用という「理論」により、第三者の保護を導き出すことが可能になったわけである。

〔185〕 **判例による類推適用論**　判例によって形成された民法94条2項の類推適用論は、大きく分けて①外形自己作出型、②外形他人作出型、③意思外形非対応型に分類されると解されている。すなわち、①外形自己作出型——真の権利者と登記名義人との間に虚偽の意思表示はないが、真の権利者によって虚偽の登記名義が作出されている場合、②外形他人作出型——他人によって虚偽の登記名義が作出され、真の権利者がこれを承認している場合、③意思外形非対応型——虚偽表示をすることについて合意し、いったん虚偽の外形が作出されたが、その後、合意の範囲を超える虚偽の外形が作出されてしまった場合、である。

〔186〕 **類推適用を認める前提問題**　民法94条の類推適用が認められるための要件として、①虚偽の外形が存在すること、②虚偽の外形が真の権利者の意思に基づくこと、又はその承認があること、③第三者が善意であることが必要であるとしている。

①については「虚偽の外形」を必要とする。判例は、保存登記（最判昭和41・3・18民集20-3-451）、家屋台帳（最判昭和45・4・16民集24-4-266）、仮登記（最判昭和45・11・19民集24-12-1916）、固定資産課税台帳（最判昭和48・6・28民集27-6-724）について肯定している。

②についての判例は、外形自己作出型にあっては、虚偽の外形が真の権利者の意思に基づいていること（意思外形非対応型にあっても、第一段の虚偽表示をすることに関しては、真の権利者の同意が存在していること）、外形他人作出型にあっては、真の権利者の承認を必要としている。もっとも、真の権利者が地目変更のため、相手方に白紙委任状、登記済証、印鑑登録証明書を交付した場合につき、虚偽の外形作出についての「真の権利者に帰責事由のないこと」（最判平成15・6・13判時1831-99）をもって、民法94条2項の類推適用が認められないと判断したものもある。

③についての判例は、類推適用論でも第三者の「善意」は必要とされるが、意思外形非対応型のケースでは、「民法94条2項、同法110条の法意に照らし、外観尊重および取引保護の要請」から、第三者の善意「無過失」を要求している。この類型の場合には、「善意」のみで足りず、「無過失」をも要求すべきものであろう。最近では、「94条2項、110条の類推適用により」善意無過失の第三者保護を肯定する判例も出現している（最判平成18・2・23民集60-2-546）。

このように民法94条2項の類推適用論は、類型ごとに、真の権利者と不実名義人との関係、外観が作出され存在するに至った事情、不実名義人の存在に気づいてから以後の虚偽の外観の放置の期間の長短、第三者の要保護性などの諸事情を相関関係的・総合的に考慮して類推適用の可否が判断されることとなる。類型論の再検討も含め、さらなる理論的発展が予想される。

第4節　錯誤

1　錯誤の意義

〔187〕　**錯誤規定の問題点**　契約当事者の一方が思い違い、勘違いを理由に、容易に契約の錯誤無効の主張をすることが認められるとするならば、それは錯誤者の保護に傾きすぎており、意思表示の相手方の信頼保護を害することとなり、妥当でない。

　そこで、民法は、意思表示は、法律行為の要素に錯誤があったときは、無効とすると規定している（95条）。したがって、ここではまず、無効を主張し得る「錯誤の態様とは、どのようなものなのか」という点が問題となり、次に、「要素の錯誤」とは、何を意味するかが問題となる。以下それぞれ検討していこう。

〔188〕　**意思表示の構造**　民法95条の「錯誤」とは、どのようなものをいうのであろうか（錯誤の態様）。すでに、「お菓子屋」で買い物をする場合に、ある人の意思表示がなされるまでの心理過程を分析した。繰り返しになるが確認しておくこととしたい。まず、何らかの動機があり、ついで、内心において一定の結果を希望する（内心的効果意思）。次にこれを表示しようという心を固め（表示意思）、それから表示行為をするということとなる。この関係を図示すると、

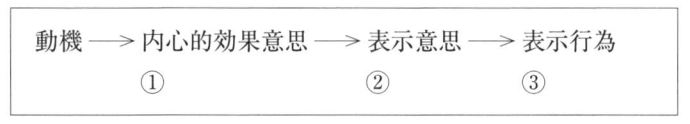

```
動機 ──→ 内心的効果意思 ──→ 表示意思 ──→ 表示行為
              ①               ②           ③
```

ということとなる。

2　錯誤の類型

〔189〕　**錯誤の類型**　錯誤の態様としては、表示から推測される意思と、それ

それの心理的形成過程の意思との間に齟齬がある場合として、各段階に応じて、①動機の錯誤、②内容の錯誤、③表示上の錯誤があると解されている。ここで、①動機の錯誤とは、表示行為から推断される効果意思と、内心の効果意思との間に不一致はないが、意思表示をするに至った動機に錯誤が存在する場合をいう（詳しくは後述する）。②内容の錯誤とは、たとえば、アメリカ・ドルとカナダ・ドルを同価値であると思って、ある物を1万アメリカ・ドルで買おうと思ったが、たまたま手元にカナダ・ドルがあったので、「1万ドル（カナダ）でくれ」という意思表示をした場合である。このように表意者が、相手方や一般人が受け取るのとは違う意味を自分の表示行為に結びつけた場合である。③表示上の錯誤とは、いわゆる言い違い、書き違いの錯誤である。5,000円と書こうとして、誤って50,000円と書いた場合をいう。このように、表意者が自分の意図していた表示行為とは、違う表示行為をした場合である。

　さて、伝統的な通説・判例によれば、「錯誤」とは、表示行為と内心の効果意思との間に不一致があることを表意者自ら知らないでした意思表示をいう、と解している。そしてそこでは、②・③を表示行為の錯誤と呼び、①の動機の錯誤と区別する。すなわち、②・③の表示行為の錯誤に関しては、95条を適用して、「要素の錯誤」があれば、意思表示が無効となるが、①の動機の錯誤については、原則として95条の錯誤類型に含まれず無効を主張し得ないものと解している。そこで、特に問題となる動機の錯誤をもう少し検討していこう。

〔190〕**動機の錯誤**　動機の錯誤とは、動機から内心の効果意思を決定する過程に齟齬があった場合をいう。たとえば、鉄道が敷設されるものと信じて（実際にはそのような事実は存在しない）、土地を買う意思表示をする場合である。この動機の錯誤に関しては、伝統的な通説・判例の立場によれば、表示行為と内心の効果意思が一致しているので、原則として法律行為の錯誤にはならないと考えている。つまり、買い手としては「その土地を買う」という内心の効果意思に従って、「その土地を購入します」と相手に表示行為をしているので、民法95条のいう「意思の欠缺」＝「錯誤」はないと解するのである。もっとも、動機の錯誤は絶対に95条の錯誤の対象となることはないのかとい

うことに関しては、伝統的な通説・判例は例外的に問題となる場合をあげている。それは、意思表示の際に動機にわたる事項が表示され、これも意思表示の内容となった場合に限って、動機の錯誤も法律行為の錯誤になるとしているのである。したがって、鉄道敷設地であることを契約内容にして買い入れの意思表示をしたが、事実は鉄道敷設予定がない場合には、その意思表示は95条の枠組みを用いての法的保護の対象となると解することとなる。もっとも、注意すべきこととして、動機が表示され、これが95条の錯誤となる場合でも、これによってその意思表示がただちに無効となるのではなく、さらにその錯誤が次に検討するところの「要素の錯誤」といえるかどうかの検討を要し、これが肯定されたときに無効の主張が可能となるわけである。

〔191〕 **動機の錯誤をめぐる新たな考え方**　このような伝統的な通説・判例の立場（二元説と呼んでいる）に対しては、有力な反対説が存在する。これは二元説の立場では錯誤のほとんどの場合が動機の錯誤であるという実態からすれば、民法95条の実効性を著しく弱めること、また、動機ということと表示ということとは現実的には矛盾すること、などを批判の理由としている。そこでこの有力説は動機の錯誤を他の錯誤の場合と区別することなく動機が表示されたか否かを問わず、「真意と表示の不一致」があればそれを錯誤と解し、それを錯誤一般の要件、つまり民法95条の適用によって処理すべきとしている（一元説）。もっとも、相手方の信頼保護のために民法95条では明示されていないが、さらに「相手方の認識可能性」を要件として必要とする立場が有力である。つまり、相手方に認識可能性のある要素の錯誤のみが契約を無効とすると解することとなる。

〔192〕 **動機の錯誤論についての発展**　最近では、かかる一元説、二元説とは全く異なるアプローチから錯誤論を考えていく「合意原因説」も有力化している。表意者の意思原理よりも契約正義の観点から、当事者がした合意の拘束力を正当化する原因が錯誤によって失われる場合を「要素の錯誤」とし問題を処理していくアプローチである（フランス法のコーズの理論も参照されている）。今後の理論的発展が期待されるが、本稿では伝統的な通説・判例の立場で錯誤論を考えていく。

3 法律行為の要素の錯誤

〔193〕 **要素の錯誤の必要性** 錯誤に基づく意思表示のうち、それがさらに「要素の錯誤」にわたるような場合に基づく意思表示を無効とする。ここで「要素」とは、「意思表示の内容の重要な部分」をいうと解されている。つまり、「表示上の錯誤」であれ、「動機の錯誤」であれ、当然に無効となるのでなく、その錯誤がその契約にとって重要部分である場合に限って無効を主張し得る。表意者の保護と取引の安全を調和させるための要件であり、錯誤の要件としては最も重要である。

その決定基準としては、判例も参照に次の点から判断されることとなる。

a）表意者がもしその点の錯誤がなかったならば、その意思表示をしなかったであろうと推断されること

b）取引界における普通人も、その意思表示をしなかったであろうと推断されるほど意思表示の主要な部分となっているといえること

このような条件を満たしていれば、契約の要素に錯誤があるといえよう。この場合、相手方にとっても錯誤の認識可能性が存在したといえる場合が多いであろうから相手方保護の要請に欠けるものではない。

〔194〕 **要素の錯誤に該当する場合** 具体的にどのような場合が「要素の錯誤」となるか検討してみよう。

① 人を間違えた場合

契約の相手がAだと思ったら、実はBだった場合、相手がAであることが、その契約で、どの程度重要だったかが問題となる。人としての信頼を基礎とする委任契約では、人違いは要素の錯誤となりやすい。また、金銭の借主や、代金後払いの契約など、支払能力が問題であるときも要素の錯誤といえる。しかし、金銭の貸主や、引渡しと代金支払いが同時決済される売買の売主と買主は、人の要素は重要性が低く、要素の錯誤になりにくいと解される。

② 物を間違える場合

通常、要素の錯誤といえる。

③ 物の性質

物の性質は動機なので、意思表示の内容とならないことが多いであろう。

しかし、競走馬の血統のように、性質が表示されてそれが重要な契約内容であるときは、その誤認が要素の錯誤となる。

〔195〕 **表意者に重過失のないこと**　錯誤が表意者の重過失に基づく場合には、表意者自らその無効を主張することができない（95条ただし書）。ここで、重大な過失のある錯誤とは、通常人として、問題となっている事情のもとで払うべき注意を著しく欠いて、安易に錯誤に陥ったことをいう。このようなものを保護する必要はないからであるが、結局、錯誤無効主張の要件としては、「要素の錯誤」＋「表意者に重過失ないこと」が必要とされることから、実際の無効主張はかなり限定されたものとなるであろう。

通説・判例は、表意者に重大な過失があるときに、表意者が無効を主張し得ない以上、相手方又は第三者もその無効を主張し得ない（最判昭和40・6・4民集19－4－924）ものと解し、主張権者を制限して解している。この表意者の重過失は、相手方の方で、その存在を基礎づける事実の主張・立証責任を負う。

4　錯誤の効果

〔196〕 **錯誤の効果**　法律行為の要素に錯誤がある場合、その法律行為は無効となる（95条本文）。本来、「無効」とは、契約の効力が当然に、しかも確定的にはじめから効力がないことをいう。そして、誰もがその無効を主張できるものであるはずである。しかし、本条の規定は、表意者の保護のための規定と考えられるので、表意者が錯誤による無効を主張する意思を有しなければ、相手方や第三者の側から無効を主張し得ないと解されている（最判昭和40・9・10民集19－6－1512）。このように無効の主張権者が解釈上、表意者に制限されていることから、錯誤による無効は取消権に近いものとなっており、「取消的無効」といわれている。

〔197〕 **双方的錯誤**　これまでの議論は、当事者の一方のみが錯誤に陥っている場合である。しかし、表意者が錯誤したことを相手方が知っている場合とか、表意者と相手方とがともに錯誤している場合（共通の錯誤）には、相手方を保護する必要がないので、表意者はたとえ錯誤につき、重過失があって

も原則にもどって、無効を主張することができると解される。

第5節　詐欺・強迫

1　詐欺・強迫の意義

〔198〕　**詐欺・強迫による意思表示の意味**　民法96条は、詐欺又は強迫による意思表示について規定している。これを瑕疵ある意思表示という。これは、これまで検討してきた心裡留保、虚偽表示、錯誤などのような、内心の効果意思と表示行為との間に不一致が生じたのではなく、動機（意思決定）に他人の違法行為が作用した場合に、その意思表示を取り消し得る行為とした点が異なっている。

〔199〕　**詐欺が認められるためには**　詐欺というのは、何らかの方法（欺罔行為）により、他人を錯誤に陥れ、それによって意思表示をさせることをいう。ある意思表示が詐欺によってなされたものと認められるためには、次の4つの要件が必要とされている。

①　詐欺をする者（欺罔者）において、他人を錯誤に陥らせ、その結果、他人に意思表示をさせようとする故意が存在すること（二重の故意）

②　欺罔行為（欺罔の意思が具体的に現れる行為）が存在すること

③　欺罔行為の結果、その他人が錯誤に陥り、その他人が意思表示をすること

④　欺罔行為に違法性があること

> 詐欺者の故意　──→　違法な欺罔行為　──→　表意者の錯誤　──→　意思表示
> 　（二重の故意）

〔200〕　**要件の分析**　①で詐欺が認められるためには、欺罔者に故意がなければならないが、この故意は二重の故意が必要とされる。たとえば、単なるガラス玉を高価な宝石であるかのように相手方に思い込ませる場合、まず、a）ガラス玉を宝石と思い込ませようとする故意と、b）この錯誤を前提とし

て、ガラス玉を高価で相手に購入させようとする故意の二重の故意が必要である。したがって、相手方を単に騙してやろうという故意は有してはいるが、その錯誤によって法律行為（ガラス玉の購入）をさせようとする故意がなければ、詐欺の故意とはいえないと解されている。また、④の違法性とは、欺罔行為が取引上要求されている信義に反するものであることを必要とすることをいう。したがって、取引界の常識として許される範囲の欺罔行為については、違法性を欠く。たとえば、露店商人が反物を格安で売る場合、反物の生地や、染上げに多少の「きず」があり、これを告げないで売却する場合でも、不作為による欺罔行為があったといえず、取引上の駆け引きとして許される場合がある。

2　詐欺による意思表示の取消し

[201] **取消しの遡及効**　詐欺による意思表示は、取り消すことができる（96条1項）。取消しというのは、意思表示を取り消すまでは有効であるが、取り消されると意思表示をした時にさかのぼって初めから無効となることをいう（121条）。取消権は、表意者（被害者）にある（120条）。

　もっとも、詐欺を理由に意思表示を取り消した場合でも、その取消しの効果を、善意の第三者に対抗することはできない（96条3項）。乙が甲を欺罔して、甲所有の土地を安く買い取り、これを事情の知らない丙に転売した場合、甲は、甲・乙の売買を取り消すことができるけれども、丙に対しては、甲・乙間の売買契約が取り消されたため、乙に所有権が移転せず、したがって丙も所有権を取得できないということを主張できない。

[202] **詐欺による意思表示の取消しと第三者**　第三者とは、詐欺によって生じた法律関係に基づき、取消し前に新たに利害関係を有するに至った者と考えられている。つまり、第三者が取り消す前にすでに出現している場合には、その善意の第三者に対しては、取消しの遡及的無効を主張し得ないこととなる。

　これに対して、第三者が取消し後に出現した場合はどうなるかが問題となる。

通説・判例は、その第三者と詐欺された者とが、対抗関係に立つと解している。つまり、詐取した者を中心にして、取消しによる被詐欺者への物権復帰と、第三者への物権移転が、二重譲渡類似の関係になると考えるからである。したがって、この場合には、第三者の善・悪意を問わず、対抗要件を先に備えたほうが、最終的な権利者となる（177条）。

3 第三者の行う詐欺

[203] **第三者による詐欺** 甲が乙から金を借りるにあたり、（乙は保証人を連れてこないと金を貸さないというので）丙に保証人になってもらうために甘言をもって丙を欺き、乙・丙間に保証契約を結ばせた場合を考えてみる。このとき、保証契約の当事者は、乙・丙であり、甲は、この契約については第三者である。かかる場合の詐欺が第三者の詐欺である。民法はこのようなとき相手方が詐欺の事実を知っている場合に限り、表意者は意思表示を取り消すことができるとした（96条2項）。つまり、あとになり騙されたと思った被害者丙は、相手方乙がその詐欺の事実を知っていたときに限り、その意思表示を取り消し得る。これは、詐欺の事実を知らない善意の相手方を保護するためで、したがって、乙において、保証人丙が甲から欺かれている事情を知っていた場合に限り、丙は、この保証契約を取り消し得るが、そうでない場合は、取り消し得ないとした。

4 強迫による意思表示

[204] **強迫による意思表示の意義と効果** 強迫による意思表示は、強迫された表意者がこれを取り消すことができる（96条1項）。もっとも、強迫による意思表示の取消しが認められるためには、次の要件を満たす必要がある。
① 強迫をする者において、他人を畏怖させ、その結果、他人に意思表示をさせようという故意が存在すること（二重の故意）
② 強迫行為が存在すること
③ 強迫行為の結果、その他人が畏怖し、その結果その他人が意思表示する

こと
④　強迫行為に違法性があること

〔205〕 **強迫の故意の構造**　ここで、強迫が認められるためには、強迫者に故意が必要であるが、この故意は詐欺の場合と同様に、二重の故意が必要となる。つまり、相手方を「畏怖」させる意思と、その畏怖状態を利用して一定の意思表示をさせようとする故意が必要である。

〔206〕 **強迫を理由とする取消しの効果**　表意者は、強迫による意思表示を取り消すことができる（96条1項、120条）。ただし、詐欺の場合と異なり、「第三者が強迫」をした場合でも、表意者は、相手方の善意に関係なく、強迫を理由として意思表示を取り消すことができる（96条2項の反対解釈）。また、強迫の場合、表意者は、強迫による意思表示の取消しを、善意の第三者にも対抗することができる（96条3項の反対解釈）。強迫の場合、表意者に帰責性はないと解されるからである。

（小野健太郎）

8章 契約と契約の解除

第1節 契約の基礎理論

1 近代市民法の理論

〔207〕 **近代市民法原理と三大原則**　近代の幕開けとなったフランス革命は、個人を身分制度的拘束から解放し、基本的人権（個人意思）を尊重する思想を確立した。この思想を基礎に、近代市民法（以下「民法」という）は、個人に形式的な自由と平等（当事者能力対等の原理）を保障して、個人の自主性と自律性から権利・義務が発生することを理想とする法の領域——私法分野——を画定した（メインは、これを「身分から契約へ」と称した）。当事者能力対等の原理は、所有権の絶対性（財産権の保障）、契約自由そして過失責任の三原則として具体化されている。

〔208〕 **契約自由の原則の内容**　現代人は、パソコンを購入してソフトを使用したり、土地や建物を売り買いしたり、日用品を購入して消費したりするためには、経済的には流通を、法的には契約を媒介して行わなければならない。契約の基礎理論の柱である「契約自由」の原則は、契約を行う当事者に、4つの自由を保障する。ここでは、保障される自由の内容について確認しておこう。契約自由の原則は、第1段階として、取引に際して同業他社が多数存在する市場において契約の相手方を選ぶ自由（当事者選択の自由）を、第2段階として、当事者が交渉過程で契約内容を決定する自由（内容決定の自由）を、そして第3段階として、契約の方法や方式を選択する自由（契約方式決定の自由）を保障して、選好によっては契約の相手方、内容そして方式を自由に変更することを可能とし、最後に、その契約を締結するか否かを決定する自由（契約締結の自由）を保障する。契約自由の原則の要件が満たされると、

契約当事者は、商品価値の外にあるすべての力から解放され、実質的に自由な意思を媒介とした商品価値を享受することが可能となる。こうして契約は、はじめて期待される効果（流通における「神の見えざる手」）を発揮する。

2　パソコン・ソフト使用許諾契約

〔209〕　**契約締結のプロセス**　　ここでは、パソコンの購入者とパソコン・ソフトメーカーが、「ソフト使用許諾契約書」（以下では「許諾書」と記す）によって契約を締結するプロセスをとりあげよう。

　家庭電化製品となったパソコンを購入すると、顧客（個人消費者だけでなく零細・中小事業者も含む）は、パソコンを動かして目的の作業をするためには、許諾書の内容を十分に理解し納得できる状況になくとも、画面に映し出された「許諾」文書に向かって、一括「合意します」「合意しない」の二者択一のうち、ソフトメーカー提示の許諾内容で「合意する」ボタンをクリックしてソフトの使用許諾契約の締結を完了せざるを得ない。そうでなければ、顧客は、当該ソフトを使用できないからである。

〔210〕　**一般取引約款とは**　　パソコン・ソフトの使用許諾契約をはじめ、物品やサービスの取引を多数者間において画一的かつ簡易迅速に処理することを予定して作成された定型的な契約内容（の集合）を、一般取引約款という。一般取引約款の方式は、産業革命以後、資本主義経済の発展が招いた大量生産・大量消費社会において、事業者間の商取引費用削減のために誕生した法的産物といえるであろう。やがて、この方式は、経済的地位の維持・強化を図る事業者と一般消費者との間の契約に拡大利用されるようになった＊。

　　＊　**約款による契約の成立**
　　　大審院は、火災保険の約款による契約締結の法的根拠について、「当事者双方カ特ニ普通保険約款ニ依ラサル旨ノ意思ヲ表示セスシテ契約シタルトキハ反証ナキ限リ其約款ニ依ルノ意思ヲ以テ契約シタルモノト推定ス」（大判大正4・12・24民録21-2182）と判示し、この判例は現在も維持されて、約款による契約の成立根拠とされている。

〔211〕　**パソコン・ソフト使用許諾契約で生じる問題点**　　ソフト使用許諾の内容を記載した約款は、スクリーン画面を介して締結されることを前提に、

ソフトメーカー主導によって作成された一方的なもので、メーカーによる保証・その期間の限定、救済手段の制限、顧客の承諾なき約款内容の改訂権留保、損害の免責そして顧客の権利の制限などといった不均衡で顧客に不利な内容を含んでいる。パソコン利用者間でパソコンの通信及び各種機能の互換性を共有維持するためには、他社製品では困難を伴い、当該ソフトメーカーのソフトを使用することが必須条件である。それゆえ、顧客が持つソフト使用許諾契約締結の自由は、契約締結に「合意する」「合意しない」という二者択一の契約締結の自由のみと解し得るであろう。法律行為の「当事者」「目的」「意思表示」という三要素の充足の満足度は、企業にとっては十分である一方で、顧客にとってはわずかに契約締結の「意思を表示する」点のみにおいて満足できるにすぎず、当事者間に対等な実質的な自由は、存在し難いと考えるべきであろう。

3 契約自由の本質

[212] **自由と支配の両面性をもつ**　日本の経済は、情報の質・量及び交渉力における格差（非対称性）を利用した大規模事業者の先行性や優位性によって牽引される傾向にある。すなわち、大規模事業者は、事業者間で、製品やサービスの供給量や価格について協定を締結して、供給量や価格を一律に固定化（相手方選択を不自由化）し、あるいは、取引を約款化（契約内容を不自由化）し、市販される契約書を利用することで例文化（契約方式を不自由化）することによって、契約を締結してきた。その結果として、顧客には、わずかに契約締結の自由が確保されるにすぎないと解することができよう。資本主義的自由市場経済では、近代市民法における自由は、いわゆる「自由」と「経済的支配力」（経済活動における先導性や優位性）を不可分一体として内包している＊。それゆえ、一方当事者の自由は、他方当事者の有する支配力によって制約され得る。したがって、4つの契約自由のうちのどれか1つでも欠けるのであれば、自由を制約する支配力の存在又はその行使が推定される。

　　＊　我妻栄『近代法における債権の優越的地位』283頁（有斐閣、1970年）では、「債権関係は、『一方の当事者の他方の当事者を支配する力』を潜在せしむる」ことが指摘

されている。

4 実質的「契約自由」への接近

[213] **消費者契約法の制定**　大規模事業者と個人消費者間の契約で生じるトラブルの原因は、ソフト使用許諾プロセスの例と同様に、「消費者と事業者との間の情報の質及び量並びに交渉力の格差」にある（消費者契約法1条）。平成13年に制定された民法の特別法である「消費者契約法」、「電子消費者契約及び電子承諾通知に関する民法の特例に関する法律」は、個人消費者の約款取引問題について解決の扉を一定程度開いたものと評価されよう。しかし、これらの法律は、零細・中小事業者には適用されず、一般事業者は、約款現象への対応から置き去りにされている状況にある＊。

　　＊　**独占禁止法の適用**
　　　約款による物品・サービス及び各種許諾の契約締結については、現代の市場経済においては回避し難い反面（前掲大判大正4・12・24）、当事者が相手方を選択し契約内容を認識し自由な自律的自己決定に基づく契約を締結するためには、契約によって実現される財産権の諸機能性——機会資源の提供及び平等なアクセス機能そして経済取引のルール形成への参加機能の正常な働き——が保障されるべきである。そのためには、独占禁止法を適用することによって「事業支配力の過度の集中を防止し……事業活動の不当な拘束を排除」して、これらの機能の回復維持を行う必要がある。なぜなら、実質的な契約の自由は「公正且つ自由な競争を促進」することによって維持され得る（独禁法1条）からである。公正取引委員会の審決及び最高裁判決は、約款内容及びその行使の有効性・不当性を、民法の公序良俗規定（90条）を市場社会の規範として具体化した独占禁止（市場秩序）法の競争政策を促進する観点から判断してきていることを指摘しておきたい（公取委昭和52・11・28審決集24-65：雪印乳業事件、公取委平成10・12・14審決集45-153：マイクロソフト事件、最判平成10・12・18判時1664-3：資生堂事件）。

第2節　契約と権利変動

1　民法の財産権

〔214〕　**物権と債権**　　財産権には物権と債権の2つの類型がある。

　物権とは、物に対する権利であって、人の行為を媒介せずに「物を直接排他的に支配する権利」をいう。物権の代表的な類型として所有権があり、その内容は、「自由にその所有物の使用、収益及び処分をする権利」とされている（206条）。物権が排他性を有するところから、同一の目的物に同一内容の物権（たとえば所有権）が重ねて成立することはない（これを「一物一権主義」という）。

　債権とは、「一定の者（「債権者」という）が一定の者（「債務者」という）に対して、一定の行為（「給付」という）を行うよう請求することができる権利」をいう。言い換えれば、債権は、人の行為を介して目的（たとえば土地・建物及びそれらの所有権を取得すること）の達成に助力するところから、物に対しては間接的な（排他性のない）権利ということができる。したがって、同一人に対する同一内容の債権が重ねて成立することも可能である。たとえば、Aという芸能人が、同一時刻に、Fテレビ局の番組とTテレビ局の番組に生出演する契約を締結して、実際には同時刻に2つの番組への出演は不可能としても、民法上では有効な契約となる（出演できなかったテレビ局のAに対する債権は消滅せず、同一性を維持しながら損害賠償請求債権に姿を変えて存続することになる）。

2　債権の種類

〔215〕　**特定物債権と種類債権（不特定物債権）**　　債権には、特定物債権と種類債権があり、後者は不特定物債権ともいう。

　特定物債権とは、個々の具体的取引において、取引の対象となる物の個性や特色に着目した特定物の引渡しを目的とする債権をいう（400条）。特定物

には、たとえば、東京都文京区湯島天神下1番地に所在する20坪の土地とその上に建つ建物、時価500万円の著名な織部焼黒茶碗など、その物の個性や特色による唯一の土地・建物や物品などがあげられる。

　種類債権（不特定物債権）とは、一定の種類に属する一定量の物の引渡しを目的とする債権をいう（401条）。種類物とか不特定物には、たとえば、1枚500円の伊万里焼小皿、ペットボトル茶1ダースなどのように、一定の種類に属して多品種多数存在する物品などがあげられる。

　特定物債権と種類債権を分類する意義は、特定物を目的とした契約の締結と種類物を目的とした契約の締結との間で、権利（物権）変動の時期——たとえば所有権移転時期——の違いとして現れる*。

> ＊　目的物ごとの権利変動（所有権移転）時期の違い
> 　売買契約の目的物が特定物の場合には、債務の履行地がその物の存在する場所であるため、契約を締結し債権が発生した時点で、所有権は、売手から買手に移転する。しかし、特定物および特約ある種類物以外の種類物が特定した後に、その所有権が売手から買手に移転する時点は、原則として、債権者（買手）の住所において、売買の目的物を提供（持参債務）したときとなる（484条）。このほかに、債務者（売手）が目的物を同種の種類物のうちから選別し債権者（買手）が受け取りに来て即座に引き渡すことができるように準備した場合には、通知をすることによって特定し、その時点で所有権が売手から買手に移転する（取立債務）。ある一定の場所で売買契約の目的物を引き渡す場合には、指定場所で現実の提供が行われたときに特定し、送付する場合には、発送したときに特定して、おのおのその時点で所有権が売手から買手に移転する（送付債務）。

3　債務

[216]　**債務とは**　債権者は、債権が債務者によって履行されない場合には、裁判手続によって判決を得て、債務者の財産に対して強制執行することができる。債務者は、債務が存在する限りその債務を履行しなければならないのである。このことから、債務とは、債務者が債権者に対して、債権の目的に沿って特定の給付や行為（作為・不作為）をしなければならない負担のこと（「履行すべき義務」）をいう。

[217]　**債務の種類**　債務には、「与える債務」と「為す債務」がある。この分類は、債務不履行の問題に対して強制履行する際に実益がある。

　「与える債務」とは、賃貸住宅に入居するため部屋を明け渡す債務や売買

契約が成立した伊万里焼の焼物を引き渡す債務などのように、物を給付する債務をいう。

「為す債務」とは、芸能人が、Ｆテレビ局の番組に生出演する契約を締結して出演する債務（作為の債務）や日照や電波障害を起こすような建築物を建築しない債務（不作為の債務）をいう。

4 権利変動の原因としての契約

[218] **契約とは**　契約とは、「申込み」と「承諾」という２つ以上の意思表示の合致によって成立する重要な法律行為の１つをいう（521条〜526条）。このことから、契約が成立するために、すべての契約に共通して必要な要件（[220]を参照）は、契約の当事者・目的・意思表示という３つの要件である。民法の条文で規定されている13種類の契約は、典型契約とか有名契約と呼ばれる（549条以降参照）。この13種類の契約の中には、成立要件として、３要件のほかに給付（契約内容を提供すること＝要物行為ともいう）を必要とするものもある（[107]を参照）。契約の領域は、契約自由の原則が支配的に作用するので、契約は当事者の合意のみで、13種類以外にも成立する。この契約を、非典型契約とか無名契約と呼ぶ。

[219] **権利の変動**　当事者が売買契約を締結するということは、売買の目的物そのもの（土地・建物や焼物など）と、そのものに存する所有権もともに売買することを意味する。従って、契約が成立すると、契約の目的（たとえば不動産売買契約の内容）に従って、当事者間には債権や債務が発生し移動しやがて消滅するし、この債権債務関係という過程を通じて、土地や建物の所有権が売手から買手に移転する。この過程を「権利の変動」という。人の意思を基礎に形成される契約は、現代社会における権利変動の最も大きな原因となるものである。

5 契約の成立と契約締結の効果──双務契約の場合

[220] **契約の要件と効果**　要件とは、法律によって規定される一定の事実を

抽象的に表現したものであり、効果とは、要件が満足されることによって生じる法的結論をいう。たとえば、売買契約が締結され、売買契約の成立要件（555条）がすべて満足されると、法的結論として、売手と買手の間では相互に債権と債務が生じる。このように、1つの契約が成立することで、当事者（売手と買手）相互の間に、依存し合って2つの債権・債務が生じ、その債権・債務が売買代金のような対価的意義を有する契約を、「双務契約」という。たとえば、典型契約のうち、売買、交換、賃貸借、請負、雇用、有償委任・寄託、組合、和解などが該当する＊。

 ＊ 片務契約
  片務契約とは、双務契約以外の契約をいい、当事者の一方だけが相手方に債務を負担する、あるいは各当事者が相互に債務を負担する場合でも対価的な意義を持たないときは、片務契約である。たとえば、贈与、消費貸借、使用貸借、無償委任・寄託などが該当する。

[221] **特定物の売買契約と権利変動――不動産の例** ここでは、特定物の不動産売買契約が締結され成立した例によって、特定物売買と権利変動の関係について確認する。

 Aは、自身で所有する東京都文京区湯島天神下1番地所在の土地（20坪）及びその土地の上に立つ建物（特定物）を3,000万円で売りたいと思い、不特定多数人に当該不動産の売却の意思を新聞の折り込み広告に掲載した（申込みの誘引という）。この広告を見たBが、Aに対して当該不動産を3,000万円で購入したいと申し入れた（555条）。Aは、Bに対して当該不動産を3,000万円で売り渡すことを承諾した（同条）。AB間で「売りましょう」「買いましょう」という意思が合致（「合意」という）して契約が締結されたことにより、AB間における不動産の売買契約は、成立した（同条）＊。この売買契約の目的物は、特定の土地・建物なので、当該不動産の所有権は、売買契約が成立した時点で売手のAから買手のBに移転する（176条）＊＊。AとBが相互に負担する債務（不動産そのものの引渡しと代金の支払い）は、AB間で取り決めた一定期日に履行されることになる。売手のAは、買手のBに対して当該不動産の実際の引渡債務を負担し、期日に不履行だった場合には、Bは、Aに当該不動産の引渡しを請求することができる。他方、買手のBは、売手の

8章 契約と契約の解除 143

Aに対して当該不動産の売買代金支払債務を負担し、期日に不履行だった場合には、Aは、Bに売買代金の支払いを請求することができる***。

このように、売手のAは買手のBから代金の支払いがあるから当該不動産を引き渡す債務を負担するという関係と、買手のBは売手のAから当該不動産の引渡しがあるから代金を支払う債務を負担するという関係とが、相互に認められる対価的な意義を有する関係は、「双務契約における債務の牽連性」と呼ばれる。したがって、売買契約は、当事者相互に「債務の牽連性」が認められる双務契約である。

    * **債権は所有権の作用を実現する援助者**
    所有権は、土地や建物を直接に支配する本体権利であり、債権は、所有権の支配的作用（使用・収益・処分する権利の発生・変更・移転・消滅）を実現する援助者である。ゆえに、当事者が土地や建物の売買契約を締結するということは、売買の対象となる土地建物そのものと、それに存する所有権も伴に売買することを意味する（物権と債権の結合）（我妻栄『近代法における債権の優越的地位』314頁（有斐閣、1970年））。

    ** **売買契約の成立による不動産所有権の移転時期**
    土地と建物の売買契約が成立した場合に、土地と建物の所有権は、いつ売手Aから買手Bに移転するのだろうか。ⅰ）民法176条は、「物権の設定及び移転は、当事者の意思表示のみによって、その効力を生ずる」と規定されるが、その「当事者の意思表示のみによって」とは、債権の売買契約（555条）の成立を指す（大判大正2・10・25民録19－857、最判昭和33・6・20民集12－10－1585）。したがって、不動産の所有権は、AとBが売買契約を締結したときに、所有権の移転契約をしなくても、所有権は当然にAからBに移転する。ⅱ）ところが、売手も買手も、相手方が債務を履行するかどうか不安である。そこで、契約自由の原則から、「売買代金の支払いおよび受領を完了したとき」あるいは移転登記を完了したときに「所有権は移転する」との特約が認められる場合には、それらが完了したときに、所有権は移転する（最判昭和35・3・22民集14－4－501、最判昭和38・5・31民集17－4－588）。ただし、種類物の所有権は、持参・取立あるいは送付債務の別により、種類物が特定した時点で移転することになる（〔215〕と次項〔222〕を参照）。

    *** **土地建物の取引と対抗要件――二重譲渡**
    売手のAが、同一の土地建物を、BのみならずCにも二重に譲渡（売買契約を締結）した場合には、BとCは対抗関係にあるから、Bは第三者のCに対して、Cは第三者のBに対して、自分が土地建物の所有権を持つことを主張するためには、当該不動産の所有権の移転登記を先に済まさなければならない（177条）。この論点については、本節2と3章の不動産取引の対抗要件（177条）に関する説明を参照。

〔222〕 **種類物の売買契約と権利変動――動産の例**　　次に、焼物（種類物）の売買契約が締結され成立した例によって、種類物の特定と権利変動の関係

について確認する。

　A社が多くの伊万里焼の焼物（種類物）を売りたいと思い、新聞の折り込み広告に展示会の開催を掲載した。この広告を見たBが、会場に出向き、多品種多数ある中から、10枚2万円の伊万里焼小皿セットを購入する意思をA社に申し込んだ。A社は、Bに対して伊万里焼小皿セットを一定期日にB宅に持参して、同日に代金引換によって決済をすることで売買を承諾した。これで、A社とBの間で売買契約が成立した（555条）。しかしこの伊万里焼小皿セットは、種類物であるので、売買契約が成立した時点でその所有権がA社からBに移転することはない。なぜなら、種類物の売買契約は、特定した時点（401条1項）で、所有権が売手から買手に移転するとされる（176条）＊から、この場合には、A社が小皿セットをB宅に持参した時点で特定し、所有権が売手から買手に移転する。A社は、Bに伊万里焼小皿セットを引き渡す債務を負担する。A社が期日に不履行だった場合には、Bは、A社に小皿セットの引き渡しを請求することができる。Bは、伊万里焼小皿セットの売買代金2万円の支払い債務をA社に負担する。Bが期日に不履行だった場合には、A社は、Bに代金の支払いを請求することができる＊＊。

　　＊　焼物セット（種類物・不特定物）の売買における目的物の所有権移転時期
　　最高裁は、焼物セットすなわち「不特定物の売買においては（特段の事情のない限り）原則として目的物が特定した時（401条2項参照）に所有権は当然に買主に移転するものと解すべきである」と判示する（最判昭和35・6・24民集14-8-1528）。
　　＊＊　焼物セットの取引と対抗要件──二重譲渡
　　焼物セットの二重譲渡については、4章の動産取引の対抗要件（178条）の説明を参照。

第3節　契約の解除

1　解除権の意義と性格

〔223〕　**検討課題**　第2節では、売買契約の例をとりあげて、双務契約が有効に成立すると、債務者には、相互に負担しなければならない債務が生じることを説明した。ところが、相手方がその債務を実行しない事態が生じた場合（これを「債務不履行」という）、債務を不履行された一方の当事者は、どのように対処したらよいのか。これが、ここでの検討課題である。

〔224〕　**解除権の意義**　第1の方法は、契約は「守られるべきである」という視点から、契約内容の履行を強制的に実行（414条）することである（これを「現実的履行の強制」という）。第2の方法は、債務不履行（履行遅滞・履行不能・不完全履行の各制度の内容については14章を参照）を事由として、相手方に損害賠償を請求することである（415条）。しかし、これらの方法によって対処する場合には、自分が相手方に対して負担する債務を当然に履行しておかなければならない。しかし、すでに相手方に債務不履行が生じているにもかかわらず、自らの債務（たとえば不動産の引渡しや所有権の移転登記など）を履行して、またそのための経費をかけることに、どのような意義があるのか。むしろ、新しい取引相手と契約を締結するほうが、損害も無駄な出費も抑えられ利益を確保できるのではないか、という考えも成り立つ。

そこで、自分自身の債務の履行を回避し、損害が生じた分のみ相手方に支払ってもらって、自分自身の債務が当初から一切ないこととして契約関係を清算する方法が、契約解除制度である。

〔225〕　**解除権の性格**　契約の解除権は、双務契約の一方の当事者が、相手方に対する一方的な意思表示によって、契約関係を解消し初めからなかったこととする権利をいう（540条）。

〔226〕　**解除権の種類**　解除権は、3種類ある。第1は、当事者に一定の事由が存する場合には、契約を解除できることを取り決めておいた場合であり、約定解除という（557条の手付の放棄あるいは倍額償還による売買契約の解除が

典型的な例である）。第2は、当事者が話し合ってする合意解除である。第3は、民法によって規定された契約解除の要件が満足されることによって、契約が解除される場合であり「法定解除」という（541条～543条）。以下では、この法定解除権について解説する。

2 解除と取消しとの相違点

(1) 契約の取消し

[227] **契約の有効要件と取消し**　契約が有効に成立するための要件――意思表示――に欠陥がある（これを「瑕疵ある意思表示」という）場合、その契約は、完全な契約として成立しているとは言い難い。たとえば、契約が詐欺・強迫あるいは制限行為能力者によって締結された場合には、その契約を、取り消すことができる（96条、5条2項、13条4項ほか）。取消しは、契約が成立する過程においてすでに含まれていた欠陥を事由として、契約成立後に、契約当初にさかのぼってその契約を存在しなかったことにする（「遡及的消滅」という）性格を持つ制度である＊。

　　＊　撤回とは
　　　「撤回」とは、意思を表示した者が、法律効果が確定的に発生しない間に、意思表示の効果を将来に向けて消滅させようとする意思表示をいう。たとえば521条や540条2項を参照。

(2) 契約の解除

[228] **有効に成立した契約の解除**　契約の解除とは、契約の成立過程では何も欠陥が存在せず、契約が有効に成立した後に生じた債務者の債務不履行を事由として、当事者が、契約解除の意思表示をすることによって、契約を解消し当初からなかったこととする（「解除の遡及効」という）性格を持つ制度である（直接効果説）。

3　解除権の行使とその要件

(1)　履行遅滞

〔229〕　**催告解除**　債務者が、故意・過失によって債務の履行を怠ってしまった場合（「履行遅滞」という）には、債権者は、相当の期間を定めて債務の履行を催告して、債務者が期間内に履行しないときには、契約を解除することができる（541条）。

不相当な期間を定めた場合には、具体的な契約の種類及び内容そして取引状況などを考慮して客観的に相当と判断される期間が経過した時点（大判大正6・6・27民録23-1153、大判昭和2・2・2民集6-4-133）で、解除権が発生する。

契約で履行期限を定めない債務は、履行の請求をしてはじめて履行遅滞となる（412条2項）。かような場合には、理論的には、再び相当な期間を定めて催告を必要とすることになるが、これでは無駄に期間を経過し費用を浪費するだけとなりかねない。そこで、判例は、たとえば「平成21年3月15日までに債務を履行していただきたい。この期日までに債務が履行されなかった場合には、本通知をもって契約を解除したものとする」という文面で請求と催告を1度ですることも可能と解している（前掲大判大正6・6・27）。

〔230〕　**無催告解除**　債務の内容が定期行為に該当する場合（たとえばクリスマスイブに食べるケーキや結婚式に着用するウェディング・ドレスの製造と納品など）は、特定日時や一定の期間内に債務を履行しなければ、契約の目的を達成し得なくなる。したがって、かような場合には、債権者は、催告せずに契約を解除することができる（542条）。

(2)　履行不能

〔231〕　**即時の解除**　債務者の責めに帰すべき事由によって、契約締結後に生じた物理的・社会的意味において債務の履行が不能となった場合（「後発的不能」）には、催告したところで債務が履行される可能性はないのであるから、債権者は、催告せずに即時に契約を解除することができる（543条）。

(3) 不完全履行

〔232〕催告解除と無催告解除　債務は履行されたが、債務者の責めに帰すべき事由によって、履行された内容が、契約の趣旨に沿っておらず不完全な場合（「不完全履行」という）がある。その後に、完全な履行をすることが契約を達成するために意味があるときには、催告後に契約を解除することができるし、完全な履行ができないし、完全な履行ができても債権者にとって意味がない場合には、債権者は、無催告で契約を解除することができる。

(4) 契約解除の効果

〔233〕解除の遡及効 —— 直接効果説　契約の解除には、遡及効がある。したがって、法律関係（「債権・債務関係」をいう）の清算は、債権債務関係が当初から存在しなかったという前提の下で行われる（これが判例・通説の「直接効果説」といわれる立場である）*。

　契約の当事者が、どちらも債務を履行していない場合には、解除によって債務が消滅するので、当事者相互間の債務の履行はなくなる。

　つぎに、たとえば、不動産の売買契約において、売手のAが不動産を買手のBに引き渡したにもかかわらず、Bから売買代金が支払われないので、Aは、やむを得ず当該契約を解除した場合を仮定しよう。債務の履行を受けたBは、履行を受けた債務が法律上の原因のない不当利得となる（703条）ので、契約がなかった状態に戻す義務（これを「原状回復義務」という）を負担することになる（545条1項）。つまり、Bは、契約が締結される前の状態に戻すために、引き渡された不動産をAに引き渡さなければならない。

> ＊　間接効果説と折衷説
> 　間接効果説とは、契約が解除されても、すでに生じた法律関係は解消せず、解除の効果として、履行された債務については原状回復義務を発生させ、履行されていない債務については履行拒絶の抗弁権を発生させると解する立場である。折衷説とは、履行されていない債務は、解除の時点で消滅し、すでに履行された債務は、原状回復義務を発生させるものと解する立場である。

4　解除権の行使と第三者

(1)　解除の遡及効と第三者利益の調整

〔234〕　**検討課題**　契約の解除には遡及効があるから、これが法律関係に貫かれると、第三者に思わぬ影響を与える場合が生じる。ここでは、契約が解除された場合に、先行する契約当事者を保護する一方で、先行する契約を前提としてさらに取引を行った第三者は、どのような場合に、何を要件として権利保護されるかについて不動産の売買契約を例に検討する。

(2)　不動産の売買契約の例

不動産の売買契約が売手のAと買手のBとの間で有効に成立した後、買手Bが、当該不動産をCに転売した場合を想定しよう。

〔235〕　**民法545条1項ただし書が適用される場合**　民法545条1項ただし書が適用され解決される典型的な例は、買手Bと転得者Cとの間の売買契約が、売手Aと買手Bとの間の売買契約が解除される前に、すでに成立している場合である。たとえば、不動産の売買契約が売手Aと買手Bとの間で有効に成立し、さらに買手Bと第三者の転得者Cとの間で売買契約が締結された後に、買手Bが不動産の売買代金を売手Aに支払わなかったため、Aは、AB間の売買契約を解除したと仮定しよう。AB間の売買契約が解除されると、契約は当初にさかのぼってなかったこととされるので、買手Bは、当該不動産の所有権を取得しなかったこととなる。転得者Cは、無権利者である買手Bから当該不動産の所有権を取得できないことになる。そこで、解除の遡及効を制限するために、民法545条1項ただし書によって「(契約の解除は…) 第三者の権利を害することはできない」と規定されたわけである。民法545条1項ただし書の趣旨は、売手Aは、契約の解除を理由に、転得者Cに対して不動産の返還を請求できないということである。この場合において、転得者Cは、善意悪意を問われないが帰責性のない売手Aの利益を犠牲にすることによって保護されることになるので、当該不動産の所有権取得を主張し確実にするためには、より高度な利害関係を有する必要があるから、権利保護要件としての登記を完了していなければならない。

〔236〕 **民法177条が適用される場合**　ＡＢ間の不動産売買契約が解除された後に、ＢＣ間で売買契約が締結された場合には、解除によって、すでに不動産所有権は、ＢからＡに復帰しているので、ＢＡ間とＢＣ間の関係は、同一不動産をＢからＡ・Ｃに二重に譲渡した関係としてみることができる。よって、ＡとＣは、契約を取り消した場合と同様に民法177条の対抗関係に立つと考えられるから、不動産の所有権を主張し確実にするためには、ＡはＣよりも先に、ＣはＡよりも先に、対抗要件としての自分名義の登記を完了しておく必要がある（民法177条の適用——最判昭和35・11・29民集14-13-2869(3章を参照)）。

（髙橋明弘）

9章 典型契約としての売買と贈与

第1節　契約の種類と分類

1　典型契約とは何か

〔237〕**典型契約と非典型契約**　すでに学習しているが、民法では、日常取引においてよく利用される代表的な契約として、13種類の契約（贈与、売買、交換、消費貸借、使用貸借、賃貸借、雇用、請負、委任、寄託、組合、終身定期金、和解）を規定している。これら契約を典型契約と呼び、その目的、特徴から4つのタイプに分けることができる。

すなわち、①財産権を終局的に移転させることを目的とする財産移転型（贈与、売買、交換）、②物の使用、収益を目的とする貸借型（消費貸借、使用貸借、賃貸借）、③労務の提供を目的とする役務提供型（雇用、請負、委任、寄託）、④その他（組合、終身定期金、和解）である。

ただし、「典型契約」の規定の多くは任意規定である。したがって、当事者間に特約がある場合には、まずそれが優先され、特約がないときにはじめて典型契約の規定が適用されることになる。つまり、契約内容については、契約自由の原則の下、当事者は自由な取決めをすることが認められている。そのため、そもそも典型契約とは異なる内容の約束事を契約当事者間で締結することも可能である。契約当事者は、「典型契約」に縛られる必要はないのである。言い換えれば、私たちには、民法には規定のされていない契約を、自由に創造することが認められている。このような民法には規定されていない契約のことを、「非典型契約」と呼ぶ。具体的には、今日、実務上でも重要な契約であるリース契約やクレジット契約、保証契約など多様な契約がこれに該当する。

〔238〕 **典型契約の意義**　したがって、典型契約だから重要な契約、非典型契約がそうではないという認識は間違いといえる。それでは、「典型契約」がわざわざ民法に規定されている意義とはどこにあるのだろうか。その答えを一言でいえば、締結した契約の具体的内容が不明瞭な場合にこれを明らかにし、かつ、契約当事者が決めていなかった内容を補充することにあるといえる。「典型契約」とは、まさに人々の長年の契約活動の経験及び歴史の中で培われてきた知恵の集大成であって、私たちの契約活動を支援するための大切な道具の1つであるといってよい。

なお、民法典で名前が与えられているという意味で「典型契約」のことを「有名契約」、名前が与えられていないという意味で「非典型契約」のことを「無名契約」ということがある。

2　契約の分類

〔239〕 **契約の分類**　前述の典型契約は、いくつかのタイプに分類することができる。これを簡単に整理し、まとめたものが【図表9－1　典型契約の分類】となる。

〔240〕 **諾成契約・要物契約**　図表9－1でいう諾成契約というのは、契約が当事者の意思表示の合致だけで成立する契約を意味する。今日の多くの契約は諾成契約であり、さらに、契約書の作成も不要である（これを不要式契約という）。売買契約で説明すれば、「A土地を1,000万円で売ろう」、「A土地を1,000万円で買おう」という口約束さえあれば、民法上では契約が成立することになる。これに対し、契約当事者の合意のほかに、目的物の引渡しがあってはじめて成立する契約を要物契約という。たとえば、無償で物を貸す使用貸借契約は、物を相手に貸し渡してはじめて契約の効力を持つことになる。

〔241〕 **双務契約・片務契約**　同様に、図表9－1の双務契約とは、契約当事者双方が、お互いに対価的な意味を持つ債務を負担する契約をいう。たとえば、売買契約が成立すると、売主は物を引き渡す債務を負担するのに対し、買主は代金の支払義務を負うことになる。これに対し、片務契約とは、当事者の一方だけしか債務を負わない契約であり、贈与契約や無利息の使用貸借

【図表9-1　典型契約の分類】

型	契約の種類	契約の特徴	有償・無償	双務	片務	諾成	要物
財産移転型	贈与	財産権をタダでもらう契約	無償		○	○	
財産移転型	売買	財産権を金銭を払い購入する契約	有償	○		○	
財産移転型	交換	物々交換する契約	有償	○		○	
貸借型	消費貸借	金銭等を貸し借りする契約で消費が可能。返還時は同価値の物を返す	有償		○		○
貸借型	消費貸借		無償		○		○
貸借型	使用貸借	タダで物を借り、使用収益できる契約。返還時は、借用物を返す	無償		○		○
貸借型	賃貸借	賃料を支払って借用物を使用収益する契約。返還時は、借用物を返す	有償	○		○	
役務提供型	雇用	労務の提供として、報酬を支払う契約	有償	○		○	
役務提供型	請負	仕事の完成を目的とする契約	有償	○		○	
役務提供型	委任	法律行為の委託処理を目的とする契約	有償	○		○	
役務提供型	委任		無償		○	○	
役務提供型	寄託	タダで物を預かってもらう契約	有償	○			○
役務提供型	寄託		無償		○		○
その他	組合	共同事業を営む契約	有償	○		○	
その他	終身定期金	死ぬまで定期的に金銭等を支払う契約	有償	○		○	
その他	終身定期金		無償		○	○	
その他	和解	互いに歩み寄り紛争をやめる契約	有償	○		○	

契約などがその典型である。

[242] **有償契約・無償契約**　それぞれの契約の違いを理解するうえで重要な意味を持つのが、この分類である。有償契約というのは、売買契約のように、契約当事者がお互いに対価的な意味を有する経済的な出捐（出費）をする契約である。これに対し、無償契約とは、当事者の一方が対価的な出捐をしない契約をいい、贈与契約がその典型となる。なお、双務契約はすべて有償契

約となるが、片務契約はその多くが無償契約に該当する。つまり、有償契約であっても必ずしも双務契約となるわけではない。というのも、利息付消費貸借のように有償で片務の契約が存在するからである。なお、双務契約と片務契約の区別が、契約の効果としての債務に注目しているのに対し、有償契約と無償契約の区別は、契約の成立からその内容実現までの過程を広く対象にしながら、その中で契約当事者が対価を給付するかどうかに目を向けている点に違いがある。ちなみに、ここでいう「対価」とは、客観的に同等の価値を持つという意味ではないので注意が必要である。「対価」とは、あくまでも、当事者の主観で等価性があればよく、また、対価の一方が金銭の支払いである必要もない。

第2節　有償契約と無償契約の重要性

1　はじめに

[243]　**有償契約と無償契約**　上記の有償契約か無償契約かという契約の分類は、この後、学習する売買契約及び贈与契約を理解するうえで、重要な意味を持つ。そこで、有償契約と無償契約については、もう少し解説を加えておくことにする。

2　有償契約と無償契約——区別の意義

[244]　**有償・無償契約の差異を学ぶ意義**　有償契約と無償契約の分類は、図表9－1をみてもらえばわかるように、双務契約と片務契約の分類とほぼ一致し、さらに、諾成契約か要物契約かの分類にも影響を与えるものである。したがって、有償契約と無償契約との差異が理解できれば、典型契約を体系的に理解することが容易になると思われる。

[245]　**有償契約と無償契約の違い**　民法では、有償と無償との区別を貫徹しているわけではない。しかし、有償契約と無償契約の取扱いについて、明

確な違いを見出すことは意外と簡単である。

　その違いの根底には、無償契約が有償契約とは異なり、対価を求めず、相手方当事者への好意を前提にしている点にある。つまり、好意に基づく行動に対し、有償契約と同じくらいの責任を求めて、履行を徹底的に強要することは行き過ぎだと考えるのである。

　そこで、以下では、両者のおもな違いにつき、確認してみることにする。第1に、多くの有償契約は、当事者間の合意だけで契約が成立する。これに対し、無償契約では、不用意に契約を結んだことで後に強く契約に縛られることのないよう、当事者間の合意のみならず、目的物の引渡しをもって契約成立を認める傾向にある。第2に、有償契約では、契約書面がなくても、契約に強い拘束力がある。これに対し、無償契約の場合には、契約成立後であっても、事情によっては、契約の拘束力を緩和している。たとえば、あとで学習する書面によらない贈与の場合には契約成立後であっても、撤回をする機会を贈与者に与えており、また、無償委任の場合には、任意の解約を広く認めている。第3に、無償契約の場合には、契約当事者間に親密な関係があることが多いため、契約当事者の一方が死亡すると当該契約は終了し、有償契約のように、相続の対象にはならない。そして、第4に、有償契約では、契約当初から契約の目的物や権利に当事者も気がつかない瑕疵（キズ）があった場合につき、当事者の対価のバランスを図って無過失で担保責任を売主等に負わせることがある。これに対し、無償契約の場合には、出捐者が悪意でもない限り責任を負わなくてよいこととなっている。

　そして、第5に、両者の最大の区別の実益は、有償契約であれば、原則として、典型契約に限らず、広く売買契約の規定が準用されることにある。したがって、もっとも世の中で利用されている売買契約の規定を理解することは、有償契約の全体像を把握することにもつながることを意味する。

　次の節では、典型契約の中でも、実務でももっとも重要な意味を持つ売買契約についてみていくことにしよう。

第3節 売買

1 はじめに

〔246〕 **法律行為としての売買契約**　皆さんが、これまでの学習の中において、ことあるごとに登場してきたのは、売買契約ではなかっただろうか。もしも、皆さんが、今まさに、読んでいるこの本を本屋等で購入したならば、その行為こそが売買契約である。つまり、売買契約というのは、私たちの日常生活において欠かすことのできない契約類型の1つであり、典型契約の中でも、もっとも重要な類型である。その売買の取引で扱われるのは、食料品、日用品にはじまり、車や土地、建物の購入などありとあらゆるものにその対象が及んでいる。皆さんの中には、物の購入というあまりにもなじみ深い日常的な行為であるがゆえに、もしかしたら、急に契約だといわれても、戸惑いを覚える人がいるかもしれない。しかし、法律行為の中で最も主要な行為であるといっても過言ではないのが売買契約であり、資本主義経済の根幹をなす契約でもある。

　このことから、前述したように、民法では、売買契約を有償契約の典型、代表的な契約であると捉えて、売買契約の規定を、性質の許す限り、他のすべての有償契約に準用している（559条）。

2 売買契約の意義と法的性質

〔247〕 **売買契約の定義**　それでは、売買契約の定義に移ろう。民法555条では、「売買は、当事者の一方がある財産権を相手方に移転することを約し、相手方がこれに対してその代金を支払うことを約することによって、その効力を生ずる。」と規定している。したがって、当事者の「売ろう」、「買おう」という約束さえあれば、売買契約は成立することになる。

〔248〕 **売買契約の法的性質**　つまり、売買契約は、すでに学んだ諾成契約に

該当することになるので、契約の成立には物の引渡しは不要である。また、少なくとも、法律上では、どんなに高額な物が取引の対象であったとしても、契約書の作成も要求されておらず、不要式行為に該当することになる。ただし、実務では、後の紛争を予防する意味でも、契約書の作成が不動産取引等の場合には求められることが多く、また、特定商取引法といった特別法の中で、契約書の作成が義務付けられている場合もある。そしてまた、売買契約は、1個の契約上の合意から、財産権移転義務と代金支払義務という債務が発生するので、双務契約となり、かつ、物の給付と代金の支払いという双方の給付には対価関係も認められるので有償契約でもある。つまり、売買契約は、諾成、双務、有償契約の典型なのである。

〔249〕 **現実売買**　ちなみに、コンビニでパンやジュースを購入するなど、代金の支払いと物の引渡しが同時になされるような売買の形態を「現実売買」と呼んでいる。ただし、現実売買も、売買契約の一種であり、要物契約ではないので、考え方としては、あくまでも合意が先行し、それと同時に債務が履行されたと考えるべきである。

3　売買契約の対象とは何か

〔250〕 **売買契約の対象**　売買契約は、原則として、当事者の意思表示の合致のみで成立する。そして、その目的物については、財産的価値があり、譲渡可能なものであれば、基本的には何でもかまわないことになっている。したがって、動産、不動産、さらには、貸金等の債権、著作権などの無体財産権であっても売買取引の対象となる。ただし、これらの対価は、金銭に限られているので、金銭以外の財産権を移転する場合には、交換契約になる(586条)。

4　売買費用の負担

〔251〕 **売買契約の費用**　契約書作成費用、測量費といった売買契約締結に関する費用については、特段の事情がない限り、当事者双方が等しい割合で負担することになっている(558条)。なお、登記の移転費用は、契約を履行す

るための費用（弁済の費用）である。したがって、特約がない場合には、登記を移転する債務を負う売主の負担になる（485条）。

5 売買の予約とは何か

〔252〕 **売買の予約の意義**　売買の予約とは、将来、正式な売買契約（本契約という）を結ぶことを約束する契約をいう。たとえば、AとBとの間で住宅の売買契約を結ぼうと考えている。しかし、現在、Bは支払いの準備が整っていない。そこで、Bにお金の用意ができ次第、後日、正式に売買契約を交わそうという約束をするのが売買の予約である。このような売買の予約をすると、Bが後日、無事にお金を準備し、購入の意思表示（申込み）をしたときには、Aは、住宅を売る意思表示（承諾）をしなければならない。ただし、注意すべきなのは、このとき、Bが売買の予約をしたとしても、Aとの間で、本契約を交わすためには、改めてAの承諾が必要であるという点である。つまり、場合によっては、後にAの気が変わり承諾をしてくれない可能性もあるので、これに備える必要があるということを意味する。

〔253〕 **売買の一方の予約**　そこで、Aの承諾をとりつける不便さや、契約の相手方たるAが後に承諾しない場合を想定し、売買の予約につき、さらに一歩推し進めた約束を交わすことを民法では認めている（556条）。すなわち、一方当事者の意思表示だけ、ここでは、Bが将来Aから予約した物を買いたいという意思表示さえ行えば、改めてAの承諾なしに即本契約が結ばれたとしてしまうのである。これを「売買の一方の予約」といい、Bが有する本契約を成立させる権利を「予約完結権」と呼ぶ。

　なお、Bがいつでも予約完結権を行使できるとしてしまうと、今度は逆にAを不安定な立場に置くことになりかねない。そこで、期間を定めなかった場合には、AはBに対し、相当な期間を定めて予約完結権を行使するかどうかにつき催告をすることが認められている。そして、仮にその期間内に返答がなかった場合には、売買の一方の予約の効力は失われることになる（同条2項）。

6　手付とは何か

[254]　手付の意義　売買契約、とりわけ不動産などの売買契約の成立に関連して、実務でよく利用される制度として、手付というものがある。

手付とは、契約が成立した際に契約当事者の一方から相手方へ交付される金銭その他の有価物のことをいう。一般的には、売買代金の1割から2割程度の金額が多いといわれている。しかし、一口に手付といっても、実は、手付には3種類あり、その性質も異なっている。そこで、以下ではこれらを具体的にみてみることにしよう。

[255]　手付の種類と性質　手付には、まず、契約が成立したという証拠としての意味を持つ証約手付というものがある。第2に、違約手付、すなわち、買主が契約を履行しない場合に、約束違反の制裁金として没収されるという趣旨の手付（420条3項の損害賠償額の予定としての性質を持つことが多い）がある。そして、第3として、相手方には債務不履行がなくても、一定の時期までに、買主が手付を放棄し、あるいは、売主が受領した手付の倍額を買主に返還することで解除ができる権利を保留するという趣旨を持つ解約手付というものがある。なお、いずれの手付であっても、最低限、契約成立の証としての証約手付としての意味を共通して持っている。そのうち、契約成立の証拠の意味しか持たないものを証約手付と呼んでいる。

[256]　解約手付の原則　それでは、手付が交付されたものの、それが上記3つの手付のうち、いずれの手付であるかが明らかでない場合には、どのように考えたらよいのだろうか。民法では、このような場合には、解約手付であるとする（557条1項）。しかし、あくまでも、推定規定にすぎないため、事実と異なる場合には、これをくつがえすことは可能であるし、また、この規定は任意規定であるので、他の性質を持つ手付を打つことも認められている。

[257]　解約手付による解除
① 手付による解除

解約手付とされた場合には、当事者の一方が契約の履行に着手するまでの間は、買主は交付した手付を放棄することによって、売主は、交付された手付を倍返しすることで、解除原因なく、契約解除ができることになる。なお、

解約手付における解除では、損害が発生していても損害賠償請求は認められない（557条2項）。

したがって、解約手付では、手付流し、手付倍返しさえすれば、契約成立後であっても契約当事者は、自由に契約関係から離脱できることになるため、契約の拘束力を弱めるといった批判がある。しかし、逆にいえば、契約をやめるためには、確実に手付分だけは損をすることがわかっているので、むしろ必ず履行しようという方向に当事者の意識が働くことも考えられる。そうであるなら、手付の交付が一概に契約の拘束力を弱めるとはいえないだろう。つまり、手付には二面性が備わっているといえよう。

② 履行の着手

それでは、いつの時点までならば、手付による解除ができるのであろうか。これについては、民法は、「当事者の一方が契約の履行に着手するまで」と規定している（557条1項）。そこで、履行の着手とは何かが問題となる。具体的には、売主が登記をすれば買主はすぐに代金を支払えるよう準備をしているような場合は、履行行為が実際になされていなくても、履行の提供に欠くことのできない準備行為をしたとして、履行の着手にあたると解している（最判昭和40・11・24民集19－8－2019）。

なお、557条1項の趣旨は、あくまでも契約をするつもりで準備していた当事者を保護するためにある。とすれば、解除しようとする者自身が履行に着手していたとしても、相手方がいまだ履行に着手していない場合には、相手方に不利益がない以上、契約の解除は可能である（前掲最判昭和40・11・24）。

  ＊ **手付と内金の違い**
  手付に類似した概念として、内金と呼ばれるものがある。これは、代金債務の一部であり、手付とは異なるものである。

7 売買契約の効力

(1) はじめに

[258] **売買契約の効力** 売買契約が成立すると、売主及び買主は、互いに債

9章　典型契約としての売買と贈与 161

権を取得するとともに、債務を負担することになる。ここでは、売買契約から発生するそれぞれの中心的な債権、債務につき、みていくことにする。

(2) 売主の権利義務

[259] **財産権移転義務**　売買契約が成立すると、売主は、契約の趣旨に従い、売買の目的である財産権を買主に移転する義務を負う。具体的には、財産権を移転させるだけではなく、物の占有を実際に移転しなければならない。また、完全な財産権を取得させるためには、第三者に対する対抗要件を具備させる義務もある。そのため、不動産であれば登記、動産ならば引渡しに協力する義務を負い、債権ならば、通常、債務者に対する債権譲渡の通知をしなければならない。

【図表9-2　担保責任】

担保責任の対象		買主の態様	担保責任の内容			行使期間
			損害賠償	解除	代金減額請求	
権利の瑕疵	全部他人の権利（561条）	善意	○	○	—	制限なし
		悪意	×	○	—	制限なし
	一部他人の権利（563条）	善意	○	○※1	○	事実を知った時から1年
		悪意	×	×	○	契約時から1年
	数量不足・一部滅失（565条）	善意	○	○※1	○	事実を知った時から1年
	用益権による制限（566条）	善意	○	○※1	—	事実を知った時から1年
	担保権による制限（567条）	善意	○	○※2	—	制限なし
		悪意	○	○※2	—	制限なし
物の瑕疵	隠れた瑕疵（570条）	善意	○	○※1	—	事実を知った時から1年

※1：契約目的が達成不能の場合
※2：所有権喪失の場合（所有権を保存した場合には、費用償還請求が可能）

〔260〕 **担保責任** 売主は、自らに過失がなくても、目的物に欠陥があったような場合に責任を負わなければならないことがある。これを売主の担保責任という。

この責任は無過失責任とされるが、なぜ無過失の売主が担保責任を負わなければならないのだろうか。その理由は、売買契約が金銭と財産権との等価交換を行う有償契約だからである。

通常、買主は、支払った価値に等しいだけの目的物を入手したと考える。しかし、実際には予想に反して売買契約の当初から当該目的物に欠陥があったとするならば、買主の等価交換の期待は裏切られたことになる。そこで、このような事態が生じ、予想していた対価関係のバランスが契約当初から崩れている場合には、買主に一定の保護を与える一方で、代金に見合うだけの責任を果たすべきであるとし、民法では、売主に特別な責任を負わせることにしたのである。

民法では、売主の担保責任につき、権利の瑕疵と物の瑕疵に分けて規定している。その概要が【図表9-2 担保責任】であり、買主は、一定の要件を満たすと、代金減額請求権、損害賠償請求権、契約解除権を有することになる。ちなみに、権利の瑕疵の種類は様々であり、たとえ買主が悪意であっても、権利を主張できる場合もある。これに対し、物の瑕疵に関する規定は、570条、わずか1条のみであり、かつ、善意でなければならないことになっている。以下では、個々の担保責任につき、解説を加えていく。

(3) 権利そのものに瑕疵がある場合――追奪担保責任

〔261〕 **権利の全部が他人に属する場合（561条）** まず、考え方の出発点として、売買の目的物が他人の権利、いわゆる他人物売買であっても、そのような契約を民法は、有効と考えている（560条）。なぜなら、売主は約束の期日までに目的物（権利）を他人から取得し、買主に移転することができれば問題はないからである。しかし、売主が交渉に失敗し、目的物の所有権を取得することができなかった場合は、買主は売主に対して、担保責任を追及することができる。具体的には、買主は、善意・悪意を問わずに、契約を解除することが認められている。売主が目的物（権利）を引き渡せない以上、当然

のことであろう。さらに、善意の買主については、損害賠償請求も認められている（561条後段）。

これに対し、悪意の買主は、目的物を売主が入手することができない可能性を契約時に理解していた以上、不測の損害が発生するとは考えられないので、売主に対する損害賠償責任は許されない。なお、担保責任を追及する期間については、制限がない。

〔262〕 **権利の一部が他人に属する場合**（563条、564条）　これに対し、権利の一部が他人に属する場合、たとえば、AがBに土地を売却したが、その土地の権利の一部がCのものであった場合には、売主であるAは、Cから土地を取得してBに引き渡す義務がある。しかし、その約束が果たされなかった場合には、Bの善意・悪意を問わずに、今度は解除ではなく、代金減額請求権が認められることになる。

さらに、買主であるBが善意の場合には、損害賠償も請求することができ、仮に、権利の一部が他人の物であることがあらかじめわかっていたならば、契約を結んではいなかったという一定の事情がある場合には、契約の解除も認められる。

これら権利の行使期間については、善意の買主は、事実を知った時から1年以内、悪意の買主は、契約時から1年以内に行使しなければならないことになっている（564条）。権利行使期間が1年と短いのは、売主が無過失でありながら責任追及されていること、権利関係の早期確定を目的としているためである。このような期間を除斥期間と呼び、時効と区別されている。

〔263〕 **数量不足及び一部滅失の場合**（565条）　数量不足の場合とは、AがBに1㎡あたり10万円で100㎡の土地を売ったが、実際には90㎡しかなかったようなときである。

このときは、善意の買主のみが、不足分についての代金減額請求ができ、さらに、不足がわかっていたならば土地を購入しなかったような場合には、契約解除、損害賠償請求も可能である。なお、悪意の買主については、はじめから数量が不足していることがわかっているので、特別に保護する必要はないと考えられる。このときの権利行使期間は、事実を知った時から1年以内である。

〔264〕 **用益権、質権、留置権による制限がある場合**（566条）　売買の目的物に地上権、永小作権、地役権といった用益物権や、留置権及び質権といった担保物権、さらには、対抗要件を備えた不動産賃借権が付着していた場合にも担保責任の追及が認められている。

　たとえば、Bが建物所有目的でAより購入した土地にCの地上権が設定されていた場合、Bはせっかく土地を購入し、所有権を取得しても家を建てるどころか自由にその土地を利用することもできず、土地の利用に制限を受けることになる。

　民法では、このような制限的な権利が付着した目的物を購入した善意の買主には、担保責任を認めている。具体的には、売主に対する損害賠償請求権、さらに、利用に制限があることで契約の目的が達成することができない場合には、契約の解除も認めている。なお、権利の行使期間は、事実を知った時から1年以内である。

〔265〕 **先取特権、抵当権等が実行された場合**（567条）　前記の留置権及び質権以外の担保物権が売買の目的物に付着している場合には、567条が適用されることになる。たとえば、CがAにお金を貸し、その担保としてA所有の甲土地に抵当権を設定している。そのような抵当権が付着した甲土地を、BがAより購入した。このとき、Aが抵当権者のCより借りた金銭を約束の期日に返済できない場合には、通常、抵当権が実行され、Bはせっかく購入した土地の所有権を失うことになる。したがって、このような場合にも、買主の善意、悪意を区別することなく、契約の解除ができ、損害が発生していれば損害賠償も請求をすることができる。このとき、買主の善意、悪意を問わないのは、抵当権等が設定されていたとしても、売主が債務を履行して抵当権を消滅させればなんら問題はないと考えられているためである。さらに、上記の例で、買主Bが抵当権等を実行を阻止するべく、自らの費用を支出して所有権を保全したときは、当然に、Bは、売主Aに対して、その費用の償還を請求することができる。なお、このケースでは、権利行使の期間に制限はない。

(4) 物に瑕疵がある場合

[266] **瑕疵担保責任 (570条)**　BがAより建物を購入したが、入居後すぐに、建物の土台にシロアリが巣を作っていたことがわかり、建物に居住するという目的が果たせない場合、買主Bは売主Aに対し、どのような責任を追及することができるのだろうか。これについて、規定しているのが、570条の瑕疵担保責任である。

　瑕疵担保責任とは、売買契約が成立した後、売買の目的物に隠れた瑕疵（通常の注意をしていたけれども気がつかない欠陥）が発見された場合において、善意の買主が売主に対し、損害賠償請求ができるというものである。その瑕疵の程度がひどく、契約の目的が達成することができない場合には、契約の解除も認められている。後に学習する請負（10章第2節）の場合の瑕疵担保責任とは異なり、売主に対する瑕疵担保責任では、欠陥を修繕してくれるよう売主に請求（瑕疵修補請求）をすることは、明文では規定されていない。そこで、その理由を考える前提として、売買における売主の瑕疵担保責任の性質をどのように捉えるべきかにつき、多くの議論がなされてきた。ただし、議論の詳細については、ここではあえて深入りしないでおきたい。

　理屈はどうであれ、購入した物に欠陥があり、修理が可能ならば、契約を解除するより前に、修理してほしいと願うのは普通の感覚ではないだろうか。そこで、実務では、「アフターサービス基準」を設けるなどして、修理を保証するとともに、1999年には住宅品質確保促進法という特別法も制定され、新築住宅などについては、瑕疵担保責任が強化され、瑕疵修補請求、責任追及の期間の延長等が現在、認められている。

　欠陥があることを知っていて購入した悪意の買主を保護する必要はないので、買主には善意が要求される。また、解除及び損害賠償請求が認められる期間は、買主が事実を知った時から1年以内である（566条3項）。ただし、この瑕疵担保責任の規定は、あくまでも任意規定であるので、特約があれば、それによることになっている。

(5) 買主の権利義務

[267] **代金支払義務**　買主の中心的な義務は、代金支払義務である（555条）。

この義務は、通常、売主の目的物引渡義務と同時履行の関係にある。したがって、代金の支払時期や場所については、契約で定めた場合にはそれによることになる。しかし、特段の定めがない場合には、代金支払時期は目的物の引渡しと同時となる（573条）。同様に、代金支払場所についても原則は目的物の引渡場所（574条）であるが、そうでない場合は、売主の住所となる（484条）。なお、売買の目的物に対して、権利を主張する者が他にいるために、買主が権利を失うおそれのある場合や、買い受けた不動産に抵当権の登記が付着しているような場合には、買主は抵当権消滅請求手続が終わるまで、その代金の支払いを拒絶することができる（576条、577条）。

〔268〕 **果実と利息の支払い**　売買の目的物から果実が生じた場合には、目的物の引渡し前は、原則として売主がこれを取得できることになっている（575条1項）。そのかわり、買主は、目的物が引き渡されるまでは、代金の利息を支払う義務はない。これは、売主が取得した果実と買主が支払うべき利息を同価値と考えることで、簡潔な処理を行うためである。したがって、買主の利息の支払義務は、原則として目的物の引渡しの日からとなっている（575条2項）。

〔269〕 **目的物引取義務**　買主に、目的物を引き取る義務があるかどうかについては学説上、争いがある。最高裁は、売主が採掘する鉱石の売買の事案で、一定の要件の下で買主の信義則上の引取義務を認めている（最判昭和46・12・16民集25-9-1472）。

8　買戻しとは何か

〔270〕 **買戻しの意義**　買戻しという言葉を耳にした場合、通常、一度売却した物を、改めて入手することを意味すると考えるだろう。しかし、民法でいう買戻しとは、不動産の売買契約の締結と同時に、将来、当該不動産の対価を買主に返還すれば、当該契約を売主は解除することができる旨の特約をあらかじめ結んでおくことを意味する（579条）。具体的には、債務者に金銭を融資する際に、債権者が不動産を買い取っておき、代金の返済が実際になされれば、契約を解除し、不動産を債務者に戻すというように、債権担保のた

めに用いられることが想定されている。

　ただし、この買戻し特約は、実務上、ほとんど利用されていない。というのも、買戻しの規定を利用するためには、売買契約の締結と同時に買戻しの登記をしなければならない（581条）うえに、目的物は不動産に限定（579条）され、さらに買戻し期間も10年を超えることはできない（580条）という、厳格な要件を満たさなければならないためである。そのため、実務では、買戻しと実質上、同じ機能を有する「再売買の一方の予約」の規定（556条）を用いることで、この制約から逃れている。

第4節　贈与契約

1　贈与とは何か

[271]　**無償契約としての贈与**　ここでは、有償契約の典型である売買契約とは対照的な無償契約の典型である贈与契約について、みていくことにする。

[272]　**贈与の意義と法的性格**　贈与とは、当事者の一方（贈与者）が無償で相手方（受贈者）に自己の財産権を与える契約をいう（549条）。したがって、贈与契約は、当事者の意思の合致がその要素となる諾成契約であるため、受贈者には、タダより高いものはないとして贈与を拒絶する自由が認められている。なお、わが国の民法では、他の国とは異なり、特に、書面などの要式を備えることを求めていない。そのため、口約束だけで契約は成立することになる。そして、契約が成立すると、贈与者は受贈者に対し財産を一方的に引き渡す義務を負う（片務契約）。

　このようなタダ（無償）で物を与えるといった契約は、現代の取引社会では重要性が低いと考えられている。しかし、実際には、家族間や親族間といった親密な間柄では、贈与は日常的に行われていることもあり、親しい分、紛争が生じた場合には解決が困難な場合も少なくない。また、贈与の背景には、贈与者が受贈者に対し、金銭といったわかりやすいものではない、何らかのお返しを期待しているケースもある。そのため、贈与は、無償であるとはいっ

ても、そうとはいいきれない面もあるということを忘れてはならない。

　　＊　贈与の対象
　　　贈与の対象は、自己の財産だけでなく、他人の財産を贈与することも可能である。また、受贈者の債務を引き受けることも贈与に該当する。

〔273〕　**贈与の効力と書面による贈与**　　贈与は諾成契約である以上、口約束だけで成立する。したがって、ときには、親しい間柄もあってか、後先を考えずに軽い気持ちで物をあげると約束してしまうことがあるかもしれない。そこで、民法では、贈与者が軽率に贈与することを防ぐ目的で、書面によらない贈与については、原則として無条件の撤回を当事者に認めている（550条）。契約が書面によってなされた場合や、書面によらない贈与であっても、すでに履行が終わっている部分については、熟慮して贈与をしたと考え、撤回ができない（同条ただし書）。

　たとえば、AがBに30万円をあげるといい、Bに10万円を渡していたときは、残りの20万円についてのみ撤回が可能となる。なぜなら、無償行為といっても、契約の相手方たるBの気持ちを配慮するならば、すでに受け取った分については自分のモノであると考えるのが通常であって、理由もなく契約を後で撤回され、すでに消費してしまったものも含めて、金銭を返金させることは妥当ではないと考えられるからである。ちなみに、「履行の終わった」とは、具体的には、動産の場合は、引渡しの終了時を意味し、不動産の場合については、引渡しあるいは登記のいずれかが完了した時を指すと考えられている（最判昭和40・3・26民集19−2−526）。

〔274〕　**贈与の効力**　　Aから贈与されたテレビをBがみようとしたら、そのテレビが壊れていた、瑕疵があったという場合に、AはBに対してどのような責任を負わなければならないのだろうか。これについては、民法は、原則として、贈与の目的物に瑕疵があったとしても、贈与者は責任を負わないと規定している（551条1項）。すでに触れた有償契約の売買契約と異なり、無償で贈与されたテレビが壊れていたからといって、受贈者が贈与者に対し、修理まで要求できるとしたら、これは贈与者にしてみればたまったものではないだろう。あくまでも好意を前提とするものである以上、無償契約については、有償契約と比べ、責任が軽減されているのである。

もっとも、瑕疵があることを知っていながら受贈者に伝えていなかった場合には、贈与者は担保責任を負うことになる（551条2項）。

2　特殊な贈与

[275]　**特別な贈与**　　民法では、特別な贈与契約として3つ挙げている。参考までに、どのようなものであるか簡単に触れておくことにしたい。
　①　定期贈与（552条）
　定期贈与とは、一定の時期ごとに無償で財産を与える契約をいう。たとえば、毎月25日にAがBに20万円の生活費をあげるというような贈与をいう。このような贈与については、当事者の人的関係が重視されるため、贈与者又は受贈者の死亡によって契約の効力は消滅する。
　②　負担付贈与（553条）
　負担付贈与とは、受贈者に一定の給付をなすべきことを負担させる契約をいう。たとえば、土地をあげるかわりに自分の老後の面倒をみてもらうことを約束するような場合である。
　このような場合にあって土地という目的物と老後の面倒をみるという受贈者の負担は対価関係に立つものではなく、負担付きとはいっても通常の贈与契約と同様、無償契約であることに変わりはない。しかし、実質的には、負担の限度において贈与の給付と受贈者の負担とは、対価的な性格を持っていると考えるのが自然であるので、受贈者が負担を履行しないときは、贈与者は契約を解除することが認められている（541条以下）。また、売主と同じ担保責任を負うことになっている（551条2項）。
　③　死因贈与（554条）
　死因贈与とは、贈与者の死亡によって効力が生じる贈与契約である。たとえば、「自分が死んだら、この土地をあげる」というようなものである。なお、似ている用語として遺言で財産を贈与する遺贈があり、実際、遺贈の規定が死因贈与でも準用されている。しかし、遺贈との大きな違いは、遺贈が単独行為で、要式行為であるのに対し、死因贈与は、あくまでも契約であるという点である。

（矢田尚子）

10章 典型契約としての不動産の賃貸借、請負、委任、和解

第1節 不動産の賃貸借——最も債権らしくない債権

1 不動産賃借権の意義

〔276〕 **賃貸借の意義**　賃貸借契約とは、A所有の物などの「使用及び収益」をBにさせることを約し、Bがこれに対してその賃料を支払うことを約束することによって成立する契約である（601条）。これは、賃貸借の成立要件であり、動産・不動産の区別なく一般的な規定として適用される。ここで言う「使用及び収益」は、使用と収益を区別する趣旨ではなく、使用だけを目的とする場合でも、賃貸借である。

　賃貸借の場合は、借りた物そのものを返さなければならないが（たとえば、借家）、同じく財産を利用させるための契約である消費貸借は、借りた物と「種類、品質及び数量の同じ物をもって返還をする」（587条）契約である（たとえば、お金）。また、賃料を支払うかどうかという点が使用賃貸との違いである。

〔277〕 **不動産賃貸借の性格と対抗力**　賃貸借契約は、たとえば、車、家屋・土地などの様々なものを目的物とすることができる。その中で、とりわけ不動産賃貸借が重要である。賃貸アパートをはじめとする不動産賃貸借は、われわれの日常生活に密接に関連する契約類型である。一個の合意によって物の貸与義務と賃料債務という牽連関係を有する債務を発生させる双務契約であり、同時に賃料という対価を伴う契約ということで有償契約ということになる。同時に、目的物を引き渡さず、意思表示だけで契約が成立し、諾成・不要式の契約でもある。

　ある特定の不動産を他人に使用収益させる場合、相手にその支配権能（使

用・収益権限）を移転することになる賃借権の場合は、物的支配権能としての使用・収益の権能は、依然として所有者にある。賃借権は、所有者が有する使用収益の権能の債権であるから、物権のように物を直接に支配できるものとして構成しておらず、効力が弱く、第三者に対する対抗力がない。そこで、Aから土地を貸借しているBが、ここに自己の建物を建てて居住しているような場合にAがこの土地をCに売却してしまうと、本来賃借権という債権は貸主に対しては権利主張することができるけれども、第三者である新所有者であるCに対して対抗することができる権利ではないということになるのであるから、Bは建物を取り除いて土地を明け渡さなければならないということになる（建物収去・土地明渡義務）。このような債権という権利の原則的態様は後に説明する不動産賃借権の物権化現象によって修正されているが、債権としての賃借権の原則はこのようになるのである（このことを「売買は賃貸借を破る」という法諺で説明できるであろう）。すなわち、不動産が譲渡されると新たな所有者に賃借権を対抗できない。

　賃貸借の存続期間は、20年を上限とし（604条）、場合によって長期の賃貸借をすることは可能であるが、現実には短期間ないし期間の定めのないものが多い。また、賃借権は賃借人が自由に譲渡・転貸できない。無断の譲渡・転貸は契約の解除事由である（612条、なお620条参照）。

〔278〕　**無断譲渡・無断転貸**　　たとえば、賃借人Bが賃貸人Aに無断で、賃借物たる家屋（全部又は一部）をCに「使用・収益」させるときは、民法612条によると、原則として契約解除が認められ得る（判例・通説）。しかし、無断譲渡・転貸は実質な問題が生じないときでも、賃貸人が既存の賃借権を消滅させる口実として、民法612条を利用し、賃借人に不利益をもたらす可能性がある。そこで、同条2項による解除を制限する判例が登場し、修正を図ってきた。たとえば、「賃貸人の承諾なく第三者をして賃借物の使用収益を為さしめた場合においても、賃借人の当該行為が賃貸人に対する背信的行為と認めるに足らない特段の事情がある場合においては、同条の解除権は発生しないものと解するのを相当とする」（最判昭和28・9・25民集7-9-979）、等がある。この判例は、借地・借家関係における「信頼関係理論」を定着させるきっかけとなった。

賃貸借契約は、継続的な債権関係であり、当事者間の信頼関係がなければ成立・存続することができないといえる。したがって、その解除の判断にあたって、賃貸人と賃借人との間の信頼関係が破壊されているかどうかが、カギとなる。

　賃貸人Aは、無断譲渡・転貸を受けたCに対して、明渡しを請求することができることはいうまでもない（最判昭和26・5・31民集5-6-359）。

2　不動産賃借権の物権化

〔279〕**賃借権の物権化**　賃借権は、賃貸人が賃借人に目的物の使用収益をさせる債権関係である。賃貸人は契約によって定められた一定の使用収益をさせる債務を負う。賃借人は、賃貸人に対して、使用収益をさせることを請求する債権を有する。これらの債権関係は、賃貸人と賃借人の間に限られるから、効力が弱い。そのため、第二次世界大戦までは、借地・借家・農地の貸借をめぐり、貸主と借主との間に様々な問題が生じ、大きな社会問題となった。

　そこで、債権であるにもかかわらず、法律は、次第にこれを強化し、第三者に対しても主張し得るような効力を与え、物権的な効力が一定の限度において認められるようになった。特に、賃借人の地位を強化するため、借地法や借家法などの立法を通じて、賃借権の内容・条件を自由に決めることを否定した。結果的に、賃借権は純粋な賃借権ではなくなり、物権のような効力を有するに至った。このような賃借権の効力のことを「賃借権の物権化」という。

　当事者双方の人的信頼関係の上に成り立っている契約は、その契約上の地位を移転するには、原則として、相手方当事者の承諾がなければできない。しかし、賃貸借の場合は、不動産の譲渡が行われ、賃貸人たる地位が物権取得者に移転しても、賃貸人の義務内容に変化がないから、賃借人の承諾を要せず、旧賃貸人は賃貸借の債権関係から離脱する。

3 特別法としての借地借家法

〔280〕 **借地借家法による修正** このように、賃借権に物権のような効力を与えることによって、賃借人の保護を図っている。その大きな役割を果たしているのは、民法それ自体の規定ではなく、特別法とりわけ借地借家法による修正が重要である。

現在の借地借家法は、平成4年に建物保護ニ関スル法律（明治42年）、借地法（大正10年）、借家法（大正10年）を改革・統合して制定されたものである。借地借家法による賃借権の効力に対する修正は、主として次の3つである。

第1に、建物所有を目的とする借地について、土地の賃借人が当該借地上に登記のある建物を所有していれば、その土地の賃借権の登記をしていなくても、新所有者たる第三者に対して対抗することができる（借地借家10条、31条）。建物賃貸借の場合には、当該建物の引き渡しを受け、占有（居住）していれば、その後にその建物の所有権を取得する第三者に対抗することができる。

第2に、存続に対する保護を図るために、建物所有を目的とする借地については、存続期間を長期のものに限定し、正当事由がなければ更新を拒絶できず、強制されるようになった。建物の賃貸借についても、更新が強制され、期間の定めのない建物賃貸借契約の解約は正当事由がなければ認めないこととした。

第3に、借地人が借地権を第三者へ譲渡・転貸しようとする場合において、地主に不利益を与えるおそれがないにもかかわらず、地主がその借地権の譲渡・転貸を承諾しないときは、裁判所は、借地権者や第三者の申立てにより、地主の承諾に代わる許可を与えることができるようになった（借地借家19条、20条）。

このように、借地借家法による修正は、賃借人に不利な特約は許さないという片面的強行規定を設け、賃借権による使用収益を、できるだけ物権に近づけ、物権的地位によって賃借人を保護することにしている。

4 借地関係

(1) 借地権の意義

〔281〕 **借地契約**　民法においては、土地と建物とが別個の所有権の対象であるため、建物所有のための土地賃貸借という法律関係が生ずる。

借地借家法1条は、その適用対象を規定している。借地については、「建物の所有を目的とする地上権及び土地の賃借権」を適用対象とする。借地権は、建物の所有を目的とする地上権又は土地の賃借権を総称する概念である（借地借家2条1号）。つまり、借地権の主たる目的は、建物の所有である。しかし、建物の所有を目的とする地上権は、実際にはほとんど設定されておらず、あっても物権として保護される。したがって、借地借家法は、土地の賃借権を保護することを目的とする法律であるといっても過言ではない。

(2) 借地権の存続期間

〔282〕 **借地権の存続期間**　借地借家法3条によると、借地権の存続期間は、原則として30年であるが、当事者が契約でこれより長い期間を定めたときは、その期間に従う。借地契約が更新となったとき、最初の更新期間は20年、その後は10年とするが、当事者はこれより長い期間を定めることができる（借地借家4条）。

賃貸借期間が満了した場合、建物がまだ残っている場合については期間が満了したからといっていきなり建物を取り壊して土地を明け渡せというのも、借地上の建物を保護するためには妥当でない。そこで、借地権の存続期間が満了した後、借地人Bが引き続いて土地を使用している場合、賃貸人Aがそのことを知らなかった場合であっても、特に異議を述べていなければ、契約は前の条件と同様の条件で借地権が設定されたことになるし、Aがただちに異議を述べたとしても、A側に更新を拒絶する「正当事由」がない限り、その異議は排斥されてしまう（借地借家5条、6条）。

〔283〕 **正当事由**　この場合の「正当事由」について、借地借家法6条は、
① 借地権設定者A及び借地権者Bが土地の使用を必要とする事情。なお、借地権者BがCのために借地権（転借地権・借地借家2条4号）を設定して

いるとき、転借地権者Ｃの土地の継続使用をＢの継続使用とみなして、Ａ
とＢとの間につき同様な処理をすることになっている（借地借家5条3項）
② 借地に関する従前の経過及び土地の利用状況
③ 借地権設定者Ａが土地の明渡しの条件として又は土地の明渡しと引換
えに借地権者Ｂに対して財産上の給付をする旨の申出をした場合におけ
るその申出を考慮して、「正当事由」があると認められる場合でなければ、
述べることができない
としている。

(3) 存続期間満了と建物買取請求権

〔284〕 **建物買取請求権** 借地権の存続期間が満了して契約の更新がない場合は、借地人は、地主に対し、建物その他借地人が権原により土地に附属させた物を、時価で買い取るべきことを請求することができる（借地借家13条1項）。つまり、借地人が期間満了の更新請求をしたにもかかわらず、地主が正当事由を主張し、これが認められた場合には、借地人が投下した資本についてはこれを回収することが認められているのである。

また、第三者が賃借権の目的である土地の上の建物その他借地人が権原によって土地に附属させた物を取得した場合において、地主が賃借権の譲渡又は転貸を承諾しないときは、その第三者は、地主に対し、建物その他借地人が権原によって土地に附属させた物を時価で買い取るべきことを請求することができる（借地借家14条）。

5 借家関係

〔285〕 **借家についての適用** 借地借家法は、借家人の居住保護を主眼としているが、その適用範囲について、同法は明確には規定していない。

たとえば、構造上の問題としては、独立の建物である必要がなく、一部分の賃貸借でもよいが、ある程度の独立性のあることを必要とする。また、公営・公団住宅には適用されるが、社宅への適用は、問題となる。社宅の場合は、やはり被用者であるがゆえに貸与されたといえるから、原則として適用

されないが、規定によっては類推適用を認める余地がある。

　期間満了後の更新について、まず、期間の定めがある場合は、期間満了の1年前から6か月前までの間に、相手方に対して「更新をしない旨の通知又は条件を変更しなければ更新をしない旨の通知」をしなければ、従前の契約と同一の条件で契約を更新したものとみなす。ただし、その期間は、定めがないものとする（借地借家26条1項）。解約申し入れには正当事由が必要である（借地借家28条）。

〔286〕　**正当事由**　　正当事由のある更新拒絶の通知や解約申入れをした場合であっても、借家人の継続使用に対して家主が遅滞なく異議を述べなければ、上記同様に法定更新される（借地借家26条2項）。転貸借の場合は、賃借人と賃貸人との間について、この規定を準用する（同条3項）。

6　特殊な賃貸借──サブリース契約

〔287〕　**サブリース契約の場合**　　1980年代後半からのバブル経済の時期において、不動産価格が高騰し、企業等が保有している不動産を有効活用するため、オフィスビルを建て、これを不動産会社（サブリース会社）が一括的に借り上げ、オフィスとして転貸するという契約形態がしばしば用いられていた。これをサブリース契約という。サブリース契約は、ビル所有者と不動産会社との間に賃料不減額特約を結び、前者に安定した賃料収入を保証しながら、後者も転貸によって利益を上げようとするスキームである。いわば転貸借を条件とした特殊な賃貸借契約である。

　しかし、バブル経済の崩壊に伴い、サブリース契約をめぐって多くの問題が生じている。それは地価の下落により、オフィスビルの賃料相場が下がり、空室を回避するため、契約当時より安い賃料で転借人に貸さざるを得ず、不動産会社に多額の損失が発生する事態となった。そこで、不動産会社は、借地借家法32条の規定する賃料減額請求権を行使し、賃料の引き下げを要求した。これに対して、ビル所有者は、サブリースは、借地借家法の適用される賃貸借にあたらないと主張し、多くの訴訟が提起された。最高裁は、同条が強行規定であることを理由に減額を肯定する判決を下した（最判平成15・

10・21民集57 − 9 − 1213)。

7　敷金と権利金など

[288]　**敷金**　賃貸借契約に際して、賃借人から賃貸人に種々の名称で金銭が交付されるのが通常である。そのうち、賃貸借契約の成立時から契約終了後の目的物の明渡し終了時までに、賃借人の延滞賃料や損害賠償債務を担保するために交付された金銭は、「敷金」と呼ばれる。敷金は、上記の額を差し引いて残額は賃借人に返還されるべきものである。

敷金の担保する債務は、賃貸借契約終了時に存在している場合には、当然に敷金から控除され、相殺のような当事者の意思表示を要しない。そして、敷金返還請求権と目的物明渡請求権とは、同時履行関係にないとされる（最判昭和49・9・2民集28 − 6 − 1152）。その理由として、敷金が賃貸借契約終了後から明渡しまでの損害金についても担保するから、明渡し時に初めて返還請求権の有無や額が確定するからである。

敷金は、本来交付者の債務不履行を担保するためのものであり、その趣旨から、他人である新たな賃借人の債務不履行を担保するには、交付者の特別な意思が必要とされる。

[289]　**権利金**　賃借人から賃貸人に交付される金銭は、敷金以外のものを一括して権利金と呼ぶが、その性格は様々である。通常、以下の3つが挙げられる。すなわち、①営業ないし営業上の利益の対価、②賃料の一部の一括前払い、③賃借権に譲渡性を与えた対価、である。

[290]　**権利金の返還**　権利金は、予定された期間が過ぎれば返還されない。しかし問題は、期間の途中で賃貸借契約が終了したときに、返還義務があるかどうかである。上記①につき、賃貸借がすでに十数年に及んで中途終了の際の返還請求ができないとした判決（最判昭和29・3・11民集8 − 3 − 672）があり、疑問がある。②のものについては、その趣旨から返還を認めるべきであり、当然である。③の場合は、返還請求の問題が生じない。

敷金、権利金等に対する考え方は、地域によって、業界によって、異なることもある。また、敷金等を求めない賃貸も登場している。

第2節　請負契約

1　請負契約の意義と性質

〔291〕　**請負契約の意義と性質**　民法632条によると、請負は、当事者の一方がある仕事の完成を約束し、相手方がその仕事の結果に対してその当事者に報酬を与えることを約束することによって効力を生ずる有償・双務・諾成契約である。請負契約の目的は、仕事の完成である。たとえば、建築請負契約や運送契約等がある。

　　報酬の支払時期については、完成目的物の引渡しと同時履行の関係となる（633条）。物の引渡しを必要としない場合は雇用の規定が準用され（624条1項）、後払いの原則を採用している（633条）。

〔292〕　**請負契約と報酬**　請負契約は、仕事が完成しないと報酬をもらえない。仕事を完成したのちに注文者に引き渡すまでに当事者の責めに帰すことのできない事由により目的物が滅失・損傷した場合であっても、仕事が完成していなければ、完成義務を有する。また、目的物が滅失までに相当部分あるいは全部ができあがっていたとしても、報酬請求権はない。このように、請負契約は、結果に対して報酬が支払われるという特殊な契約であるから、同時履行の抗弁権や危険負担などの問題が特殊なあらわれ方をすることになる。

〔293〕　**雇用との違い**　これに対して、同じく他人の役務を利用する契約である雇用は、請負契約とは違って、労務に服すること自体を目的とし、労務内容が完成しているか否かを問わず、報酬がもらえる。また、請負契約において、請負人は、各場面に応じて注文者の指図に従って仕事をしなければならないが、基本的に独立して行うことができる。これに対して、雇用の場合は、被用者が使用者に従属して労務を行う。

〔294〕　**請負と雇用**　請負と雇用を区別する理由が主に2つある。①雇用契約の場合は、労働基準法が適用されることになる。②労務を行うことにあたって、被用者が他人に損害賠償責任を生じた場合は、民法715条が適用されて

使用者が常に賠償責任責任を負うが、請負の場合は、民法716条で注文者の責任が限定的である。

〔295〕 **請負と売買**　民法の解釈として、多数説は、当事者の意思を標準とし、仕事の完成を契約の目的とするときは請負であり、目的物の所有権の移転を契約の目的とするときは売買だという。ただし、請負契約か売買契約かが、はっきり区別できない契約がある。いわゆる製作物供給契約である。たとえば、洋服屋が顧客の身体にあった洋服を作る必要のある場合において、洋服屋がもっぱら又は主として自己の材料を使用して洋服を仕上げ、顧客に供給することは、請負であると解することができるが、洋服の売買であると理解することもできよう。このような製作物供給契約は、請負と売買の「混合契約」と理解されているが、このような類型の契約を認める必要があるかどうかについて、学説は分かれている。つまり、請負と売買の両方の規定を適用すべき契約類型があるかどうかである。

請負の場合は、仕事が完成するまでの間に、注文者はいつでも損害を賠償して契約解除をすることができ（641条）、それによって生じた損害賠償の範囲は、支出した費用のほか仕事を完成する場合の履行利益を含むが、売買の場合にはこのような解除権はない。

目的物の所有権移転の時期についての問題や危険負担、瑕疵担保責任、債務不履行責任などの場面において、具体的な問題とされる。

2　建築請負契約

〔296〕 **建築請負契約の特色**　民法における請負契約の規定は、11か条しかなく、実際には約款によって詳細な規定が定められていることが多い。たとえば、請負契約において、いちばん問題となりがちな建築請負契約の場合は、民間の大型工事のための「民間連合協定工事の請負契約約款」、公共工事のための「公共工事標準請負契約約款」がよく用いられている。

建築請負は、純粋の請負として、今日では、最も重要な意義をもつものである。建築請負については、民法の規定だけではなく、特別法の規制も重要である。たとえば、特別法たる建設業法において、請負人が仕事を完成する

ことができなければ、保証人が請負人に代わって完成義務を負担することになる。建設工事の請負をめぐる紛争を生じた場合は、裁判外の紛争処理機関として、建設工事紛争審査会が設置されている等、請負契約の適正化を図り、当事者間の利害関係を調整するため、様々な規定を設けている。さらに、建設業法は、建設工事の請負契約の締結について、工事の内容その他の詳細な権利・義務関係を明らかにした書面を作成しなければならない、と規定している（建設業法19条）。これは、建築請負契約の特徴である。

〔297〕 **下請負**　請負契約について、特別に禁止していない限り請負人が工事に際して下請けを使うことは自由である（下請負）。しかし、建設業法22条は、建設業者が請負工事を一括して下請けに出すのを禁止しており、いわゆる丸投げを禁止しているのである。部分的な下請けであっても、著しく不適当な下請けである場合は、注文者から下請負人に対して下請負の変更を請求することができる（建設業法23条）。

　このほか、運送契約等においても、民法の規定を適用するのではなく、約款や特別法の役割がきわめて大きい。

3　請負契約の成立

〔298〕 **請負契約の性質と請負契約の成立**　①請負契約の特質は、その契約目的が仕事の完成である点にある。契約の内容がこの点に向けられていることが、請負契約の成立要件として最も重要な点である。②仕事の完成に対して、請負の報酬（請負代金）が定められること。この報酬については、金額を定めなかったとしても、契約は成立するが、その場合には、報酬額は客観的な相当額によって算定する。報酬の種類は、金銭に限らない。③仕事の完成と報酬について、合意のあること。

　また、請負契約は、諾成・不要式の契約である。前述したように、建設業法は、請負契約につき書面で明らかにしなければならない、と規定しているが、契約の成立要件ではないと解されている。というのは、建設請負契約の場合は、意思表示だけでは契約内容が不明確となるため、紛争が生じやすいからである。

4 完成目的物の所有権

〔299〕 **完成目的物の所有権の帰属**　請負の目的たる仕事が有形的なものである場合には、完成した請負目的物の所有権の帰属は、材料を供給する者が注文者であるか請負人であるかによって違いが生じる。昔から議論のある問題である。たとえば、前述した製作物供給契約に関連する問題であるが、洋服屋が注文者のため、自己所有の生地を使って洋服を仕上げた場合は、完成した洋服の所有権はいったん洋服屋にある。その後は売買法理に基づいて洋服の所有権を注文者に移転することになる。これに対して、洋服の生地が注文者の物であれば、所有権の帰属については、当事者間で明確にしていない場合には、加工の法理に従い、通常所有権はいったん洋服屋に属することになろう。

〔300〕 **建築請負契約の場合**　このような考えに従い、建築請負契約を考えてみよう。建築請負契約でも、単なる増築請負工事の場合は、付合の法理により、目的物の所有権の帰属がはっきりしているから、問題が生じない。しかし新築の場合は、土地に付合しないから、加工の法理との関係で問題となる。

〔301〕 **材料提供者帰属説**　判例・通説の立場は、材料提供者帰属説である。すなわち、①注文者が材料の全部又は主要部分を提供した場合は、所有権は、原始的に注文者に帰属する（大判昭和7・5・9民集11-8-824）。加工の規定（246条ただし書）は適用されない。②請負人が材料の全部又は主要部分を提供した場合の所有権は、請負人に帰属するが、引渡しによって注文者に移転する（大判大正3・12・26民録20-1208）。③特段の事情がない限り、特約によって、相手方に所有権を原始的に帰属させることができる（大判大正5・12・13民録22-2417等）。

〔302〕 **注文者帰属説**　最近では、材料提供者帰属説に対して批判的である。すなわち、請負人の報酬債権を保護する目的を有するという判例の立場を理解し、請負人に建物の所有権を帰属させても、敷地の利用権を有しないので、保護にはならないという考えである。そもそも、請負人は、自己に所有権を帰属させるのは、あくまでも工事代金の回収が目的であって、所有する意思があるわけではない。そこで、目的物所有権については、当事者の通常の意

思を尊重し、建物の所有権は完成と同時に原始的に注文者に帰属する考えが有力となっている。この最近の学説に同調する判決も現れている（最判昭和46・3・5判時628-48）。

5 請負人の責任

〔303〕 **請負人の責任**　請負人は、完成した仕事の目的物に瑕疵があったときは、瑕疵担保責任を負わなければならない（634条以下）。この請負契約の独自の担保責任規定は、目的物の瑕疵は、隠れた瑕疵に限定せず、請負人が無過失の場合だけでなく、その責めに帰すべき事由によって生じた場合も、この規定は適用される。ここでいう目的物に瑕疵があるとは、完成された仕事が契約で定めた内容通りでなく、不完全な点を有することである。また、この瑕疵について、注文者が提供した材料の性質又は注文者の指図によって生じたときは、請負人は担保責任を負わない。したがって、瑕疵担保責任は、債務不履行（不完全履行）責任の性質を有しており、債務不履行責任の特則でもある。これは、通説である。

　注文者は請負人に対して、相当の期間内において、その瑕疵補修を請求することができる（634条1項）。ただし、瑕疵が重大でない場合において、瑕疵補修を請求できず、損害賠償請求のみが認められる（634条1項ただし書）。

　完成した目的物の瑕疵があまりにも大きく、請負契約の目的を達することができないときは、注文者は契約を解除することができる（635条）。ただし、瑕疵のために契約目的を達することができない場合であっても、建物その他の工作物についての解除は認められない（635条ただし書）。

第3節　委任契約

1　委任の意義

〔304〕　**委任契約の意義と性格**　委任は、当事者の一方が法律行為をすることを相手方に委託し、相手方がこれを承諾することによって、その効力が生ずる（643条）。他方、法律行為でない事務の委託を準委任とし、委任の規定が準用される（656条）から、広く他人への事務委託契約を委任としている。委任の本質は、委任の目的たる事項が法律行為である点にあるのではなく、一定の事務を処理することである点にあるから、委任の法律的性質としては、法律行為の委託を本来の委任、法律行為でない事務の委託をこれに準ずる委任（準委任）と区別することなく、事務の処理を委託する契約と考えるのが正しい。

そもそも、①法律行為の委託を委任とする現行民法の考えは、委任と代理を明確に区別しなかった時代の沿革によるものである。すなわち、委任の内容は、多くの場合、受任者が委任者の代理人となって法律行為をすることであるが、委任と代理とを区別しなかった時代には、これを一個の法律関係とし、対外は代理関係であるが、対内は委任関係であると考えていた。②法律行為の委任（本来の委任・純粋の委任）と法律行為でない事務の委任（準委任）とを概念上区別することはできるが、現行法の下においても、実益があるわけではない。

委任契約は、労務に服する雇用契約との違いは、事務処理における自己裁量の独立性にあり、請負契約との違いは、仕事の完成を目的としない点にある。

法律行為の委任には、顧客の銀行や郵便局に対する送金依頼、代理人の選任、為替手形や小切手の振出しなどがある。法律行為の委託ではない委任契約としては、医師との医療契約や弁護士への訴訟の委託や不動産の管理契約などが挙げられよう。

2　委任契約の成立

〔305〕委任契約の性質と委任契約の成立　委任契約は、諾成・不要式の契約である。委任契約に伴って、代理権を授与することが多く、委任契約がなされる目的の典型であるといえよう。この場合は、通常委任状が交付されるが、これは対外的に受任者の権限を証明するための書面であり、委任契約の成立に必要なものではない。また、委任契約には有償委任と無償委任があり、今日の社会では、有償委任が重要であることはいうまでもない。有償委任は双務契約であるのに対して、無償委任は、片務契約になる。

　民法は「受任者は、特約がなければ、委任者に対して報酬を請求することができない」（648条）と定めるが、弁護士への訴訟委任において報酬の合意が成立していなかったときにも、合理的な報酬額を請求することができる（最判昭和37・2・1民集16-2-157）。

3　委任の効力

〔306〕受任者の注意義務　受任者は、委任の本旨に従い、善良なる管理者の注意義務をもって委任事務を処理する義務を負う（644条）。これを、善管注意義務という。つまり、受任者と同様な職業・地位にあるものに対して、社会的に要求される能力・資格等に応じて一般に期待されるレベルの注意義務である。これは、民法の重要な原則である。たとえば、医師という職業に普通に要求される注意義務に従い、診療にあたらなければならない。これに違反して委任者に損害を生ぜしめたような場合には、債務不履行として損害賠償が請求される。

　委任契約は、有償か無償かを問わず、当事者の信頼関係を基礎に置く契約であるといわれている。受任者がいかなる範囲（善管注意義務の内容）まで委任者の指示に従うべきかは、当事者間の知識・才能・手腕及び委任者の受任者に対する信頼の程度などにより判断される。

〔307〕委任契約に伴う付随義務　受任者がなすべき委任の事務範囲は契約ごとに異なるが、民法は、受任者に対して委任事務の処理に際して次の3つ

の付随義務を課している。①受任者は、委任者から請求があれば、いつでも委任事務処理の状況を報告し、また、委任終了後は、遅滞なくその経過及び結果を報告しなければならない（645条）。②受任者は、事務を処理するにあたって受け取った金銭その他の物を委任者に引き渡さなければならない（646条1項）。③受任者が委任者のために自己の名で取得した権利を委任者に移転しなければならない（同条2項）。

4　委任の終了

[308]　**委任契約の終了**　委任契約は、契約一般に共通する終了原因のほか、特別の終了原因が2つある。

[309]　**自由解除権**　委任契約は、当事者間の信頼関係に基づいて成り立つものであるから、締結後に相互の信頼関係が喪失された場合は、各当事者がいつでも契約の解除をすることができる（651条1項）。委任契約が継続的契約であるということから、ここでいう解除は、遡及効のない解除であるとされる（652条）。ただし、注意しなければならないのは、各当事者がいつでも契約の解除をすることができるとはいえ、解除が相手方にとって不利な時期にされたときは、その損害を賠償しなければならない（651条2項）。

[310]　**やむを得ない事由による解除**　これは、委任契約の各当事者はいつでも一方的意思により委任契約を解除することができるが、これによって生じた相手方の不利益を金銭で調整せよという考えによるものである。ただし、解除に「やむを得ない事由」があったときは、損害賠償すら必要でない。

[311]　**死亡・破産・後見開始**　委任契約は、委任者又は受任者の死亡、委任者又は受任者が破産手続開始の決定を受けたこと、受任者が後見開始の審判を受けたことによって終了する（653条）。もっとも、民法653条は、任意規定であるから、当事者の合意により、当事者（特に委任者）の死亡によっても当然に終了しない旨の合意を認容すべき場合もある（最判平成4・9・22金法1358-55）。

（胡　光輝）

第4節　和解契約とその特色

[312]　**和解の意義と機能**　和解とは、当事者の双方が譲歩して相互に争いを止める契約である（695条）。法律上の争いを解決する手段は様々あるが、最終的には訴訟による解決になる。しかしながら、訴訟による解決は、経済的にも時間的にも負担がかかるものである。そこで和解は、判決という手段に頼ることなく、話し合いによって紛争を解決する契約である。この和解には、「私法上の和解」と「裁判上の和解」の双方がある。

　必ずしも法律用語ではないが、一般に、民事上の紛争を裁判外において当事者で解決することを「示談」という。世の中で示談といわれているもののほとんどは、法律的には「和解契約」であり、「私法上の和解」に該当する。

1　裁判上の和解、調停、及び仲裁

[313]　**裁判上の和解**　「裁判上の和解」には2種類のものがある。第1は、訴訟上の和解と呼ばれるもので、裁判所は、訴訟の継続中はいつでも和解を試みることができる（民訴89条）。第2は、起訴前の和解（即決和解ともいう）と呼ばれるもので、訴えの提起前に当事者が簡易裁判所に申し立てることによって和解を行うものである（民訴275条）。

　この2種類の和解のいずれにおいても、和解調書が作成され、その記載内容は確定判決と同一の効力を有する（民訴267条）。

[314]　**調停**　調停は裁判ではなく、裁判所における調停委員の面前でなされる和解であると言ってもよく、調書に記載されると確定判決と同様の効果が認められる（民調16条など）。広い意味では第三者が介入して、当事者に和解を促すことをいうが、ここでも調停とは裁判所の関与のもとで法定の調停手続によって行われるものをいう。

[315]　**仲裁**　仲裁は、当事者の仲裁人の判断に委ねるという合意がなされた場合に用いられるものであり（訴訟のように一方的に提訴できない）、私人間の合意に基づく紛争解決手段の1つである。仲裁判断は当事者間においては、

確定判決と同様の効力を有する（仲裁45条1項）。そして、仲裁判断に基づいて民事執行を行おうとする当事者は、債務者を被申立人として、裁判所に対し、執行決定（仲裁判断に基づく民事執行を許す旨の決定をいう）を求める申立てをすることができる（仲裁46条1項）。

2 和解と示談

[316] 和解と示談　和解の成立には、対象となる争いが存在していることと、相互の譲歩があることが必要となる。争いの種類には特に制限はないが、当事者が自分で処分することができる種類の争いでなければならないことは当然のことであろう。

　和解契約の要件は、当事者双方が相互に譲歩することである。当事者の一方だけが譲歩するのでは和解とはならない。一般に「示談」といわれるものには当事者の一方のみが譲歩し、他方には譲歩がない場合が多くあり、このことからすると「示談」が常に和解契約となるかどうかについては問題がある（もちろん、双方譲歩を和解の要件として要求しない有力な学説がある）。

3 和解契約と錯誤

[317] 法律行為としての和解契約　和解も法律行為であるため、法律行為の無効、取消しの主張は一般に許される。たとえば、意思無能力者が締結した和解契約は無効であり、制限行為能力者が締結すれば取消しが可能である。公序良俗違反ないし強行法規違反の和解契約も無効である。

　そのため法律行為一般についての規定の1つである錯誤の規定（95条）が適用されるようにみえるが、他方で和解では真偽不明の法律関係につき真実はどうあれ、その通りの法律関係を認めて争いを止めようというものであるため、錯誤の規定は和解になじまないのではないかという疑問が指摘されている。そこで民法696条は以下のような規定を置いて、和解契約については原則的に錯誤規定を適用することはできないとしている。すなわち、「当事者の一方が和解によって争いの目的である権利を有するものと認められ、又

は相手方がこれを有しないものと認められた場合において、その当事者の一方が従来その権利を有していなかった旨の確証又は相手方がこれを有していた旨の確証が得られたときは、その権利は、和解によってその当事者の一方に移転し、又は消滅したものとする」というのである。確かに、いったん和解によって解決が得られた事項について錯誤の主張を許すことは永遠に争いが続いてしまう可能性があり、不合理だからである。したがって基本的には和解については錯誤の規定を適用することはできないこととなる。そこで、和解契約が成立した場合、後日に真実が判明しても和解の効力は変わらないことになるわけで、和解の対象としての紛争事実関係そのものについての錯誤が契約の効力に影響しないことは当然としても、事実関係の前提に誤りがあるような場合は別の問題となる。たとえば賃金債権についての争いで、和解当事者間において対象となる債権自体についての錯誤（当事者間にA、Bの2つの債権が存し、一方当事者はAの債権を前提とし、他方当事者はBの債務を前提として和解してしまったような場合）に、錯誤の規定の適用を排除してしまうというのは、いかにも不公平ということになる。そこで、このような場合については、例外的に錯誤規定が適用されるものと理解される。もちろん、錯誤規定が適用される場合にあっては民法95条が要求する要件を具備する必要があることになる。

〔318〕 **和解契約と後発損害ないし後遺症** 交通事故で加害者と被害者が事故後それほど経過しないうちに和解し、その額以上は要求しないことを被害者が約束することがある。この場合に、後日、被害者に予想もしていなかった後遺症が生じ、予想以上に損害が拡大したような場合をどう処理すべきであろうか。以下のような諸説がある。

① 錯誤説

まず、被害者は損害が軽微だと思っていたが、実際には後遺症が生じるほど重大なものであったということで、そこには争いのない前提事実についての錯誤があるとして、錯誤により処理する立場がある（東京地判昭和40・1・27判時396-10）。これによると、後遺症以外の損害についても、和解の効力は否定され実損害を賠償請求できることになる。

② 解除条件説

次に和解の合意の中には、黙示的な合意として、和解金額を上回る著しい損害が発生したならば示談の効力は失われるという黙示的な解除条件がなされていると理解する立場がある（大阪高判昭和39・12・21判時400－16）。この法的処理によっても、後遺症以外の損害についても、和解の効力は否定され実損害を賠償請求できることになる。

③　別損害説

　和解の対象とされたのは、その当時予想された損害だけであり、その後に生じた予見し得なかった後遺症については示談の対象とはされていなかったという処理も可能であるという見解である。やはりここでも当事者が和解によりどこまで真偽不明の危険を引き受けたか、という契約解釈の問題として考えるべきであるとされている。もし明示的に、将来いかなる後遺症が生じていてもそれ以上の賠償は請求しないと約束して、それなりに高額の賠償を受けたのであれば、そのような合意が民法90条の公序良俗に反する場合は別として、被害者は後遺症が発生するか否かの危険を引き受けたのであり、和解に拘束される。これに対して、後遺症が生じるか否かについて当事者が問題とせずに、現在予想される損害を前提として示談がなされた場合には、その予想される損害を対象とした示談がなされたに過ぎないものと考え、将来後遺症が発生するか否かの危険は、被害者により引き受けられていないというべきである。結局のところ、和解契約の解釈という問題に還元されることになる。このような解決による場合には、後遺症については示談の効力は及ばないが、それ以外の効力については示談の効力が及ぶことになり、実損害の賠償は請求できないことになる。

　　　　　　　　　　　　　　　　　　　　　　　　（金光寛之）

11章 消費貸借契約とこれをめぐる諸問題

第1節 消費貸借

1 その特色

〔319〕 消費貸借の意義　消費貸借という契約は、契約当事者の一方（借主）が金銭などの物を借り受け、これと同種・同等・同量を返還することを約束し、目的物を受け取ることによって成立する契約のことである（587条）。つまり、AがBから5万円を借りて使い、のちに5万円をBに返すというように、金銭その他の代替物を借りて、のちにこれと同種・同等・同量の物を返還する契約を、消費貸借ということになる。民法は、物の使用価値を一時的に相手方に委譲する典型契約として消費貸借・使用貸借・賃貸借の3種を規定しているが、消費貸借の借主は、目的物の所有権を取得し、これを消費したうえで同種・同等・同量の別の物を返還するという点で、目的物の所有権が貸主に留保され、借主は目的物を処分しないで借りた物を返還する使用貸借・賃貸借と異なっている。

この契約によって受け取った物の所有権は借主に移転してしまうのであるから、借主はそれを自由に使うことができることになる。問題となるほとんどの場合がお金の貸借であり、その意味ではお金の場合がいちばん典型的な消費貸借契約ということになる。

〔320〕 要物契約　消費貸借は、借主が目的物を受け取ることによって成立する要物契約であり、貸主は、目的物そのものを使用・収益させる義務を負わず、借主だけが債務（返還義務）を負担する片務契約である。そして、借主が利息を支払わないときは無償契約であるが、利息を支払うときは有償契約である。もっとも、そうはいっても現金が交付されなければ契約は絶対に成

191

立しないというものでもなく、印鑑を押した払戻請求書と預金通帳とがともに交付されたというように、金銭の交付がされたと同等の経済的価値の移転がされたということができる場合には契約が成立する。

　消費貸借が要物契約とされているのは歴史的な沿革ということもあるが、現金の交付がされる前に契約が成立し、お金を受け取ってもいないのに借主は借金返済の義務を負担するというのはおかしいからである。

〔321〕　**担保権の設定と要物性**　この要物契約ということに関連して問題となってくるのは、後に説明する担保権の設定である（保証や連帯保証などにも関連する）。多くのケースでは契約合意が成立した段階で担保権の設定を行い、しかるのちに金銭交付がされる。そうなると、たとえば抵当権が設定されても、返還すべき債務が成立しないうちに設定されたことになり、抵当権の附従性を欠いて無効なものとなる可能性がある。しかし、そのように厳格に言うと金融実務は成り立たなくなる。そこで判例は、抵当権設定登記や公正証書の作成が金銭交付前になされていても、これにそれほど遅れることなく金銭交付がされるならば消費貸借契約の要物性について緩和して理解し、抵当権設定登記や公正証書作成も無効となるものではないとしている（大判大正2・5・8民録19-312、大決昭和8・3・6民集12-4-325）。

2　準消費貸借

〔322〕　**準消費貸借**　たとえば売掛金などがあり、これについて一定の金銭などを支払うことを請求することができる債権者と債務者とが、合意のうえでこの債務を消費貸借上の債務とすることに改める旨の契約のことを準消費貸借という（588条）。

　この場合には合意のみによって消費貸借が成立するところから、消費貸借の要物性が要求されていないことになる（もっとも、すでに債権・債務があるから）。

〔323〕　**債務の同一性**　このような契約がされた場合に問題となるのは、新しい債務と古い債務との同一性の問題である。判例は具体的ケースごとに判断すべきであるとしている。しかし、時効については新しい債務を基準として

判断すべきであるとする（大判大正10・9・29民録27-1707）。したがって、商事債権である売掛金を民法上の消費貸借に改めているような場合にあっては、従来の2年の時効期間（173条1号、商522条）が、5年（商522条）ないし10年（167条1項）に変わることになる。

3 貸金とその返済履行確保の手段 ── 一般財産の保全等

〔324〕 **貸金債権と債務者の一般財産**　消費貸借の目的物は金銭に限らないが、今日、最も利用されるのは、金銭消費貸借である。少額の消費金融から、大企業への巨額の資金調達にまで利用されている重要な契約類型である。ところで、貸した金銭が契約通り返済されれば問題ないが、返済されない場合にどんな方法で履行を確保するかが問題となる。そうなると、ある意味では、消費貸借によって生じた金銭債権の価値は債務者がどれだけ強制執行可能な財産を有しているかというところにあるといってもいいであろう。

〔325〕 **一般財産の確保の必要性**　したがって、債務者の一般財産の確保ということが重要になってくる。そこで、この消費貸借契約に関連しながら、債務者の一般財産の確保という問題とこれに関連する問題にまで発展させて検討をすることとしたい。

第2節　一般財産の確保

1 債権者代位権の意義

〔326〕 **債権者代位権の必要性**　債務者が他人（第三債務者）に対して債権を有していて、この債権を取り立てさえしたならば、自分の債権者に対する弁済をすることができるというのに、自分は無資力であるし、どうせ取り立ててみても、結局は債権者に取られてしまうのだから、取り立てても仕方がないとして放置しているような場合、債権者としては当該債権を差し押さえて強制執行をしていくよりほかに方法がなく、債務者にお金が入ってくること

を手をこまねいて待っているというのは、いかにも不合理である。そこで、民法は、債権者が債務者に代わって、その債権を取り立てるなどの必要な行為をすることができるとしている。これが「債権者代位権」である。

〔327〕 **債権者代位権の要件としての保全の必要性**　この制度は、もともと一般債権の保全のために債務者の有している一般財産の保全を図るところにねらいがある制度である。一般財産についての保全を図る必要性というこの制度の趣旨から、債権者代位権についての各要件が出てくる。

2 債権者代位権の必要性

(1) 債権者代位権の要件

〔328〕 **債権者代位権が認められる要件**　債権者が自分の債権を保全する必要性が要求される（423条1項本文）。債権者代位権というのは、債権者が他人（債務者）の財産に関与する場合であるから、特に債権者代位権を行使しなければ、自分の債権の弁済を得ることができないという状況にあることが要求される。このような必要性がある場合としては条文からは明白ではないが、債務者が無資力であるということが要求される。つまり、債務者の資力が十分であれば、債務者が自分に属する権利の行使などをせずに放置していたとしても、債権者にこの権利を行使させる必要はない。もっとも、後に説明する債権者代位権の転用形態においては、この無資力要件は不要とされることとなる点に注意が必要である。

〔329〕 **被保全債権が履行期にあること**　債権が原則として弁済期に達していることが必要とされる（423条2項本文）。

　自己の債権自体が弁済期となっていないのに他人の権利に干渉することはできないということとなるからである。もっとも、

　a）　裁判所の許可を得てする裁判上の代位（非訟72条〜79条）の場合
　b）　債務者の未登記の権利について代位して登記しておくなどの単なる保存行為の場合

は、弁済期となっていることは要求されない（423条2項）。

〔330〕 **債権者代位権の目的となる権利が一身専属権でないこと（423条1項**

ただし書）　ここでいう一身専属権というのは、いわゆる行使上の一身専属権をいう（行使するかどうかが本人の個人的意思にまかされる権利）。夫婦間での契約取消権（754条）、人格権侵害による慰謝料請求権（710条）、扶養請求権などがそれに該当する。なお、差押えが禁止されている債権（民執152条）についてはもともと債務者の責任財産である一般財産を構成しないので、債権者代位権の対象とすることはできない。

(2)　債権者代位権の行使

〔331〕　**権利の具体的内容**　　裁判上でも裁判外でもこの権利を行使することはできる。この権利の行使は債権者が自己の立場において（自己の名において）行使するものであって、債務者の代理人としてするものではないことに注意を要する。行使を受ける相手方においては、もともと自分が債務者に対して主張することができるすべての権利を行使することができる。代位の対象となる権利の行使として物の引渡しを要求するような場合には、代位権者は自己に対して引き渡すことを要求できる。債務者に対しての引渡しを認めても債務者が拒否すると困るからである。もっとも、登記名義を移転させるような場合には債務者名義とすることが可能である。代位権の行使は債権保全のために認められるのであるから、債権保全に必要な限度に制限されることになる（最判昭和44・6・24民集23－7－1079）。

(3)　債権者代位権行使の効果

〔332〕　**総債権者のための効力**　　債権者代位権を行使した結果は総債権者のために効果を生ずる。目的物が代位権者に引き渡された場合も他の債権者は比率的な請求権を有し、これが行使されれば代位権者には他の債権者に配当する義務があることになる。もっとも、自己の代位受領した目的物が他の代位権者の目的物と同種である場合（たとえば、金銭債権である場合）であり、相殺適状にある場合には債務者に対する引渡債務と自己の有する債権とで相殺することができるから、事実上は優先する権利を有するようにみえる場合がある。なお、代位のために要した費用には先取特権が認められる（306条1号）。

(4) 債権者代位権の転用形態

〔333〕 **転用形態——その1**　債権者代位権は、本来、債務者の一般財産（責任財産）の保全にその機能が求められるが、最近ではこの制度について、この本来の趣旨を離れて一般財産の保全という機能とはいえない機能をこの制度に持たせる判例が出されている。つまり、甲が乙に建物を売却し、これをさらに乙が丙に売却したような場合、丙が乙に対して移転登記を要求しているのに登記はまだ甲にあるような場合を考えてみよう。この場合に乙は甲に対して登記を自分に移転してくれと請求し、これを得て丙に移転登記することになるが、この乙が甲に対して移転登記を要求しない場合、丙は乙に代位し、まず、甲から乙への移転登記を請求し、これを前提として乙から丙への移転登記を確保するという債権者代位権の行使を認めている（大判明治43・7・6民録16-537）。

〔334〕 **転用形態——その2**　不動産の賃貸借において、目的物件を第三者が不法占拠しているのに所有者が自分でこの不法占拠者を追い出してくれないような場合、賃借人は自分自身で賃借権によってこの不法占拠者を追い出すことができないので（不動産賃借権者が登記をしたり、特別法上の対抗要件を具備した場合は別であるが）、賃借人は賃貸人たる建物所有者に代位して不法占拠者を追い出し、目的物を自分に引き渡すことを請求できるとされている（最判昭和29・9・24民集8-9-1658）。その他にも未登記不動産についての譲受人は譲渡人に代位して保存登記をすることができるし（大判大正5・2・2民録22-74）、甲のAに対する債権が甲→乙→丙と譲渡されたが、Aに対する債権譲渡の通知がされていない場合に、丙は乙に代位して甲に対し、乙への譲渡をAに通知すべきことを請求できるとするなどの例がある（大判大正8・6・26民録25-1178）。

〔335〕 **問題点**　ここで注意すべきことは、このような「債権者代位権の転用」が認められる場合の要件としては通常の債権者代位権の行使の場合と異なり、債務者の無資力を考慮する必要がないということである。転用形態が特定債権の保全という機能を有していることからすれば当然のことといえる。このように債務者の一般財産の保全をはかり、一般債権者の債権の履行確保の目的を有しているこの債権者代位権制度がその本来予定された場面だけで

なく、特定債権の保全という目的についても転用という形態で機能していることについても着目しておく必要がある。

3 債権者取消権（詐害行為取消権）

〔336〕 **債権者取消権の意義と機能**　債権者代位権制度は、債務者の一般財産の保全という観点から債権者に認められた制度である。債務者が積極的に自己の債権の保全手続をとらずに放置しているところから、債権者が自己の名において保全手続をするものであった。したがって、この制度には限界があり、債務者が自分の権利を行使するなどの積極的な行為に出ない場合にのみ債権者が代位権を行使することができるのである。債務者がまがいなりにも自分の権利を行使してしまった以上は、その行為が不当な行為であるとしても債権者代位は無力となる。ここに債権者代位権の限界がある。そこで、ここに債権者取消権が機能する場面があることになる。

債権者取消権は、債務者がその所有する唯一の財産である不動産を第三者に対して贈与するなどして無資力となったような場合（このような行為を「詐害行為」という）において、債権者がこの贈与などの詐害行為を取り消すことによって債務者の一般（責任）財産の回復を図る権利であるといえる（424条）。

〔337〕 **債権者取消権の性格**　この債権者取消権がどのような性格を有する権利であるのかは議論があり、①詐害行為の取消しをすることでこの効果を絶対的に無効とする一種の形成権であるとする「形成権説」（この説では財産の取戻しをするためにさらに債権者代位権を併用する必要がある）、②ここでの取消しというのは財産の取戻請求権であるとする「請求権説」、③これは詐害行為を無効にさせると同時に財産の取戻請求をする権利であるとする「折衷説」、その他の学説（責任説、訴権説など）がある。この問題についての判例の立場は一貫しており、ここでは「折衷説」が採用されている。そこで、この立場を基本として考えていく。

〔338〕 **判例の立場である折衷説**　この立場によれば、債権者取消権によって詐害行為の取消しと逸失した財産についての取戻しが可能となる（その意

味では形成訴訟と給付訴訟との複合形態であるといえる。また取消しのみを請求することも可能とされる)。そして、この効果としては、通常の取消しとは異なり、債権者が受益者又は転得者からの財産の取戻しを請求するに必要な限度で、これらの者との関係においてのみ無効とされ(相対的無効)、結局は訴訟の相手は、返還を請求する相手のみとすればいいのであって、詐害行為の当事者である債務者を相手方とするものではないこととなる。

(1) 債権者取消権の要件

〔339〕 **債権者取消権の要件** 債権者取消権が認められるためには、
　a) 債務者が債権者を害する法律行為(詐害行為)をしたこと(客観的要件)
　b) 債務者及び受益者又は転得者が詐害の事実を知っていること(主観的要件)

が要求されることになる。もっとも、この要件を明確に分離して形式的に考えるよりも、相互に関連し合って理解するのが現在の考え方のようである。この要件に関する問題について検討しておこう。

(2) 客観的要件

〔340〕 **客観的要件——その1** 詐害行為となるのは債務者のした財産権を対象とする法律行為である(424条)。ここでいう法律行為とは契約に限定されず、単独行為、合同行為なども含まれる。裁判上の和解や相殺なども対象とされる。そのような意味からすると、一般財産の保全との関連からしても婚姻、離婚、離縁の際における財産分与(もっとも、これが財産分与としての相当性をこえて過大なものであるような場合は別とされる。なお、最判昭和58・12・19民集37－10－1532参照)、相続放棄のような身分行為は対象とはならない。このような行為が一般財産の減少をもたらすとしても、このような行為については債権者の関与を許すことができない性格を有するからである。

〔341〕 **客観的要件——その2** 詐害行為の取消しは、一般財産を保全する必要がある場合に認められるものであるため、「保全の必要性」が要求される。要するに、債務者の総財産を減少させて債権者のよりどころとなる一般財産を破壊し、債権の十分な満足を得られなくなることが必要となる。つま

り、詐害行為の結果として債務者が無資力になることが必要となる。また、一般財産の保全となると対象となる被担保債権も金銭債権でなければならないことになる。このようなことから、債権者取消権を行使することができるのは金銭債権者となる。もっとも、これは原則であり、特定物債権者であっても次のような場合には債権者取消権を行使できるとされる。つまり、Aから不動産の二重譲渡をされたBとCがおり、悪意のCが先に登記を得た場合には、Cが保護を受けることになる（177条）。したがって、通常の場合、BがAC間の譲渡を詐害行為として取消すことはできない。しかし、BのAに対する不動産引渡債権も損害賠償権という金銭債権に変わるものであるから、このAからCへの不動産の譲渡の結果としてAが無資力となる場合には、Cへの譲渡が無償であるとか、時価よりずっと安い価格であったことなどを前提として、これを詐害行為として取消すことができるとされている（最判昭和36・7・19民集15－7－1875）。

〔342〕 **客観的要件の存在時期**　行為の当時は債権者を害する詐害行為と理解されるような状態の行為であったが、後に財産状態が好転したような場合、もはや行為を詐害行為として取り消すことはできない。債務者の行為が債権者を害するというためには行為がされた時点で債権が存在していなければならないのは当然のことである。また、不動産の売却行為がされた時点では債権が存在していなかったり、存在していてもこの譲渡によって無資力となるものではない場合、あるいは移転登記をする段階で、これが債権者を害することとなる場合にあっても、このような移転登記をすることは先にされた不動産譲渡行為の後始末として当然の行為となるから、このような移転登記が詐害行為とならないことは当然のこととされる（最判昭和55・1・24民集34－1－110）。

〔343〕 **総財産の減少**　債権者を害する行為とは、詐害行為によって債務者の総財産に減少を生ずる場合をいうが、判例は次のような例外的な場面を認めている。

　　a）多数債権者のうちの1名に対する弁済行為については、原則として詐害行為とはいえないが、一部債権者と通謀してその債権者に特に利益を受けさせようとするなどの特に害意性が強い場合は詐害行為となる（最判昭和

11章　消費貸借契約とこれをめぐる諸問題　199

33・9・26民集12−13−3022)。

b) 既存の債権者の1名についてのみに担保を提供する行為は、この債権者に優先権を生じさせるから、それだけ一般財産が減少し詐害行為となるとされる。

c) 債務者所有の不動産などを相当価格で売却することは、原則として詐害行為となるとするのが判例である。つまり、不動産のままであれば簡単に消費されないところが、簡単に消費されたり隠匿されたりするような現金に換える行為は詐害行為であるとする。もっとも、この現金が弁済にあてられていたり、有用な財産を購入するために消費され、この財産が現存している場合には詐害行為とならないというのが判例の考えである。

〔344〕 **詐害の意思**　主観的要件に関連して「詐害の意思」は、債務者の行為によって債務者の一般財産についての減少を生じて債権者を害することとなる(総債権者に弁済することができなくなる)ことを知ってなされていることが必要となる。これには、害意があることまでは要求されるものではない。受益者又は転得者の悪意が要求されることとなる。つまり、受益者又は転得者が詐害行為の当時又は転得の当時に債権者を害する事実を知っていたことが必要とされる。そこで、この債権者の「詐害の意思」が存在するということを前提として考えてみよう。通説・判例の立場によれば次のようなこととなる。

a) 受益者のみが存する場合——受益者が善意である場合、債権者取消権は認められない。

b) 受益者・転得者がある場合(ともに善意である場合)——債権者取消権は認められないことになる。

c) 受益者・転得者がある場合(ともに悪意である場合)——債権者取消権は認められることとなる。受益者に対して価格賠償の請求をすることも可能であるし、転得者に対して目的物の返還を請求することもできる。

d) 受益者・転得者がある場合(受益者が悪意、転得者が善意である場合)——詐害行為として受益者に対しては価格賠償のみが認められることとなる。

e) 受益者・転得者がある場合(受益者が善意、転得者が悪意である場合)

——詐害行為として転得者に対して原状回復を請求することができることとなる。

(3) 債権者取消権の行使方法

〔345〕 **権利行使の方法**　債権者取消権の行使は、常に裁判所に対する請求によってすることが要求される（414条1項）。この場合に誰を訴えの相手方とする必要があるかについては、債権者取消権の性格について議論したことが影響する。通説・判例である折衷説によれば、財産の返還を要求され、又はこれに代わる損害賠償を請求される相手ということとなる。要するに債務者を相手方とする必要がない。この訴えの内容としては、当該詐害行為を相対的な関係で取り消すという意味で形成訴訟であり、同時に目的物の返還や価格賠償の請求ということになるので請求訴訟である。判例によれば形成の訴えのみをすることも可能としている。取消権行使の範囲は、詐害行為当時における取消権者の有していた債権額を限度とする。詐害行為の対象とされた財産自体が不可分の性格を有しているような場合は、全部の取消しが許されることとなる。

(4) 債権者取消権行使の効果

〔346〕 **権利行使の効果**　債権者取消権が行使されると、この効果は総債権者のために効力を生じることとなる（425条）。つまり、これによって取り戻された財産については債務者の一般財産に取り込まれることとなるので、総債権者の共同担保となるわけである。債権者が平等の割合での権利を有することとなる。取消権を行使した者だけが優先的な権利を有するということではない。もっとも、取消権者は受益者や転得者からの金銭の自己への直接引渡しを要求することができることとなるから（通説・判例）、このような場合、自己の債務者に対して有する債権と受領した金銭の債務者への引渡義務とを相殺してしまうことで解決することが認められており、また、取消権者は受領した金銭については他の債権者に対して分配する義務を有していないとされているので、結果的には取消権者の優先的弁済が認められることとなってしまうであろう。

また、取消しの効果は、相対的であるとされている。つまり、債権者と受益者あるいは債権者と転得者との間においては取消しの結果として詐害行為は無効となるのであるが、これはその間での相対的なものであって債務者と受益者、受益者と転得者の関係においては無効となるものではない。もっとも、そうは言っても、たとえば、取消しの結果として受益者又は転得者が目的物の返還や損害賠償をした場合の利害関係の調整が問題となる。一種の不当利得によって解決しようとする立場と、追奪担保責任の規定である民法566条又は576条の類推適用によろうとする考え方が主張されている。

(5) 債権者取消権の時効

〔347〕 債権者取消権の時効　債権者取消権というのは第三者の財産関係に強く関与していくことができる、ある意味で強力な権利ということができる。その意味で、このような権利が長期間にわたって行使される可能性を残すこととなると第三者の権利が害されることとなる。そこで、民法426条は、①債権者が取消しの原因を知った時から2年を経過することによって債権者取消権は時効によって消滅し、また、②詐害行為時点から20年を経過すれば消滅する、としている。前者については時効と理解されているが、後者についてはいわゆる除斥期間と理解されている。なお、前者については「取消しの原因を知った時」というのは、詐害行為と債務者の悪意を知った時点をいい、受益者や転得者の悪意を知ることまでは必要ないとされている。

4　連帯債務

〔348〕 連帯債務の機能　連帯債務とは、多数当事者の債権関係のうち、数人の債務者が、同一の内容の給付について各自独立に全部の給付をなすべき債務を負担し、そのうちの1人の給付があれば他の債務者の債務もすべて消滅する場合をいう。

5 　保証・連帯保証

〔349〕 **人的担保機能**　人的担保の典型として、保証人を立て債務の履行を確保することが行われる。保証には、単純保証と連帯保証があるが、後にみるように両者にはかなりの違いがみられる。

〔350〕 **保証債務の意義**　保証人が債権者に対して負う義務を「保証債務」というが、これには、主たる債務（保証された者が負担している債務）との関係で次のような性格がある。

① 　主たる債務と同一の内容

　保証債務は主たる債務の履行を確保するものであるから、その内容も主たる債務と同一内容となる。主たる債務の内容が借りた金銭を返済するということであれば、保証債務も同額の金銭を返済することを内容とする。

② 　主たる債務に従属する

　保証債務は、以下の内容を有している。

a）主たる債務が存在しなければ有効に成立しない

b）主たる債務の内容が途中で変化すると、保証債務もこれに伴い変化する

c）主たる債務が消滅すれば、保証債務も消滅する

d）保証債務の内容は主たる債務の内容より重くなることはない

e）保証人は、主たる債務者が債権者に対して主張することができることを自己の立場で主張することができる

③ 　主たる債務とともに移動する

〔351〕 **随伴性**　保証債務は主たる債務のために存在するから、主たる債務と運命をともにすることになる。主たる債務が他に移転する場合には保証債務も当然に移転する（随伴性）。

④ 　保証債務は補充的な存在

〔352〕 **補充的性格**　これは、保証債務だけが有している特色で、連帯保証の場合にはこの性格はない。単純保証は、主たる債務が履行されない場合にそれを補充するものとして責任を負担するものである。したがって、保証人の場合、後に説明する「催告の抗弁」と「検索の抗弁」が認められる。

6　単純保証と連帯保証

〔353〕　**連帯保証**　　連帯保証は単純保証と異なり、補充性を有していない。その趣旨は、自分が主たる債務者となったのとほとんどかわりがないということである。つまり、連帯保証は、主たる債務者と連帯した保証なのである。主たる債務者が存在するのに、そちらに全く催促をしないで、支払日が来たからといって、いきなり連帯保証人に対して最初から催促してきたような場合に「主たる債務者である本人がいるのだから、本人の方から取ってくださいよ」と言いたいところであるが、連帯保証人は債務者と並んで同一の債務を負担しているので、そのようなことを債権者に言うことはできない。一方単純保証は補充的性格を有しているので、いきなり保証人に請求してきた場合には「主たる債務者に請求してくれ」という権利が認められている。これを「催告の抗弁」という（452条本文）。

　単純保証にはもう1つの抗弁権がある。「催告の抗弁」を行使したところ、債権者が単に主たる債務者に対して簡単に請求しただけで、即座に保証人に対して請求してきた場合に、保証人は、主たる債務者に弁済の資力があり、しかもその財産につき強制執行することが容易であることを証明して「主たる債務者の財産について強制執行をしてみて、それでも取れないような場合に自分の方に請求してきてくれ。それまで自分は払わない」ということが権利として主張できる（453条）。この「検索の抗弁」はやはり保証債務の補充的性格からくるものである。これらの抗弁権は、保証人に対して与えられたかなり有効な抗弁権である。したがって、これらの抗弁権を有しない連帯保証人は、まさに自分が借金したのと同じことになる。

〔354〕　**分別の利益**　　このほかにも両者の相違点がある。主たる債務を保証する場合、単純保証において保証人が複数いる場合、各保証人の負担額は保証人の頭数で割った金額となる（456条、427条）。これを「分別の利益」という。ところが、連帯保証人は何人いても、それぞれが全額について責任を負担することになるのである。

7　債権の譲渡とその機能

〔355〕　**債権譲渡の可能性**　　債権は、特定の債権者と特定に債務者との間の問題である。したがって、債権が譲渡され、債権者が突然代わってしまうことには問題がある。ローマ法にあっては債権というのは債権者と債務者をつなぐ法の鎖であるとして主体の変更は債権の消滅をもたらすとされていた。しかし、商品経済が発達した現代では、債権についてもその主体から独立して経済的価値を認め、その譲渡を可能にすることが必要になる。民法も譲渡債権の可能性を全面的に肯定している（466条1項）。

〔356〕　**債権譲渡の意義と性格**　　債権譲渡とは、債権の同一性を保ちつつ、これを移転させるという旧債権者（譲渡人）と新債権者（譲受人）との間の契約ということができる。

　　債権譲渡は、いろいろな目的をもってなされる。たとえば、債権について別の債務を担保する手段として、これを譲渡することがある。これは債務者が自己の債務の弁済を担保するために、第三者に対して自分が有している別債権を譲渡するので、一種の債権の譲渡担保となる。また、債権者が他人に債権の取立てをさせる場合、任された者に債権取立ての代理権を授与する方法もあるが、債権譲渡の形式を踏んで取立てをする者が債権者となった方が便利という側面があるので、このようなこともよく行われる。

8　指名債権の譲渡

〔357〕　**指名債権**　　ここで「指名債権」というのは、債権者が特定している債権ということで、通常の債権はみな指名債権といってよい。将来発生する債権も譲渡することができる。株式会社に対する将来の利益配当請求権（大判明治43・2・10民録16-84）とか、将来発生する賃料請求権（大判大正5・2・5）などを事前に譲渡することも可能である。

〔358〕　**譲渡することができない債権の取扱い**　　債権の性質上から譲渡性のないものや譲渡禁止の特約が付された債権は、譲渡性に問題がある。つまり、債権者以外の者に対して弁済したのでは意味がないような債権（特定の人を

教育する権利など）は譲渡性がなく、当事者が譲渡禁止の意思を表示しているものにも譲渡性が否定される。しかし、債権者が特約に反して譲渡してしまった場合にどうなるかが問題となる。判例は、この譲渡禁止の特約は第三者に対しても効果があり、これに反してされた譲渡は効力を生じないとしている（最判昭和49・4・26、絶対的効力説）。しかし、この譲渡禁止の特約は善意の第三者に対抗できないとされている（466条2項ただし書）。したがって、譲渡禁止債権であっても、その事情を知らない第三者に譲渡された場合は、結果的に有効となる。問題は第三者が善意（譲渡禁止債権ということを知らないこと）ではあるが、過失ないし重過失があるような場合にはどうなるかである。判例は、重過失があるような譲受人は悪意者に準じ、保護されないとしている（大判昭和3・5・14）。単に過失（抽象的過失）がある場合は、譲受人は保護されることになる。

　その他、譲渡禁止特約が付されている債権を第三者が差し押さえることができるかが問題とされている。この点については、判例の変遷がある。現在では判例・通説は、このような効果を認めてしまうと私人である当事者の特約によって差押禁止財産をつくることになるので、むしろ、差押債権者の善意・悪意を問わず差押えは有効となると理解している。

〔359〕　**法律の規定による譲渡禁止債権**　法律の規定によって譲渡禁止がされているような債権もある。扶養請求権（881条）、恩給請求権（恩給法11条1項）、災害補償請求権（労働基準法83条2項）などがこれに該当するが、これは差押えも禁止されている。

9　指名債権譲渡の対抗要件

〔360〕　**指名債権譲渡の対抗要件**　指名債権の譲渡は、譲渡人である債権者と譲受人である新債権者との契約であることが必要とされる。その際、債務者が不測の損害を受けないように配慮することが必要とされる。そこで民法は、債務者に対する通知又は債務者の承諾をもって、債務者その他の第三者に対する対抗要件としている（467条1項）。この承諾や通知については、その日付を故意に虚偽のものを記載したりされる可能性もあるので、確定日付

のある証書によってしなければ債務者以外の第三者に対抗することができない（同条2項）。ここでの対抗要件としては、債務者に対する関係では、譲受人が債務者に対して譲受した債権を主張するための要件となる。その他の第三者に対する対抗要件というのは、債権の二重譲渡や差押債権者との間での優先関係を決める基準となる。そこで、以下に債務者に対する対抗要件の問題と、第三者に対する対抗要件問題について整理しておく。

〔361〕 **債務者に対する対抗要件の問題** 債務者に対する対抗要件として譲渡人からの債務者への債権譲渡の通知又は債務者の承諾が必要とされる（467条1項）。債権譲渡自体がされたが、通知又は承諾がされていない場合には、譲受人は債務者に対して自己が新債権者であると主張することはできない。もっとも、債務者の方から譲受人のことを新債権者と認めて履行することができるのは当然である。

この通知は、債権の譲渡人からすることが要求され、譲受人からされた通知は対抗要件としての効力を有しないとされる。この通知の相手方は債務者である。この通知は債権譲渡と同時にする必要はなく、事後にされたものでもよいとされるが、譲渡前にされた通知は無効とされる。債務者の承諾は、債権譲渡人・譲受人のどちらに対してなされたものであっても有効である。譲渡禁止特約の付いた指名債権について譲受人が特約の存在を知って譲渡を受けた場合であっても、その後に債務者が承諾をした場合には、債権譲渡はさかのぼって有効な譲渡となる（最判昭52・3・17民集31－2－308）。

10 通知又は承諾の効力

〔362〕 **通知又は承諾の効力** 債権の譲渡人から債務者への通知がされた場合には、譲受人から債務者へ債権を譲り受けた旨の主張をすることができる（467条1項）。これに対して譲渡通知がなされたにとどまり、あるいは債務者の異議をとどめない承諾がされた場合には、債務者は従来債権者に対して主張することができた事由については、新債権者に対しても主張することができる（468条）。この主張をすることができる事由はいろいろなものがあり得る。債権は不成立であったはずであるとか、弁済がされていたはずである

とか、契約の取消しによって債権は消滅しているはずであるとか、同時履行の抗弁権があったはずであるなど主張するとかいろいろある。債権者に対して自分は債権を有していて、これが相殺適状（〔578〕参照）にあったから相殺するという主張もできる。

〔363〕 **債務者の承諾の効果**　この債務者の承諾には2種類があり、1つは「異議をとどめない承諾」で、もう1つは「異議をとどめた承諾」である。それぞれによって効果が異なる。つまり、「異議をとどめた承諾」とは、債務者が譲渡人（旧債権者）に対抗することができた事由について留保したうえでの承諾となる。この効力は、前述の通知の場合と同様に理解してよいであろう。

〔364〕 **意義をとどめない承諾の効果**　「異議をとどめない承諾」については規定が置かれ、債務者が従前譲渡人（旧債権者）に対抗できた事由があったとしても、これをもって新債権者に対抗することができないものとされる（468条1項）。前述したように、ここで「譲渡人に対抗することができた事由」とは、広く債権の成立・存続及び行使を制限する事由など様々であり、たとえば同時履行の抗弁権とか、弁済とか和解による債権の消滅があったというような主張、あるいは不法原因その他の理由による債権の不発生の主張など多様である。このような「異議をとどめない承諾」の効果によって譲受人が保護されるには、譲受人が善意・無過失であることが必要とされるのが通説の立場である。

11　第三者に対する対抗要件

〔365〕 **第三者に対する対抗要件**　債務者以外の者に対する対抗要件はどうなるか。たとえば、債権譲渡が二重にされた場合はどうなるか。Aがその債務者Bに対する債権をCに譲渡したにもかかわらず、さらにこれをDにも譲渡したような場合、この債権についてはC、Dのどちらが取得するのであろうか。この点について民法は、確定日付のある証書による通知又は承諾をもって対抗要件としている（467条2項）。要するに譲渡人と債務者又は第2譲受人との通謀によって日付をさかのぼらせたりして第1譲受人を害しないよう

に配慮しているのである。このような「確定日付のある証書」とはどのようなものかについては民法施行法5条に列挙してあるので参考としてもらいたい。やはり典型的なものとしては、内容証明郵便によるものと公正証書によるものとがある。

〔366〕　**確定日付ある通知などの競合**　　対抗要件による優劣関係が問題となる場合について、確定日付による通知又は承諾が2つ以上あるような場合には、確定日付の前後によるのではなく、当該通知の債務者に到達した日時又は債務者の承諾の日時の先後によって優劣を決定しようとするのが判例の立場である（最判昭和49・3・7民集28-2-174）。それでは、この通知が同時に債務者に到達したらどうなるのか。判例はこの点につき、いずれの譲受人も債務者に対して債権の全額を請求することができるとしている（最判昭和55・1・11民集34-1-42）。このような場合に一方の譲受人に対して債務者が弁済した場合には、これによって債権は消滅し、他の債権譲受人は債務者に対する権利を喪失することとなる。この場合には、譲渡人との関係において権利を主張すべきことになる。

（新島一彦）

コラム4　もうひとつの「債権」：電子記録債権

1．本文に述べた債権とは別の類型の債権として、電子記録債権法に基づく電子記録債権がある。電子記録債権とは、「発生又は譲渡」について「電子記録」を要件とする「金銭債権」をいうと定義されている（電子記録債権法2条1項）。

電子記録債権法の目的は、債権の流動化を促進するところにある。債権の流通は、その債権が指名債権であれば、民法における債権譲渡（466条以下）により、手形のような指図債権であれば、裏書譲渡（手形法11条）等によってなされるが、いずれの方法も問題を抱えている。前者は、常に二重譲渡されるリスクを抱えているし、後者は、ペーパーレスの時代において時代遅れの感がある（近年手形の利用減少が著しい）。とりわけ、不動産担保や個人保証に依存し、「土地本位制」とも揶揄される銀行の業務体制の下において、事業資金を銀行借入に依存せざるを得ない中小企業は、担保でカバーできない日常の事業資金（ワーキング・キャピタル・ファイナンス）を手形等の企業間信用で賄わざるを得ないところ、手形の利用減少は、資金調達を困難とさせる。

電子記録債権法が提供する「電子記録債権」が「電子手形」として利用されれば、それは単に「紙」の桎梏から解放された電子決済を実現するのみならず、右のごとき状況を是正し、中小企業における円滑な企業間信用の実現が可能になる。電子記録債権の普及は、特に中小企業にとって効用が大きいものと思われる。めぼしい資産として在庫と売掛債権くらいしか有さない中小企業が、土地に匹敵する保有額とされる売掛債権を利用し、ワーキング・キャピタル・ファイナンスを実現できれば、中小企業の資金調達は著しく改善するからである。

2．電子記録債権法は、前述の手形及び指名債権が有する難点を克服し、「いいとこ取り」するため、手形（正確には手形券面上に表章されている指図債権）でも指名債権でもない新たな金銭債権のカテゴリーとして電子記録債権を位置付け、かかる債権が電子記録によって新たに発生するという法的構成を採用した。したがって、売掛代金債権を電子化するといっても、指名債権たる売掛代金債権そのものが電子化されるのではなく、売掛代金債権とは別に新たな債権たる電子記録債権を発生させ、後者が電子的に流通・決済されていくのである。売掛代金の支払いのために約束手形を振り出す場合、約束手形振出により売掛代金債権（原因関係）とは別に金銭債権たる手形債権（手形関係）が発生し、手形券面に結合するものと解されているが、ちょうどそれとパラレルな関係と理解できる。

電子記録債権は、「金銭債権」でなければならないので、物の引渡請求権等を電子記録債権とすることはできない。高度に抽象的な債権である金銭債権のみが電子的流通・決済になじむのである。

（松嶋隆弘）

12章 債権と履行確保の手段

第1節　どのようにして債務の履行を確保するか

〔367〕　**債権者平等の原則**　金銭債権の価値というものは債務者の資力にかかっているといってもいいであろう。どんなに高額の貸金であっても、債務者が無資力であれば、そんな債権は絵に画いた餅になってしまい何の価値もないということになるであろう。

　簡単な例から考えておくこととする。AがBから借金をするに際して、BはAの個人的な信用（Aという人は誠実な人柄で、約束の期日には確実に返済してくれるだろうという信頼）だけをたよりにして高額の融資をすることはまずあり得ない。では、資産があればいいのかというと、それだけでは心もとないということになる。現在は資産があるというだけのことで、数日後にはすべてを失ってしまうかもしれないからである。失わないまでもどんどん借金を重ねるかもしれない。1億円もの資産があると考え、5,000万円の融資をしたところ、翌日には他から7,000万円、さらに1週間後には別人から8,000万円と借りてしまったらどうなるであろうか。最初に貸し付けた者にすれば「私が貸し付けたのが一番先なのだから、資産の中から一番先に返済してもらい、他については順次回収していったらいい」といいたいところであろうが、債権というものには優先権がなく、成立の前後を問わず、平等の価値を有するものである（「債権者平等の原則」）。自分の貸付債権だけを優先的に回収するということになると優先的効力を有する物権である物的担保の手段に依存せざるを得ないこととなる。そうなると「何か担保となるものはありませんか」となってくるのは必然のことといえよう。つまり、担保となる品があった場合には、これを提供してもらってAが約束の期日に返済をしてくれない場合には、この品物を売却して（あるいは、この品物の所有権を取得す

211

ることによって)、その売却代金などから他の債権者よりも優先的な債権の確実な支払いを受けようとすることになるのである。

〔368〕 **物的担保法概説**　まずこの物的担保制度について概観してみることにしたい。

1　質権とはどのような権利か

〔369〕 **質権の概念**　質権とは、貸主が、貸金の担保として借主又は他の者から担保として提供を受けた品物を手元にとどめておいて債務の弁済を促し、債権の弁済が得られない場合に、この目的物を公の手続きによって売却し、この代金の中から他の債権者に優先して自己の債権についての弁済を受ける権利のことをいう（342条）。

〔370〕 **占有移転担保**　質権者は対象物の引渡しを受け（質権の成立には現実に物が交付されることが必要とされる）、権利者がこれを自分の手元に置くことが特徴となる権利である（受け取った目的物を質権設定者に返してしまうことはできない。目的物の占有を質権者が喪失すると第三者に対して質権を対抗することができなくなる）。つまり、質権者が品物を自分の手元に置くことによって、質権設定者は、これを自分の手元で利用することができない不便さを味わうことになる。先祖伝来の品というようなものを他人の手元に置いている場合などは特に苦痛を味わうこととなるといえよう。その不便や苦痛を解消するためにも金銭の返済をして品物を取り戻したいということで弁済が促されることになるであろう。そこで、対象とされる品物は借主個人の主観的価値が高いものであることが効果的であるということになる。借主とすれば、やはり個人的・主観的な価値が高いものであればあるほど借金の返済をしようとするはずだからである。債権の返済がされない場合には競売を通じて債権の回収を図ることになる。

〔371〕 **流質**　債権の弁済期の到来後に、債務者が「債務の返済ができないからその品物を公の競売を経ないままで品物で取ってくれ」と希望する場合、質権者がこの品物の価値を評価したうえで流質の手段で品物を処分することができる（349条）。この流質は、あくまでも債権の弁済期到来後、債務者が

希望する場合にのみすることができ、この条件が満たされない場合にはできないことになる。もっとも、「街の質屋さん」の場合は質屋営業法上の質屋であり、民法上の質権ではないから流質が広く認められていることは周知の通りである。

〔372〕 **留置的効力**　質権の対象は動産であることが一般的である。この場合には質権者への目的物の交付が要求され、質権者は自分でこれを占有していないと権利行使することはできない（352条）。占有の継続は第三者に対する質権の対抗要件でもあり、他人から、目的物を詐取されたような場合には質権に基づいて返還を請求する権利はなくなってしまう。しかし、目的物を他人から奪われた場合、占有回収の訴えにより占有が回復されれば質権も効力を維持されることとされている（200条、353条参照）。このように質権の場合には、債権の価値に比較して十分の価値を有する品物を確保しておけば、いざ債務の履行がされない場合にも、自己の債務の履行を図ることができることになるのである。債務者が目的物を質権者の手元に置いたまま第三者に売却したり、多数の一般債権者がいたりする場合や債務者が全くの無資力となっている場合であっても債務の履行が確保されることとなるわけである。

〔373〕 **権利質の重要性**　質権は不動産（356条）や、債権などの権利を対象とする場合もある（362条）。質権の活用自体が少なく、不動産質などは有用なものとはされていないといっていいであろう。しかし、一方で最近では権利質が比較的活用されている。特に債権質などは利用される可能性が高いということができよう。

2　抵当権とはどのような権利か

(1) 抵当権はどのような役割を持つのか

〔374〕 **抵当権の機能**　抵当権は債務の履行を確保するために、債務者などから不動産などを自分で利用しながら借金の担保として差し入れさせ、返済がされない場合に、その物を競売にかけ、代金から貸金の返済を受ける制度のことである（369条）。抵当権は、各種の担保物権のうちでいちばん活用される制度であるといっていいであろう。それは、抵当権が目的物の占有を移転

しない担保としての特色を有するからであるということになる。不動産を抵当にいれても、債務者は従来からの使用を続けることができることになるのである。抵当権という担保物権は、現に利用している生産設備を担保として生産金融の便宜を受けるために最もふさわしい担保手段ということになる。そのため質権とは異なり、権利者が物を占有し、設定者に目的物を使用できないようにして弁済をうながすという機能（これを「留置的機能」という）は持たないこととなる。債務の弁済がされない場合には目的物を競売して売却代金から他の一般債権者に優先して弁済を受ける機能（これを「優先弁済的な機能」という）を有しているだけである。物の持っている客観的な経済的価値にのみ依存するところの担保手段であり、ある意味ではいちばん近代的な制度といってよいであろう。

(2) 抵当権の担保としての性格

〔375〕 **抵当権の担保物権としての特色**　質権の場合も同様ということができるが、抵当権には次のような性格がある。以下に説明しておきたい。

〔376〕 **抵当権の不可分性**　債権の全額が支払われるまでは目的物の全部について抵当権の拘束を受けることになる（不可分性）。

　たとえば、100万円の借金のために抵当権を設定した場合にすでに99万円の返済がされていても、残額がある限り、抵当権は権利として全面的に残っており、その優先弁済的な効力によって抵当権の目的物の全部について競売することができることになる（372条、296条）。抵当権は債権の全額の確実な弁済を目的とする権利だからである。

〔377〕 **抵当権の物上代位性**　目的物が滅失などで金銭債権に変わった場合にはこの金銭債務などに効力を及ぼす（372条、304条、物上代位性）。

　抵当権はある財貨が有している経済的な交換価値を優先的に把握する物権である。そこで、抵当権が設定されている建物が火災によって焼失してしまったような場合を考えてみよう。物権はその対象物が滅失した場合に消滅するものである。このような場合に抵当権が消滅することは当然といえば当然である。

　しかし、ここで当該建物について火災保険がかけられていたような場合に

はどうなるであろうか。当然に保険金が保険加入者に入ってくるであろう。しかし、この保険金というのは抵当権が優先的に把握していた目的物である建物がその姿を変えた価値そのものともいえよう。このような場合に価値権たる抵当権は消滅してしまい保険金請求権については抵当権者であった者も一般債権者の1人として他の債権者と平等に配当を受けるということになるのは、いかにもおかしいといえよう。

　民法は、このような観点から、保険金請求権とか損害賠償請求権などのように目的物の減失などによって債務者が取得するはずの金銭支払請求権のうえに抵当権が乗り移っていくとして、保険金請求権とか損害賠償請求権とかについて優先弁済権を行使することができるとしたのである（304条、372条）。これが抵当権の物上代位性という性格である。抵当権者がこの権利を行使するためには、保険金や損害賠償金などが支払われる前に保険請求権や損害賠償請求権を差し押さえる手続が必要とされる（304条1項ただし書）。お金などが債務者に支払われてしまえば、債務者の一般財産に混入してしまい、抵当権の優先権が行使されると他の財産についてまで優先弁済的効力が及ぶような結果となってしまうからだと理解されている。

〔378〕　**抵当権の附従性**　　貸付債権が消滅すれば抵当権も消滅する（附従性）。
　抵当権は、債権の履行確保を目的とする権利で、あくまでも債権の便宜のための存在である。そこで、抵当権は、被担保債権が存在していなかった場合には成立しないし、いったん成立した抵当権も被担保債権が途中で消滅した場合には消滅する。被担保債権がなくなってしまえば抵当権の実行もできないこととなる。しかし、この性格をあまり厳格にいうと、銀行の与信業務が滞りかねない。抵当権などにおいては、この附従性が比較的緩やかに理解されている。抵当権のうちの根抵当権（根抵当権については後述する）については、実行段階における附従性以外はほとんど問題とならない。

〔379〕　**抵当権の随伴性**　　債権が移動すれば抵当権も一緒に動くこととなる（随伴性）。
　随伴性は附従性の兄弟ともいうべき性格である。つまり、抵当権は被担保債権に奉仕するための存在であり、債権を離れて独自の意味がないということになる。債権が譲渡などによって移動した場合には特別の事情がない限り

12章　債権と履行確保の手段　　215

抵当権もこれと一緒に移動するという性格を有する。

(3) 抵当権は不動産を対象とする
〔380〕 **抵当権の対象となるもの**　抵当権の対象は原則として不動産であり (370条)、登記を対抗要件とする (177条)。Bから借金をするについてAが所有不動産に抵当権を設定したとしよう。設定登記をしないうちに、Aがこの物件をCへ二重に抵当に入れ、設定登記をしてしまったらどうであろうか。そうなるとBの抵当権はCの抵当権よりも先に成立していたのにCに対抗することができなくなり、目的物の競売がされた場合、競売代金から一番抵当権者であるCが弁済を受け、残余金額がある場合にのみ弁済を受けることができることとなる。また、Aが目的物の所有権をDに譲渡し、登記をしてしまえば、Bは抵当権自体をDに対抗できないこととなり、抵当権の付いていない債権者と同様となるのである。

抵当権という権利は、目的物を設定者の手元に残して利用させながら債権担保（債権の履行確保）の手段にも使う権利である。ところが抵当権は物権であり、排他的支配権であるから、同一物上に同時存在することが矛盾する物権は二重に成立しないという一物一権主義によって支配される（一番抵当が成立すれば、その後の抵当権は二番抵当なり三番抵当として存続する以外はないことになる）。そこで権利関係が世の中の人に明白にわかるような手段を講じておくことが要求されることとなる（これを「公示の原則」という）。しかし、占有移転をしない担保であるから占有移転に権利関係の公示を求めることはできない。登記や登録というような公の帳簿への記載に依存することになる。そうなれば、当然のこととして登記制度や登録制度がないような財産権については抵当権の対象とすることができない。そのような意味で、民法は、単に不動産のみを抵当権の対象とするだけでなく地上権、永小作権という不動産物権もその対象として認めているのである (369条2項)。

不動産以外の物であっても抵当権の対象とされるものもある。たとえば、自動車、航空機、建設機械、船舶などの動産はいずれも特別法によって登記や登録の制度の対象とされている。また、各種の財団などについてはその構成財産が抵当権の対象とされる（各種の財団抵当法がこれを規定していて、多

くの財団はその構成財産を一括して抵当権の対象としている。それを可能とするために財団とされるものもある)。なお、農業用財産についても農業動産信用法の規定が抵当権の対象とすることを認めている。

(4) 抵当権はどこまで効力を及ぼすのか

〔381〕 **抵当権の効力の及ぶ範囲**　抵当権の優先的効力が及ぶ目的物の範囲はどうなるであろうか。民法370条は、抵当権の目的不動産に「付加して一体となっている物」(これを「付加一体物」という)に及ぶとしている。この条文は典型的な類型として土地に抵当権が設定された場合を想定しているが、抵当権の効力が建物に及ばないことをまず明確にし、同時に土地の「付加一体物」に効力が及ぶとする。そこで、この「付加一体物」に含まれる物は何かが問題となる。付合物が含まれることは異論がない (242条)。そこで、付合物の場合には抵当権設定当時から存在していた物であっても設定後に生じた物であっても当然に抵当権の効力が及んでいくこととなる。問題は従物がこの「付加一体物」に含まれるかである。この従物というのは客観的・経済的関係において主物の効用を助けるために主物の所有者が主物に結合せしめた物のことであり (87条)、畳や建具は建物の従物であるし、庭園の石灯籠なども庭園の従物となる。

　従物が付加一体物に含まれるならば、抵当権設定後に生じた従物であっても370条の規定によって当然に抵当権の優先弁済的な効力に服することになる。含まれないことになれば、抵当権設定時点で存在していた従物のみには87条2項の規定によって抵当権の効力が及ぶことになるが (主物に対する抵当権設定行為は主物の処分となる)、抵当権設定後に生じた従物についてまで同項の規定によって抵当権の効力を及ぼすことができるかには問題がある。結論からすると従物は付加物に含まれるといいたくなるところである。

(5) 抵当権によって担保される債権の範囲はどうか

〔382〕 **抵当権によって担保される債権の範囲**　被担保債権の利息その他の定期金で抵当権によって優先弁済を受ける範囲については民法に規定が置かれている (374条)。利息やその他の定期金が無条件で担保されると後順位債

権者などの期待が裏切られ、その保護に欠けることになるからである。民法375条によれば、抵当権者は後順位の債権者との関係では利息その他の定期金については最後の2年分についてのみに優先的効力を及ぼすに過ぎないとされている。

(6) 抵当権の効力と収益執行

[383] **収益執行手続**　抵当権という権利は目的物の利用権限を設定者の下に残して（つまり目的物の利用は抵当権設定者に与えながら）目的物の交換価値を優先的に把握する権利ということになる。これによって1個の財貨が二重の効用を発揮することになる。しかしながら、抵当権によって担保されている被担保債権についての債務不履行がされた場合には抵当権の実行ということになり、設定者の下に残された目的物の利用権も完全に覆滅してしまうことになる。また、即座に抵当権の実行としての競売がされることになるとも限らない。しかし、平成15年改正民法371条は「抵当権は、その担保する債権について不履行があったときは、その後に生じた抵当不動産の果実に及ぶ」とし、被担保債権についての債務不履行があると抵当権の目的物から生じる果実について抵当権が効力を及ぼすものとした。そして、この改正と同時にされた民事執行法の改正に伴って抵当権の対象となっている目的物についての強制管理手続に類するいわゆる担保不動産収益執行手続をとることができ、抵当権の目的物は債権者の管理となり、合理的な管理運営ができるようになった（民執188条、93条）。

(7) 土地についての抵当権が実行されると土地賃借権はどうなるか

[384] **抵当権の実行と利用権**　抵当権は質権と違い、対象物の利用権が設定者に残ることになる。しかし、抵当権実行手続がとられた以上、抵当権と目的物の利用権との関係はいわゆる優先劣後の対抗問題にならざるを得ない。そうなると設定者に残された目的物利用権（自ら利用し、あるいは他人に賃貸する権利）も、きわめて脆弱なものとなる。そこで、抵当権と利用権とをどのように調整しバランスをとるのが妥当かという制度的な問題が出てくることになる。

このような観点から抵当権と利用権を調整する諸制度についてみておくこととしたい。

(8) 法定地上権制度というのはどのような制度か

〔385〕 **法定地上権制度の前提問題**　民法は、土地と地上建物とを別個の権利の対象とする。そこで、抵当権実行によって土地と地上建物とが別の権利主体に帰属する可能性が出てくることになる。このような場合に地上建物の運命はどうなるであろうか。抵当権設定段階で土地と建物が別の権利者に帰属している場合には、土地所有者と建物所有者の間に土地利用権（理論的には地上権と賃借権）の設定があるのが普通である。このような場合の抵当権と土地利用権との優先劣後関係によって利用権の運命は決まってしまう。つまり、土地が誰かに賃貸され、地上に借主が建物を所有し、借主の権利が登記されたり（605条）、地上建物が借主名義で登記されたりしている際に（借地借家10条）、宅地について抵当権が設定された場合には優先権がある利用権が存在し、抵当権が実行され、第三者が土地を競落しても建物所有者の賃借権はこれに対抗することができ、建物は生き残る。問題は、抵当権設定段階において土地と建物とが同一所有者に帰属している場合である。民法は自分が自分に対して土地を貸すことを認めていない（特殊ケースとして借地借家法が認める）。そうなると抵当権設定段階において、土地と物とが同一所有者に帰属している場合、抵当権が実行されることを予定して対抗力ある土地利用権を設定して抵当権実行に備えることができないことになる。抵当権の実行によって土地利用の根拠が失われ、建物所有者は土地利用に関する限り全くの無権限になり、競落人に対しては土地利用権を主張できないことになる。結局、地上建物所有者は建物を収去して土地を明け渡さなくてはならないことになり、これは国民経済の観点から由々しい事態となる。

〔386〕 **法定地上権の必要性**　法定地上権という制度は、このような観点を背景とした制度である。この法定地上権を理解するために抵当権と土地の賃借権との相互関係について、いくつかの典型的な場面を検討し、そのうえで法定地上権について説明することとしよう。

① 更地に抵当権を設定して建物を建てた場合

銀行から借金をして自分の土地に家を建てる場合、普通、土地に抵当権を設定して融資を受けることになる。借金が返済できなければ抵当権の実行を受けて土地が競売され、所有者は当然に土地の所有権を喪失する。この場合、抵当権設定後に土地所有者によって建築された建物の運命はどうなるであろうか。土地の取得者は、抵当権は更地に設定され、その後に建物が建築されたのだから、所有者は抵当権が実行されれば建物を壊す覚悟でいたはずである。確かに建物所有権者としては抵当権実行の結果として建物を取り壊すのもやむなしと考えていたと理解できる。土地・建物の所有者であった者は建物を収去して土地を引き渡すことになる。抵当権が設定される場合の融資額は抵当物件の価値を値踏みして決定されることになる。更地を前提に貸し付けたところ、実行段階では建物が存在しており、これを取り壊すことができないとなると抵当権者は当初の見込みが違って損害を受けることになる。それではあまりにも抵当権者が不利な立場となるから、このような場合には土地の利用権がない建物となり、その存立の基礎を喪失することになる*。

　　＊　一括競売権（389条）
　　このような場合には建物を取り壊さざるを得なくなるが、現実問題としては新築の建物でもあり、債務者が容易に応じるとは限らない（強硬に居座ってしまう）。このような土地が競落されることは困難である（競落人も必要以上のトラブルを背負い込みたくない）。そこで、民法はこのような場合には抵当権の対象となっている土地のみならず、抵当権の対象とされていない建物も同時に競売できるとし、必ずしも建物を取り壊さなくてもいい結果をひきだそうとする（389条、優先弁済効は土地の売却代金についてのみ）。しかし、抵当権者の裁量によるとされ、必ず土地と建物とが同時に売却されるとは限らないところに問題がある。

② 抵当権が設定されたとき土地が賃貸されていた場合

　抵当権が設定される時点で、土地が第三者に賃貸されていて、第三者が建物を建築して登記している場合はどうなるだろうか。すでに説明したように、これは土地の賃借権と抵当権のどちらが優先するかの問題となる。この場合は借地借家法10条の規定が機能する限りは賃借権は抵当権よりも優先するため、多くの場合には賃借人である第三者が競落人に対抗することができることとなる。つまり、対抗力ある賃借権が存在したために競落人の権利が賃借権に劣後し、競落人は賃借権付の土地の所有権を取得するに過ぎないことに

なるわけである。

③　抵当権が設定された後に土地が賃貸された場合

　更地に抵当権が設定され、後に土地が第三者に賃貸されて第三者が建物を建築している場合には原則として抵当権の実行によって賃借権は消滅し、所有者は更地にして競落人に土地を明け渡すことになる（引渡猶予期間によって保護されることはある。これについては395条参照。また、前述の一括競売権が機能することもある）。

④　建物が存在するのに土地について抵当権が設定された場合

　土地と建物とが同一の所有者に帰属している場合、建物が存在している土地についてのみ抵当権が設定された場合はどうなるだろうか。この場合も建物があるのに土地のみについて抵当権を設定されたのだから、貸付債権の弁済がされない以上、土地は売却され、建物は取り壊さざるを得ないようにもみえる。しかし、当初は更地であった場所に抵当権が設定された場合とは異なるといえよう。初めから建物があったのだから、抵当権設定段階における目的物評価の際には建物が存在している土地として評価されるはずであるし、抵当権も建物の存在を前提として設定されているはずである。価値のない建物だからあえて土地のみについての抵当権を設定したというような例外的な場合は別として、そうでない限りは土地について抵当権が実行された段階で建物を犠牲としてもいいと考えるのは極端といえよう。

〔387〕　**自己賃借権の制度的否定**　自己の土地上に建物がある場合に建物のために土地の利用権を設定することはできないから（自己賃借権の否定）、競売がされた場合に利用権なき建物は取り壊されざるを得ないはずである。そこで、このような不合理をもたらさないために、民法はこのような場合について法定地上権制度をおき、建物の保護を図るのである（388条）。このような場合について後に法定地上権の説明で触れることにする。

(9)　問題点整理

〔388〕　**問題点の整理**　①更地に抵当権が設定され、抵当権が実行されたところ、抵当権設定後に建物が建築されている場合、建物は取り壊される（一括競売権が行使される場合は別）、②土地と建物が同一所有者に属している場合

12章　債権と履行確保の手段　221

に土地又は建物（両者に設定される場合でも可）に抵当権が設定され、抵当権が実行された場合、法定地上権が発生する（これについてはさらに説明する）、③土地が第三者に賃貸され、第三者が建物を所有している場合に土地について抵当権が設定され、抵当権が実行された場合は賃借権の対抗力の有無によって処理される（借地借家法など参照）、④更地に抵当権が設定され、土地がその後に第三者に賃貸されて建物が建築された場合、引渡猶予期間の経過により、建物は取り壊される（一括競売権の行使がされた場合は別）。

⑽　法定地上権制度についての要点をまとめると

〔389〕　**要点整理**　法定地上権は民法388条が規定する。土地と建物とが同一所有者に帰属している場合には建物のために土地利用権を設定することができないから、抵当権実行によって強制的に土地と建物の所有権の所在を別にする事態が生じた場合、建物を保護する法的措置として法定地上権が認められる。民法は土地と建物とが同一の所有者に帰属する場合、土地と建物の一方のみを抵当に入れ、抵当権の実行によって土地と建物の所有権が別となった場合、土地の所有者となった者が地上権を設定したものとみなされるとしている。要するに強制的に土地の所有者と建物所有者とが別々となった場合に地上権を成立させ、建物を壊さなくてもいいとするわけである。抵当権の実行によって土地の所有者が代わる場合と、建物所有者が代わる場合とを予定しているのである。民法の規定はこうなっているが、民法の趣旨が強制的に土地と建物の所有権者が別にされてしまう場合に法定地上権が成立するというのであれば、一方のみに抵当権が設定された場合だけでなく、両者に抵当権が設定され、競売の結果として両者の所有権が別々となったような場合であっても法定地上権が成立してもいいはずである。そこで、判例は、このような場合についても法定地上権の成立を認めている（最判昭和37・9・4民集16－9－1854）。

　このように抵当権の実行によって土地と建物の所有者を異にするに至った場合に法定地上権が成立するが、法定地上権の趣旨がそのようなものであるのならば抵当権の実行手続ではなく、通常の強制執行手続によっても法定地上権が成立してもいいはずであろう。民事執行法は、次のように規定して通

常の強制執行によっても法定地上権が成立すると定めている（民執81条）*。すなわち、「土地及びその上にある建物が債務者の所有に属する場合において、その土地又は建物の差押えがあり、その売却により所有者を異にするに至ったときは、その建物について、地上権が設定されたものとみなす」としている。そして、地代は、当事者の請求により、裁判所が定める」とされている。

　　＊　**他の法律による法定地上権など**
　　　法定地上権と同様な法定利用権を定める法律は多い。典型的なものとしては民事執行法81条の規定があり、そのほかにも、立木法5条などにも同様の規定がある。特徴があるのが、後に説明する仮登記担保契約に関する法律（以下、仮登記担保法）のそれである。土地についての仮登記担保権の設定の場合についてのみ認められ、しかも、地上権ではなく、借地権とされる（同法10条）。

3　抵当権と短期賃貸借制度

〔390〕　**占有非移転担保たる抵当権**　抵当権が設定されている土地や建物であっても、設定者みずから使用することもできるし、他人に賃貸して賃料を収益することもできる。しかし、抵当権が実行されると、抵当権と他の利用権との関係は対抗問題となり、抵当権が先順位となると後順位の利用権は抵当権の実行に伴って消滅する。論理的にはこれでいいのだが、これを徹底してしまうと、抵当権が占有を移転しない担保であり、利用権は設定者に残ることがあまり意味がなくなってしまう。抵当権が設定されても、目的物の占有を抵当権者に移転せず、設定者の手元で利用を続けることができるのが抵当権であるから、その意味で財貨は二重の効用を発揮するという説明がされるわけである。しかし、抵当権の実行によって滅失してしまうような目的物の利用権（たとえば、抵当権が設定された土地について賃借権が設定される場合）などというような脆弱な権利を基礎として自己の建物を建築する者はいないし、抵当権の対象とされている建物を譲り受けて居住する者もいないだろう。だからといって抵当権が全面的に遠慮するのが相当かといえば、抵当権者の立場も保護されなければならないこととなろう。

〔391〕　**短期賃貸借制度**　そこで、従来は、きわめて短期の賃貸借に限って抵

当権設定後に生じたものであっても抵当権に対抗できるという制度が認められていた（改正前民法395条）。これが短期賃貸借の制度である。

　保護を受ける短期賃貸借は、①民法602条に定める短期賃貸借であって（建物賃貸借の場合は3年以内、土地賃貸借の場合は5年以内）、②対抗要件の具備が必要とされた。

4　建物明渡猶予期間の創設と短期賃貸借制度の廃止

〔392〕**短期賃貸借制度の濫用と建物明渡猶予期間の創設**　このように抵当権が設定者に目的物支配を可能ならしめ、抵当権者としては目的物の持つ交換価値のみを支配する制度と理解し、その趣旨が全うされるように短期賃貸借という制度を設定し、抵当権が実行された場合でも短期賃貸借のみは先順位抵当権に対抗して生き残れるということになっていたのであるが、このような立法者の考え方にもかかわらず、短期賃貸借制度が濫用的に活用され、健全な形の抵当権制度にゆがみが生じてくるようになってきた。抵当権実務においてもこのような短期賃貸借制度が大きな負担となることとなった。そこで、平成15年の民法改正によって、短期賃貸借制度は廃止されることになった。しかし、抵当権が抵当権設定登記後に生じてくる賃貸借などの権利が常に抵当権に対抗できないとなるとせっかくの抵当権設定者に残された利用権が活用できないところから、短期賃貸借制度の廃止に伴って新たに賃貸建物についての「明渡猶予制度」がもうけられることになった。つまり、抵当権に後れる建物賃借権については本来は建物についての抵当権の実行によって消滅するのであるが、当該競売手続開始前から建物の使用の収益を行っている賃借人であっても建物の買受人からの明渡請求に対して買受けの時から6か月間を経過するまでは当該建物を明け渡す必要がないとされた（395条）。もちろん、この期間についても当然のことながら借主は賃料を払うことが必要とされ、これを1か月以上にわたって怠った場合には明渡猶予期間を喪失することになる（同条2項）。この建物明渡猶予期間の制度は、猶予された6か月の間に新たな転居先を探しなさいという意味のものと理解できるであろう。

〔393〕 **同意に基づく賃借権の優先制度の制定**　抵当権に後れる賃貸借であっても、これに優先する全抵当権者が賃借権に優先権を与えることを同意した場合にはこれが認められる制度が創設された（387条）。抵当権者においてそのような賃貸借が残っている方が物件の価値を高めると判断されるような場合に賃借権に優先する全抵当権者が同意をし、その旨の登記をなした場合にはこの賃借権が抵当権に優先的効力を持つことが認められた。

第2節　民法規定によらない担保物権もある──譲渡担保

1　譲渡担保とはどのような制度か

〔394〕 **譲渡担保制度の必要性**　民法が認める約定担保物権には質権と抵当権があるが、質権では設定に物の引渡しが要求されるから、目的物を自分で利用しながら担保に供することはできない。一方、抵当権は、対象が不動産に限定される。動産について設定者が利用し続けながら担保に供するといったことが工夫されることとなる。そこで利用されるのが次のような方法である。

担保に入れたい品物を担保権設定者と担保権者とで売買契約を締結し、目的物の所有権が移転され、相手方から売買代金が支払われる。同時に当該売買の目的とされた品物については、売主が買主から賃貸する形をとる（いわゆる占有改定）。そして、一定期限までに代金（これは実質的には借金である）を支払えば品物を買い戻すことができる旨の約定を結んでおくのである。このことによって動産である品物を手元にとどめながら、これを担保に供することができ金融の便を受けることができる。あるいは、一応は金銭の消費貸借という契約の形式を踏み、その借金の担保として債務者所有動産などの財産権を譲渡し、同時にこれを債権者から借用し、そのうえで債務者が約束通り元利金を返済すれば、その時点で品物が借主に返還されるという約定がされるものがある。いずれの場合にも債務の弁済がされなかった場合には目的物の所有権は債権者に帰属したままとなり、目的物の価値が被担保債権の額を超える場合には差額の清算をすることが債権者に要求される（清算金の支

払いと賃借していた物の引渡しとが同時履行となる)。

〔395〕 **譲渡担保の対象となるもの**　譲渡担保の目的は譲渡性があり、財産的な価値を有する物であれば何でもよく、動産(証券化した動産、流動動産、特定動産など)・不動産を問わないし、権利(債権、無体財産権、営業権など)であっても対象とすることができる。

　実務上広く問題とされるものとしては集合動産であるが、判例・学説も、構成部分が常に変化していく集合物という概念を認め、その種類や所在場所や量的な範囲などが特定されていれば、これを対象とする1個の譲渡担保権を認めようとする(最判昭和54・2・15民集33-1-51)。債権を対象とすることも可能であり、現在成立している債権に限らず、将来成立する債権を対象としたり、不特定債権であっても対象とすることができる。

2　譲渡担保の対抗要件は何か

〔396〕 **譲渡担保の対抗要件——譲渡担保を公示するもの**　不動産譲渡担保の場合の対抗要件は登記である(177条)。かつては、この場合における登記原因としては売買と記載されたが、現在では実務上でも譲渡担保を登記原因として記載することを認めている。

　動産譲渡担保の場合は引渡しが対抗要件である(178条)。目的物を設定者において使用するために引渡しは多く占有改定(〔86〕参照)の方法がとられ、判例もこれを対抗要件として認めている(最判昭和30・6・2民集9-7-855)。しかし、対抗要件を具備していても、第三者が取引によって債務者から即時取得によってその所有権を取得することになる可能性があるところから、最近では目的動産に金属製のネームプレートを打ちつける方法を講じることで即時取得が生じないように工夫する場合が多くなっている(そのような物を購入した人には過失があり、即時取得の可能性が否定されるという意味がある)。

3　被担保債権の範囲はどうなるか

〔397〕**譲渡担保によって担保される債権の範囲**　被担保債権は、成立している特定債権のみならず、将来の債権であっても不特定の債権であってもいいとされる（後者の場合は一種の根譲渡担保契約ということとなる）。被担保債権に民法375条の規定は類推適用されないから、利息についても当然かつ全部に及ぶこととなる。

4　目的物の範囲はどうなるか

〔398〕**譲渡担保の効力が及ぶ目的物の範囲**　譲渡担保の対象とされる「目的物に付加して一体となっている物」に譲渡担保権は効力を及ぼす（370条の類推適用）。この付加して一体となっている物に付合物が含まれることは当然であるが、従物が含まれるかについては抵当権と同様の議論がある。

　抵当権についての物上代位に関する規定である民法304条も類推適用されるが、損害保険金請求権については問題がある。形式的・画一的な扱いを必要とする保険契約にあっては形式的な所有権移転に従って処理することになるからである。譲渡担保権者が自己を被保険者として保険契約を締結した場合に保険事故が発生した場合には、保険金請求権は当然に譲渡担保権者に帰属することとなる。そこで、設定者は債権額と保険料の合計額を支払えば譲渡担保権者から保険金を受け取ることができるわけである（大判昭和8・12・19民集12-23-2680）。反対に、設定者が自己を被保険者として保険契約をした場合には、譲渡担保権の物上代位権が問題となり、これが肯定されることになる。

5　目的物の利用関係はどうなるか

〔399〕**譲渡担保と目的物の利用・占有関係**　譲渡担保権が設定された場合の目的物の利用者は誰か。譲渡担保契約が目的物を設定者に利用させながら担保に供する目的で認められることから、当事者間で特約がない以上は設定

者にあると理解できる。

　譲渡担保契約がされる場合、普通は設定者と譲渡担保権者の間で目的物の利用関係について約定がされる。賃貸借契約が設定される場合が多いが、賃貸借契約について賃料が不払いとなった場合に譲渡担保権者は賃貸借契約を解除して目的物の引渡しを求めることができるであろうか。所有権の移転がある以上は仕方ないということでこれを肯定するのも1つの考え方である。

　しかし、賃貸借といっても、実質は金銭消費貸借がされ、賃料はこれに対する利息であることから考えれば構成にこだわって実質を無視し、これを肯定するのはおかしいといえる。そこで単に利息の遅滞であるから、これを理由にただちに担保権の実行をすることは困難であるといえよう。

6　譲渡担保権設定者と譲渡担保権者の義務について

〔400〕　**譲渡担保権をめぐる権利・義務**　設定者は目的物を自ら利用するに際し、目的物の滅失や毀損を生じないように管理し、目的物について第三者への譲渡などをしない義務がある。設定者が義務に違反した場合は債務不履行となる。損害賠償の額は被担保債権額を限度とし、毀損の場合は目的物の価値が被担保債権額以下となった場合にのみ損害賠償請求権が生じる。損害額は、被担保債権額と毀損後の目的物の価値の差額である。

　公租公課や目的物の修繕費用などは設定者負担である（固定資産税は徴収の便宜上から譲渡担保権者に課せられるが（地方税法343条2項）、当事者間においては設定者負担）。

　担保権者は目的物を担保目的以外に使用しない義務がある。義務違反があると債務不履行となる。

7　担保目的物の処分──譲渡担保権設定者の処分と
　　譲渡担保権者の処分

〔401〕　**譲渡担保目的物の処分**　弁済期到来前に目的物を譲渡担保権者が譲渡処分した場合、譲受人は、善意・悪意を問わずに保護を受けることになる（大

判昭和9・6・2民集13-12-931、大判大正9・9・25民録26-1389)。
　譲渡担保権設定者が事情を秘して譲渡担保目的物である動産を処分した場合はどうなるであろうか。取得者が民法192条の要件を満たせば完全な所有権を取得し、このような場合には譲渡担保権者は設定者に対して損害賠償の請求が可能となるであろう。

8　譲渡担保の実行はどうするのか

〔402〕　**譲渡担保権の実行**　　履行期に債務の弁済がされない場合、譲渡担保権者、目的物の換価処分をするか、目的物件を適正評価して被担保債権額との差額を支払うことによって目的物権の引渡しを請求することができる。この清算金の支払いと目的物の引渡請求との間にはいわゆる同時履行の関係が認められることになる。

9　譲渡担保権者の清算義務はどうなっているか

〔403〕　**譲渡担保権の実行と清算義務**　　譲渡担保も担保であるから、譲渡担保権者は目的物の価額と被担保債権額との差額を清算する義務を負担する（最判昭和43・3・7民集22-3-509)。この清算方法には、債権者が目的物の所有権を取得し、適正評価して評価額と被担保債権額などとの差額を設定者に交付する形態の帰属清算方式と目的物を他に処分し、換価金から債務の弁済を受け、残額を設定者に返還する、いわゆる処分清算方式とがある。

10　いつまで目的物を請け戻すことができるか

〔404〕　**譲渡担保権と請戻権**　　譲渡担保権設定者は、弁済期到来後であっても、譲渡担保権者による換価処分が終了するまでは債務を弁済して目的物の取戻しを請求することができる。

11 譲渡担保権はどのような場合に消滅するか

[405] **譲渡担保権の消滅**　譲渡担保権は弁済や時効などで被担保債権が消滅すれば附従性の論理で消滅する。目的物の滅失や毀損によっても消滅する（物上代位権が認められる場合は例外）。

第3節　民法規定によらない特別法による担保制度もある
　　　　──仮登記担保制度

[406] **仮登記担保権の必要性と立法**　非典型担保物権として利用されることが多いのがすでに説明した譲渡担保であるが、この他にも仮登記を利用したうえで不動産などを担保とする仮登記担保契約（代物弁済予約の形式が多い）がある。これは、仮登記の順位保全の効力を利用してされる担保方法である。つまり、金銭の貸付けに際して、仮に約束の期日に返済ができない場合、そのことを一種の条件（このように一定の事由が生じた場合に契約が効力を生じる場合を停止条件という）として貸付金は債務者の不動産で代物弁済をするという約束のもとにこの不動産上の権利を仮登記しておいて優先順位を確保しておく方法がそれである。もっとも、これには特別法が制定されて（仮登記担保法）、その手続などについて規定している（その意味で仮登記担保は従来の非典型担保物権から特別法の認める典型担保物権に姿を変えたことになる）。

[407] **仮登記担保法の具体的内容**　目的物の価値と被担保債権の額との差額を清算金として吐き出すことが厳格に要求され、なかなか債権者にとってもきびしい法律となっている。

簡単にこの制度に触れておく。

[408] **仮登記担保権者と債務者の権利**　債権者は、債務の不履行があった場合には、当初の契約によって目的物の所有権が移転するものとされた日（停止条件が成就した日）の段階で、目的物と貸付債権との差額がいくらであるかを明確にしてこれを清算金として債務者に通知することが要求される。債務者は、金額に納得がいく場合には通知が到達した日から2か月（この期

【図表12－1　仮登記担保実行手続】

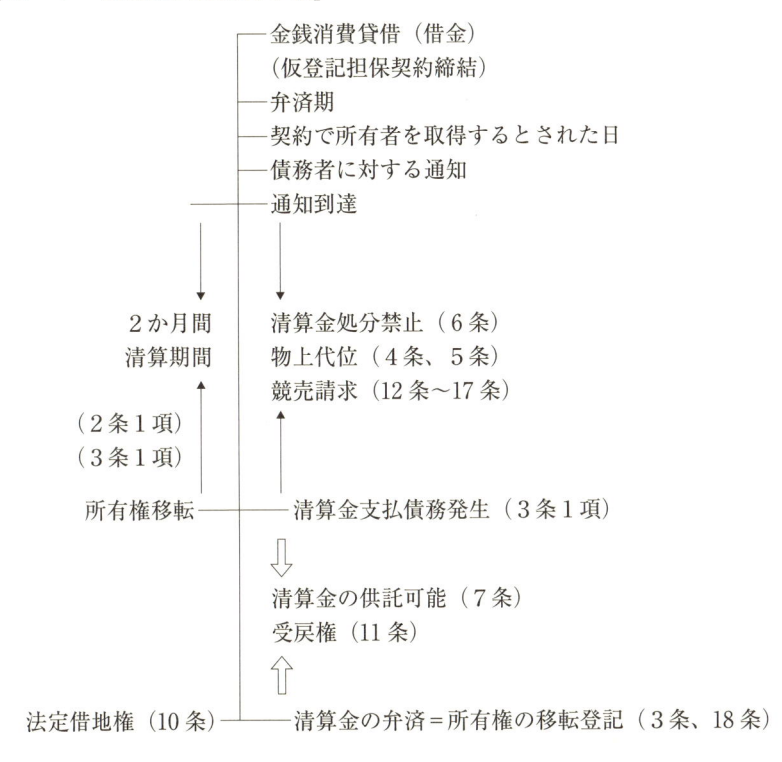

```
                    ┌─ 金銭消費貸借（借金）
                    │   （仮登記担保契約締結）
                    ├─ 弁済期
                    ├─ 契約で所有者を取得するとされた日
                    ├─ 債務者に対する通知
                    ├─ 通知到達
                    ↓
   ２か月間        清算金処分禁止（６条）
   清算期間        物上代位（４条、５条）
                   競売請求（12条～17条）
  （２条１項）
  （３条１項）
    ↑
   所有権移転 ──── 清算金支払債務発生（３条１項）
                        ⇓
                   清算金の供託可能（７条）
                   受戻権（11条）
                        ⇑
   法定借地権（10条）── 清算金の弁済＝所有権の移転登記（３条、18条）
```

※（かっこ）内数字は仮登記担保法

間を清算期間という）が経過した段階で清算金の支払いがされることになる。清算金の支払いがされると仮登記が本登記とされ不動産は確定的に債権者に取得されることになる（仮登記担保法３条１項）。納得がいかなければ清算金の額を争うことになる。また、この清算期間が経過するまでは債務者においても清算金を受け取ってはならず、これがされた場合にも清算金の支払いをもって後順位抵当権者などに対抗することができないものとされることになる（同法６条）。

〔409〕　**仮登記担保権者と後順位担保権者の権利**　　仮登記に後れる後順位の抵当権者などは、債権者がそれらの者についても債務者に対する清算金の通

知をしたということとその内容、及び債務者に対する通知が到達した日を通知することになる（同法5条1項）。これを受けた後順位抵当権者などは、この清算金の額に納得がいく場合には清算期間が経過する前に債務者の有する清算金請求権について差し押えをし、添付命令をとることによって優先的な弁済を受けることができる。また、これに納得することができない場合には自ら競売の申立てをし、これによって清算をすることになる（同法12条）。

〔410〕 **法定賃借権制度**　仮登記担保法においてもいわゆる法定賃借権を認めている。土地と建物が同一所有者に帰属する場合において、土地について担保仮登記が付けられた場合に、仮登記担保権の実行であるところの仮登記に基づく本登記がされた場合には当該建物所有を目的として土地について借地権が設定されたものとみなされることになる（同法10条）。

（山川一陽）

> **コラム5** これも債権者平等原則の例外？
> デット・デット・スワップ

1. 民法典は、絶対権である物権と相対権である債権を峻別し、後者については、債権の相対性からして、1人の債務者について複数の債権者がいるときは、債権発生の原因や時期の前後などにかかわらず、すべての債権者が、その債権額に応じて、債務者の総財産から平等に弁済を受けられるものとする（債権全額を弁済するに足りないときは、債権者間において按分比例で弁済を受けることになる）。これを債権者平等の原則といい、債権の性質上当然の性質として認められる。

債権者平等の原則がはたらく民法の世界では、ある債権を優先させる場合には、当該債権に債権質などの担保権を付するか（このほかに相殺に担保的機能があることが本文で論じられる）、当該債権自体を先取特権という物権に変質させる必要がある。

2. 以上の通り、教科書で論じられるのは、債権者間の平等の問題を前提としたうえで、その例外としての「優先」性いかんである。ところが、その逆の例外、すなわち当該債権を「劣後」化する必要がある場合もある。これをデット・デット・スワップ（Debt Debt Swap：DDS）という。負債の劣後化ともいわれる。DDS は、債権を劣後化することによって、実質的に債務者の財産状態あるいは信用状態を改善し、再建可能性を高め、既存融資（特に通常ローン）の回収可能性を高める不良債権処理スキームである。

たとえば、A銀行がB株式会社に対する不良貸付債権（甲債権）を有しているとしよう。不良債権処理に関する金融機関の対応は、やや図式的に整理すれば、①金利減免、②追い貸し、③私的整理の枠内での債権放棄、④メインバンクによる肩代わり、⑤民事再生・会社更生等の法的整理（倒産手続）という手順により進められることが多かった。しかし、メインバンクに昔日の力がない現在、①、③、④に多くを期待できないし、②は単なる先延ばしであり、何の問題の解決にもならない。

DDS は、単にA・B間の合意に基づき、前記甲債権の条件（返済時期等）を劣後化し、金融検査マニュアルに基づく会計処理上、劣後化した甲債権を「資本的性質」を有するものとして、資本とみなす。これにより不良債権たる甲債権は、会計上「処理」されたことになり、Bの財務体質は大幅に改善する。

DDS により甲債権の弁済条件が劣後化されるということは、一定の再建計画のもとで、そのぶん元本の弁済が長期にわたるということを意味する。したがって、A銀行は、DDS により支払いが長期にわたる甲債権を保有し、Bの再建にコミットし続けることになる。流通市場のない非上場の中堅企業の再編にあたっては、Aは、甲債権を無理のない形で保有し続け、Bの再建にコミットした上で、Bの再建後その弁済を受けるという形をとらざるを得ない。DDS はまさにそのためのスキームである。

（松嶋隆弘）

13章 時の経過による物権変動

第1節　時効制度の趣旨と制度の意義

1　時効制度の趣旨

[411]　**権利変動事由としての時効**　権利の変動を生じる事由としては、人の意思に基づく法律行為がいちばん重要であると考えられる。しかしながら、人間の意思に基づく行為のみが権利変動を生じさせる原因となるものではない。ここでは時間の経過による権利の変動、つまり時効についてみていきたい。

[412]　**時効の意義**　時効とは、一定の事実状態が、一定期間継続することによって、権利得喪の法律効果を生じさせる法律要件である。そしてこの時効には、取得時効と消滅時効がある。

[413]　**取得時効**　たとえば、他人の土地について、あたかも自分の土地であるかのように使用を続けている者がある場合、これが一定期間継続すると、その者がこの土地についての権利を取得することになる。これが取得時効である。

[414]　**消滅時効**　ここに他人から依頼され、これに対して金銭を貸し付けていた者があったとしよう。もちろん、返済を約束した時期がくれば、貸主は返還を請求できる。しかしながら、このように権利を行使することができるのに、「まあ、もう少し待ってやろう」などと考えて10年を経過してしまったとする。この間、貸主が利子もとらず、催促もしていないということとなると、貸主の債権は時効によって消滅してしまうこととなる。これが消滅時効である。

2　時効制度の存在理由

〔415〕　**時効制度の存在意義**　　時効というのは、本来の権利関係と異なる事実状態が長期間にわたって継続したような場合、本来の権利関係を否定ないし、無視して、事実上の永続状態を尊重し、保護しようとするものである。しかしながら、他人の所有物を勝手に使用し続けたことによって、どうしてその所有権を取得できるのであろうか。そして長期間権利を行使しなかったことによって、どうしてその権利が消滅してしまうのであろうか。このような時効制度がなぜ存在するのか。また時効制度の存在根拠はどこにあるのかが問題となる。そこで、この時効制度の存在理由については次のように説明されることになる。

〔416〕　**証拠の散逸──存在根拠の1**　　ある者が真実の権利関係を有しているとしても、一定の時の経過によって、これを容易に証明するだけの証拠は散逸してしまうことも少なくないはずである。いったい、いかにも権利者であるらしいような外観を持っている者が真実も権利者であるのか、それを否定する旨の主張をしている者が本当の権利者であるのかについて証明するとしても長い年月の経過がいずれも不可能としてしまう。

　時の経過が本当の権利関係という事実の立証を困難とさせるということから時効ということを根拠として権利関係を確定させる手段が認められているのだというのが1つの説明である。要するに誰が真実の権利者であるかということを詮索することなく「時効だ」ということによって民事紛争事件を解決することができることにしているわけである。

〔417〕　**外観の尊重──存在根拠の2**　　時効についてのもう1つの存在根拠としては、長期間にわたって継続したことが単なる外観かもしれないが、単なる外観といえども、この状態が長期間継続するうちに多くの人たちはこれを真実の権利関係と信じ、これを前提としての行動をすることは否定できない。そうなると、長期間が経過した時点で従来の外観が真実と違っているということで真実の権利関係が回復されることになると、それが、どれだけの多くの人に迷惑をかけるかというようなことを配慮して時効という制度が設けられているということである。つまり、社会秩序の維持というところにね

らいがある。

[418] 権利の上に眠る者——存在根拠の3 もう1つはいかにも形式的であるが、昔から言われるように「権利の上に眠れる者、法律はこれを保護せず」というような法の諺が根拠として持ち出される。権利者といえども、権利の上にあぐらをかいて眠っていてはいけないのであって、権利を侵害しようとする者に対しては、権利は戦いをもって守らなければならないということになるわけである。これも積極的に時効制度を根拠付けることにならないかもしれないが（消滅時効において権利を行使しないでいた者が保護されず、義務を履行しないでいた者が保護を受けたりすることは根拠付けることができないし、取得時効にあっても、権利を行使しない権利者が保護を受けないで、他人の権利を侵害する者が保護を受けることの説明にはならない）、消極的な側面、つまり、時効によって権利を喪失する立場を説明するためには機能するところであると考えられる。

3 取得時効

(1) 取得時効の意義

[419] 取得時効とは 取得時効とは、他人の物を一定期間継続して「所有の意思」をもって、平穏にかつ公然と、他人の「物」を占有することによって権利取得の効果を生ずる時効である（162条1項）。「一定期間」は、その基礎となる要件によって20年又は10年である。

取得時効の対象は、所有権その他の財産権である。その典型的な例は所有権である。むろん所有権以外の権利（財産権）も取得時効の対象になる。以下においてはその典型的な場合である所有権についての取得時効について考えてみたい。

(2) 所有権の取得時効の要件

[420] 所有権の取得時効の成立要件 所有権の取得時効が認められるには、①所有の意思に基づいた占有（自主占有）の継続と、②「時効」期間の満了である。所有の意思ある占有とは、所有の意思（所有の意思を有する占有のこ

とを「自主占有」という。所有の意思とは所有者としてふるまう意思ということができ、その有無はその占有の原因となったものによって客観的に決まってくるとされる）をもって、平穏かつ、公然と他人の物を20年間も自分の物として扱っていたような場合、その物について所有権を時効によって取得することができる。このように他人の物について、長期間にわたって自己の物として使い続けることによってその物を取得する制度が取得時効制度である。

　以上のような要件がある場合は20年で時効取得をすることができるのであるが、この要件にさらに次のような要件が加わってくると10年間で時効取得することができることとなる。つまり、以上の要件のほかに、占有の開始時点において占有者が、自己に正当の占有すべき権利があると信じ、そのように信じるについて過失がなかったときという要件が加わった場合である。このような場合には時効は10年で完成する。

① 所持

　「所持」とは、物がある人の事実的支配に属していると認められる客観的な状態をいう。「所持」と認められるかどうかは、一般的な社会通念によって判断されるべきものであるから、必ずしも、物を物理的に保持していることを要しない。たとえば、旅行者の者は、留守宅の家財道具につき所持が認められるが、物を一時的に借りた者は、その物につき所持を認められない。また、自己の物を他人に賃貸していた場合には、その他人を介して間接的な所持が認められる（間接占有・代理占有）。

② 平穏・公然

　強暴とか隠秘の占有でないことだが、これも、通常は推定される（186条1項）。

③ 善意・無過失

　この区別は、時効期間の算定で問題となる。「善意」は占有者に推定される（186条1項）。しかし、「無過失」までが推定されるものではないから10年間の取得時効を主張する者は自己が無過失であったことを証明する責任がある（最判昭和46・11・11判時654-52）。

④ 所有権の成立する「物」

　a）「物」

162条1項・2項にいう「物」とは、有体物をいい、不動産・動産を問わない。

b）「自己の物」

　　自己の物を時効取得するとは、論理的にあり得ないから、取得する物は「他人の物」でなければならないことになる。しかしながら、制度の趣旨から考えなければならない問題がある。時効制度は、たとえば、係争物の所有権がはたして誰にあるか明確でない場合（他人の物であるかどうかもわからない）や、自分が占有している土地は確かに自分の先代が購入したものだが、その証文をなくしてしまった場合など、自己の所有物であること（＝権利）を証明する手だてがない場合に、最も有効に機能すると考えられる。このような場合にこそ時効制度が有用なのであるから、物の所有権が誰にあるかを問わず、有効に取得時効を主張できると解すべきである。

c）物の一部

　　物の一部が経済的価値の単位として扱われるか否かによって決せられるべきである。一筆の土地の一部（大連判大正13・10・7民集3-12-509）、他人の土地に権限なくして植えつけた樹木（最判昭和38・12・13民集17-12-1696）などにつき判例は時効取得を認めている。

d）公物（公用財産及び公共用財産）

　　公用財産や公共用財産は、国の公法的支配管理に服し、私権の目的となることができない。したがって、原則として、私人が時効取得することはない。しかしながら、国が公共の用を廃止した場合には私権の対象となるため、その場合には時効取得が可能であるし、また実質的に公共用財産としての形態・機能を全く喪失している場合にも、私人の時効取得を認めてよいとされる（最判昭和51・12・24民集30-11-1104）。

〔421〕 **時効期間の経過**　　平穏かつ公然と他人の物を20年間継続して占有した場合、その物の所有権を時効によって取得することとなる（162条1項）。この場合には、有過失ないし悪意でもかまわない。

　　しかしながら、以上の要件にさらに次の要件が加わると、10年で取得時効が完成することになる。その要件とは、占有開始時点において、占有者が、

その物が他人の物であることを知らず、その知らなかったことについて過失がなかったことである。この要件が満たされると、時効は10年で完成する（同条2項）。

このように、取得時効については、占有者の主観的要件（自主占有、善意・無過失）や占有の継続という客観的な要件が問題とされる。ただし、前述の通り、占有者は一般に「善意」の推定を受けるが（186条1項）、「無過失」については推定を受けないので、時効取得を主張する者は無過失の立証が必要である。

加えて占有について考えてみると、占有者は所有の意思をもって善意、平穏、公然と占有するものと推定する規定（186条1項）や、ある時点とその後のある時点における占有を証明できる場合にその期間中の占有の継続を推定する規定（同条2項）などは特に重要である。また、占有の承継人（特定承継人・包括承継人）は、自己の占有のみを主張できるだけでなく、自分の前主の占有も自分のために主張できるとする規定（187条）なども重要である。

たとえば、AからBへと占有の承継があった場合、承継人Bは、自己の占有のみを主張してもよいし、また前主Aの占有を併せて主張してもよい（187条1項）。ただ、後者の場合には、Aの瑕疵をも承継しなければならない（同条2項）。したがって、Aの占有が悪意占有であった場合には、それを併合して主張するならば、悪意占有となるのである。

〔422〕 **取得時効の中断の特則**　162条に定める所有権の取得時効は、占有者が任意にその占有を中止し、又は他人によってその占有を奪われたときは、中断する（164条）。これを自然中断という。一般の中断事由に関する147条に対する取得時効特有の中断事由である。たとえば、Aの所有する土地をBが所有の意思をもって占有中、任意に占有をやめた期間は、その後占有を回復し継続してもその期間は時効期間に算入することができない。中断事由は、任意の占有の中止と他人によって占有を奪われたことの2つであり、他人に占有させるのは中断事由とはならない。他人によって占有を奪われたときであって、1年以内に占有回収の訴えを提起すれば占有は継続するとされるので（201条3項、203条ただし書）、取得時効は中断しない。

4 消滅時効

〔423〕 **消滅時効** 消滅時効とは、権利を行使することができるのに権利を行使しない状態が一定期間継続することによって、権利消滅の効果が生ずる時効である。およそ所有権以外の権利は、すべて消滅時効にかかる。またこの消滅時効の対象となる権利の典型的なものが債権であるが（167条1項）、債権以外の権利も消滅時効にかかる（同条2項）。しかしながら、所有権は絶対不可侵の永久性を有する権利なので、消滅時効にはかからない。

〔424〕 **債権の消滅時効の要件** 消滅時効は、「権利を行使することができる時」から進行する（166条1項）。「権利を行使することができる」とは、一般に、「法律上の障害（たとえば、弁済「期限」などの存在）がなくなった時（＝権利行使するのが期待できた時）」であるが、それは債権の種類・態様によって異なる。以下に、一般的基準を示そう。

① 期限付き又は条件付きの債権

期限の到来又は条件の成就の時である。不確定期限付きの債権（たとえば出世払債権）は、履行遅滞に陥るのは期限到来を知った時からであるが（412条2項）、消滅時効の進行は、期限到来の時からであることに注意すべきである。

なお、このような付款の付いた債権について、債権者は、本来は、期限到来・条件成就の時からしか権利を行使できないわけだが、それ以前に他の第三者によって当該権利の目的物が時効取得されてしまうことがあり得る（116条ただし書）。そこで債権者は、その時効を中断させるために、いつでもその第三者（占有者）に対して「承認」（147条3号）を求めることができる。

② 期限の定めのない債権

債権者はいつでも請求ができるから、債権の成立時である。ただし、履行遅滞は請求時である（412条3項）。

③ 期限の利益の喪失約款付きの債権

割賦払債務につき、1回分の割賦金の支払いを怠ると残金全部につき期限の利益を喪失するという債権の場合においては、a）当然に期限の利益を失うとする約定の場合と、b）債権者は、いつでも残債権全額を請求できると

する約定の場合とがある。a）の場合に、残債権は債務不履行と同時に消滅時効が進行すると解することに異論はない。問題は、b）の場合である。消滅時効の進行時は、債務不履行時か、債権者の請求時かのどちらかである。学説は以下のように説いている。

　【不履行時説】
　　不履行によって残債務は期限の利益を失い、債権者は債権の行使が可能となったから、消滅時効もその時から進行するとする。「期限の定めのない債権」と同様に扱おうとする説である。
　【債権者請求時説】
　　債権者の請求の時から時効が進行すると解する見解であるが、その理由としては、期限の利益喪失約款は債権者の利益のためにあるのだから、債権者は弁済期を変更させる形成権を取得したのであり、それを行使しない限り、弁済期は変更せず、時効は進行しないとする。
　　期限の利益喪失約款は債権者の利益のためにあるのは確かだが、それによって債権者は、いつでも債権を行使できる状態になったわけだから、前述した「期限の定めのない債権」と同様に考えて差し支えない。また、債権者の請求は、履行遅滞の発生と考えるべきであろう。

〔425〕　「時効期間」の経過　　債権は、一般に10年の消滅時効にかかる（167条1項）。この規定は、債権の一般原則であるから、168条以下や特別法を除くすべての場合に適用される。通常の金銭債権はもとより、国債、社債などもこれにあたる。
　以下ではその他の債権の消滅時効期間についてみてみる。
　① 定期金債権
　定期金債権（168条1項）とは、金銭その他の代替物を、定期給付する債権である。この債権自体から、定期的に給付する債権が生じる。それゆえ、本体である債権を「基本債権」、それから派生する定期的な債権を「支分権」と呼ぶ。定期金債権とは、前者の基本債権を指す。年金債権、恩給債権、地上権の地代債権などがこれにあたる。
　定期金債権の時効期間は、第1回の弁済期から20年間、最後の弁済期から

10年間である（168条1項）。

② 定期給付の債権

「年又はこれより短い時期によって定めた……給付……債権」とは、1年以内の定期に支払われる債権をいう。個々的な定期給付債権だから、前述の支分権（毎期の年金・恩給）のほか、個々の利息、賃料、地代などすべてこれに入る。これらは、5年の消滅時効にかかる（169条）。

③ 3年の短期消滅債権

以下の各債権は、短期的に、3年の消滅時効にかかる（170条、171条）。

　a）医師、助産師又は薬剤師の診療、助産又は調剤に関する債権（170条1号）

　b）工事の設計、施工又は監理を業とする者の工事に関する債権
　　　この場合の時効の起算は、工事終了時からとなる（170条2号）。

　c）弁護士（弁護士法人を含む）及び公証人の、職務に関して受け取った書類についての責任（返還請求権やそれに起因する損害賠償請求権）
　　　時効の起算は、弁護士（弁護士法人を含む）の場合は事件の終了時、公証人の場合は職務執行の時からとなる（171条）。

④ 2年の短期消滅債権

以下の各債権は、短期的に、2年の消滅時効にかかる（172条、173条）。

　a）弁護士（弁護士法人を含む）及び公証人の職務に関する債権（弁護料や謝礼金など）
　　　事件終了時から2年であるが、ただ、その事件中の各事項終了の時より5年を経過したときは、2年の経過内であっても、その事項に関する債権は消滅する（172条）。

　b）生産者、卸売商人又は小売商人が売却した産物又は商品の代価に係る債権（173条1号）

　c）自己の技能を用い、注文を受けて、物を製作し又は自己の仕事場で他人のために仕事をすることを業とする者の仕事に関する債権（同条2号）

　d）学芸又は技能の教育を行う者が生徒の教育、衣食又は寄宿の代価について有する債権（同条3号）

⑤　1年の短期消滅債権

以下の各債権は1年の消滅時効にかかる（174条）。

　　a）月又はこれより短い時期をもって定めた使用人の給料に係る債権（174条1号）

　　　　月給・週給・日当など。ただし、労働基準法の適用のある賃金については、2年である（労働基準法115条）。

　　b）労力の提供又は演芸を業とする者の報酬又はその供給した物の代価に係る債権（174条2号）

　　c）運送賃に係る債権（同条3号）

　　d）旅館、料理店、飲食店、貸席又は娯楽場の宿泊料、飲食料、席料、入場料、消費物の代価又は立替金に係る債権（同条4号）

　　e）動産の損料に係る債権（同条5号）

⑥　交通事故関係の債権

ここでは日常で最も使われる交通事故関係の債権の消滅時効を掲げておく。

【不法行為による損害賠償請求権】

不法行為によって発生する損害賠償債権は、「被害者又はその法定代理人が」「損害及び加害者を知った時から」3年、事故時から20年で消滅する（724条）。この3年については消滅時効期間と解されているが、20年については一種の除斥期間と解するのが通説である。

前者の3年につき、後遺障害などが生じる進行性被害の場合には、その時効の進行時は、損害が固定化するか、全損害額の予見可能性が出てきた時と解さなければならない。他方、ひき逃げ事故などでは、加害者が知ることができない以上は、損害賠償請求権の消滅時効は進行しないが、20年の除斥期間が進行することになる。

〔426〕**所有権以外の財産権の消滅時効**　　所有権は、消滅時効にかからない。取得時効によって取得されるだけである。所有権以外の財産権としては、用益物権がある。この用益物権は、20年の消滅時効にかかる（167条2項）。

所有権に基づく物権的請求権は、所有権から派生して所有権と運命を共に

するものであるから、消滅時効にかかるということはあり得ないと解さなければならない。同様に、遺留分権利者が、遺留分減殺請求権の行使によって取得した不動産の所有権に基づく登記請求権も、時効によって消滅することはない。

5 時効に関する諸問題

〔427〕 **時効の中断**　　時効の基礎は、継続した一定の事実状態を尊重するところにある。したがって、債権者の権利行使や、債務者の承認など、それまでの一定状態と反するような事由があった場合には、時効の進行は中断する。「中断」というのは、それまで進行してきた時効期間を全く失うことである。

　時効は、①請求、②差押え・仮差押え・仮処分、③承認という事由が生じたときには中断する（147条）。この中断事由は、取得時効・消滅時効に共通するものであり、取得時効の場合にはその占有が失われることによる中断（自然中断）と区別して、「法定中断」ともいわれる。

①　請求

　「請求（147条1号）」とは、権利者が、時効の利益を享受できる者に対して、その権利行使を主張することである。この請求には裁判上の請求（149条）と支払督促（150条）、和解の申立て・調停の申立て（151条）、破産・再生・更生手続参加（152条）、催告（裁判上の請求）（153条）がある。

②　差押え・仮差押え・仮処分

　「差押え（147条2号）」は、債務名義に基づいて行う「強制執行」としての権利の実行（実現）行為である（民執45条、122条、143条）。また「仮差押え」は、金銭債権について強制執行ができなくなるおそれがあるときなどの（民保20条）、「仮処分」は、その現状の変更によって債権者が権利の実行ができなくなるおそれがあるときなどの（民保23条）、それぞれの「権利の実現」を保全する手段である。

　「担保権実行としての競売」（任意競売）は厳密に述べると「差押え」にはあたらないが（担保権者の処分権限に基づく任意処分である）、権利実行の手段としての行為であるため、差押えと同様に、中断の効力を生じると解してよ

い。

③ 承認

「承認（147条3号）」とは、時効利益を受けるべき者が、権利の不存在（取得時効）又は存在（消滅時効）を権利者に対して表示することである。その性質は、意思表示ではなく観念の通知である。したがって、中断事由であることを知っているか否かなどは関係がない。支払猶予額の差入れ、手形書換えの承諾、利息の支払い、一部弁済など、時効利益の主張と相容れない行為はすべて承認に含まれる。

[428] **遡及効**　時効の効力は、その起算日にさかのぼる（144条）。したがって、取得時効の場合には、時効取得者は占有の最初の日からであり、消滅時効の場合には、権利が起算日から消滅する。具体的には、以下のような効果をもたらす。

① 取得時効の場合

取得者は、占有の開始時から権利者である。したがって以下のような効果が生じる。

  a）時効期間内に生じた「果実」を収得する権限がある

  b）期間内にした目的物についての「法律上の処分」（例、売却や質権の設定など）は有効となる

  c）期間内の侵害に対する「賠償請求権」は、取得者が有する

② 消滅時効の場合

消滅時効においては、権利は遡及的に消滅する。したがって債務を免れた者は、期間内の利息（及び損害金）を支払う必要はない。

[429] **時効の援用**　時効の利益を得ようとする者においては、自分で時効の利益にあずかりたい旨を裁判所において主張することが必要であるとされている（145条）。このことから、結局は、時効によって利益を受けようとする者においては必ず裁判手続きを利用しなければならないということになる。

[430] **援用権者**　民法は時効が当事者により援用されなければならないことを規定している（145条）。判例によれば、「当事者」とは、「時効によって直接に利益を受ける者およびその承継人」である（大判明治43・1・25民録16-22）。この典型的な例としては債権の消滅時効における債務者、連帯債務者、

連帯保証人、保証人、物上保証人などをあげることができる。

〔431〕 **時効利益の放棄**　民法においては単に時効を主張しないということだけでなく、積極的に時効利益を放棄することも認めている。これは時効が完成してしまった場合にこの時点で時効の利益を放棄するということができるのであって、時効完成前にすることはできないことになっている（146条）。

　この時効利益の放棄は相手方のある単独行為であり、相手方に対する意思表示によってすることになる。時効利益の放棄は裁判上でもすることができるし、裁判外でも可能である。そしてこの時効利益の放棄の効果は相対的である。したがって数名の援用権者のうちの1人のした援用権の放棄は他の援用権者に影響を及ぼさない。

　主たる債務者の援用権の放棄がされた場合であっても、保証人や連帯保証人・物上保証人などに影響を及ぼすことなく、これらの者たちは主債務の消滅時効を援用して自己の債務を免れることができるのは当然である。なお、時効利益の放棄がされた場合の効果はすでに経過している時効期間に関するものであるから、これ以降に時効が進行することを妨げるものではない。

〔432〕 **時効制度と類似の制度**　民法の一般の規定はこれを認めないが時効のほかに時効に類似するが時効とは異なる時の経過による権利を行使する制度がある。これを除斥期間と呼ぶ。

　除斥期間とは、一定の権利につき、その権利関係をすみやかに確定するために、法律が予定した存続期間であっても、継続した事実状態を尊重する考えの時効制度（消滅時効）とは趣旨を異にする。問題はこの期間であるが、これは当事者の意思とか行動を全く問題としないで、ともかく一定の期間に権利行使がされない場合には、権利を失効させるという特色がある。

　除斥期間は、時効（消滅時効）との関係で以下の特徴がある。

　　a）中断がない

　　　時効には中断があるが（147条）、除斥期間には、その目的上、中断がない。ただし、「停止」については、除斥期間でもこれを認めるのが一般的である。

　　b）当事者の援用を要しない

　　　時効では援用が必要であるが（145条）、除斥期間では、当事者が援

用をしなくても、これを基礎として裁判を行わなければならない。
c）除斥期間の起算点は権利発生時
　消滅時効の起算点は、権利を行使できる時であるが、(166条1項)、除斥期間のそれは、権利の発生時からである。
d）効果の非遡及
　時効では効果が遡及するが（144条）、除斥期間では遡及しない。
e）利益の放棄はできない
　時効では時効利益の放棄ができるが（146条）、効果の発生が絶対的である除斥期間はこれができない。

（金光寛之）

14章 損害賠償制度
——債務不履行と不法行為

第1節 損害賠償責任の発生

〔433〕 **損害賠償制度の意義**　民法における損害賠償については、債権債務の関係にある債務者が債務の本来の趣旨に反する行為をしたために債権者に損害を生じさせた場合に債務者に対して負担させられる債務不履行の制度と、特に債権者・債務者という関係にはない人間関係においてある者の故意や過失に基づいて他に損害を生じさせた場合に行為者等に対して負担させられる不法行為責任という類型がある。このような2つの類型においてどのような要件のもとで誰がどのような損害賠償責任を負担するのが合理的であるかをルール化したものともいうべき制度が民法の認める債務不履行の制度と不法行為の制度であるということができよう。

第2節 債務不履行に対する救済

〔434〕 **債務不履行に対する各種の救済**　債務が存在しているのに履行期にその弁済がされないような場合にはこれに対して民法は各種の救済制度を有しているということができる。このような場合に民法が用意している各種制度というものを概観すれば、債務不履行損害賠償の制度のほかにも強制履行請求権(414条)、契約解除権(541条,543条,545条)などの各権利を認めている。まず、これらの制度についての概観をしておくこととしたい。

〔435〕 **強制履行の制度**　民法が認める強制履行の制度にはいわゆる直接強制、間接強制、代替執行の3類型がある。

〔436〕 **直接強制について**　　直接強制とは、民法における強制履行（414条1項・2項）と同義であり、裁判所の債務名義に基づく強制執行により、執行官が債権者に代わり、債務の内容を、債務者の意思に反するか否かにかかわらず、強制的に実現することである。たとえば、貸金返還債務（金銭債務）の不履行につき、この貸金債権を実現する目的で、債務者の動産や不動産などの個人財産を差し押さえて換金し、この金員より債務の額に相当する金員を、債権者に受領させる場合や、動産や不動産の引渡債務（物の引渡債務）の不履行につき、この引渡債権を実現する目的で、封印などを施すことにより、債務者の占有を禁止して、債権者の占有に移す場合などがあげられる。

〔437〕 **間接強制について**　　間接強制とは、裁判所が、債務不履行に陥っている債務者に対し、相当の期間内に履行するべき旨を命じ、併せて、その期間内に履行がなされなかった場合には損害賠償をなすべき旨を命じることにより、債務者を心理的に圧迫して履行を促すことである。間接強制については、民法には明文規定がなく、民事執行法に規定されている（民執172条）。もっとも、間接強制が許される範囲については明文規定がないので、従来までの解釈として、間接強制は、その性質上、心理的強制の契機を伴うので、債務者人格に対する圧迫になること、また、迂遠であることから、訴訟経済の見地からも不効率なので、直接強制や代替執行が可能な事例であれば、これらの手段に依拠するべきであり、間接強制は可及的に回避されるべきであるとされてきた。もっとも、間接強制の可否につき、いまだに明確な基準はなく、判例は、夫婦間の同居協力扶助義務については間接強制と親和しないと判示した反面（大決昭和5・9・30民集9-11-926）、幼児の引渡義務については間接強制と親和すると判示していること（大判大正元・12・19民録18-1087）に注意するべきである。

　なお、近年、民事執行法改正作業の一環として、間接強制に依拠し得る範囲が明文規定により拡張された（平成15年改正）。

〔438〕 **代替執行について**　　代替執行とは、裁判所の債務名義に基づく強制執行により、本来の債務の内容を、債務者の意思に反するか否かにかかわらず、債務者本人以外の第三者に実現させ、その費用のみを債務者本人より強制的に徴収することである。もっとも、代替執行は、どのような債務についても

可能というわけではなくて、誰がどのように履行したとしても、債務の本旨に従った履行をなし得る債務に限られる（414条1項・2項）。このような債務を代替的債務という。そして、代替執行は、作為義務のみならず不作為義務についても可能である（同条2項・3項、民執171条1項）。また、不作為義務に違反して違法な作為がなされた場合の代替執行につき、債権者は裁判所に対して、将来のための適当な処分を請求することができる（414条3項）。

〔439〕 **契約解除制度について**　有効な契約がされ、契約当事者が相互に自己の債務を負担しているのに一方当事者が正当な理由なく自己の債務を履行しようとしない場合に、債権者としては債務の履行催告をして履行がされない場合には当該契約を解除して生じた損害賠償を受けることを前提に当該契約はなかったという状態にしてしまうという制度としての契約の解除制度が存在する。この契約の解除制度も多くの機能を有するところであるが、これについては8章第3節で論じられているため深く触れることは避けるが、このような条件が満たされたときに債権者に与えられるのが解除権であり、これによって契約ははじめからなかったこととなるという効果が生じると理解されている（直接効果説）。

第3節　債務不履行責任

〔440〕 **損害賠償債権の発生原因としての債務不履行**　本来債務というものはその趣旨に沿った履行がされることによってその役割を全うして消滅するものである。そうであるからには債務者においては当該債務の本旨に従った履行行為をする義務があるということができる（415条）。その意味では、民法所定の債権債務の発生原因（契約・事務管理・不当利得・不法行為）より生じた債務は、債務者が債務の本旨に従った履行（本旨弁済）をすることにより、その目的を達して消滅するということになる。しかし、履行の可否は、債務者の事情次第なので、つねに履行されるとは限らない。たとえば、履行したくてもできない（履行不能）、履行できるにもかかわらずしない（履行遅滞）、履行したが、その内容が不完全（不完全履行）などの事情により、不履

行に陥ることもあり得ることは、容易に理解できることである（3類型説）。これを講学上、債務不履行といい（415条）、民法は、本旨弁済を受けられない債権者を救済するため、強制履行請求権（414条）、損害賠償請求権（415条、416条）、契約解除権（541条、543条、545条）の各権利を認めている。

債務者の債務不履行に起因して、債権者が法律上当然に取得する債権を、債務不履行に基づく損害賠償請求権という（415条、416条）。以下、履行遅滞、履行不能、不完全履行という債務不履行の3態様について考察する。

〔441〕**履行遅滞の成立要件**　履行遅滞の成立要件は、①履行期（弁済期）を徒過していること、②履行が可能であるにもかかわらず履行しないこと、③債務者の責めに帰すべき事由があること、④履行しないことが違法であること、である。

① 履行期（弁済期）を徒過していること

債務とは履行義務を意味することから、債務者は履行しなければならないことは当然であるが、いつの時点において履行をなすべきなのか、つまり、その「期限」を明らかにしなければ、債務者は履行に着手することができない。この点につき、民法は、412条に規定を置き、明確化に努めている。

本条は、履行期について期限が付されているのか否かにより区別し、これが付されている債務を「（履行期について）期限の定めのある債務（期限付債務）」（同条1項・2項）、付されていない債務を「（履行期について）期限の定めのない債務」（同条3項）となし、さらに、期限付債務について、確定期限、たとえば、来週の月曜日、などのように、確実に到来する期限を付した場合（同条1項）と、不確定期限、たとえば、履行場所である東京の飯田橋で雨が降ったとき、などのように、到来することは確実であるが、その時期が不明である場合（同条2項）を区別して、確定期限付債務については、期限到来時を遅滞の起算点としている（同条1項）。なお、不確定期限については、債務者が期限の到来を知った時点を、遅滞の起算点としている。

前者につき、到来することは自明なので、債務者に対する催告は、原則として不要である。ただし、例外として、取立債務の場合は、債務者に履行の準備の機会を与える趣旨から、催告を必要とすることに注意するべきである。後者につき、期限到来時とすることなく、債権者の認識時としていることの

意味であるが、債務者が遠方（たとえば外国）に在住している場合など、ただちに期限の到来を知ることができない場合についてまで、期限到来時（つまり降雨時）より、遅延損害金の支払いなどの履行遅滞の責任を負わせることは、酷に失するからである。

　「期限の定めのない債務」については、履行期限が到来しないと、「期限」が法律行為の効力発生要件であって、履行義務が発生しないことから、債権者は履行を請求できず、また、債務者も履行できないことになる。そこで、民法は、債権者が履行を請求すると、履行義務が発生し、その時点から遅滞に陥ると定めている。ただし、消費貸借に関する民法591条は例外である。債務者に履行を準備する暇を与える趣旨である。

② 履行が可能であるにもかかわらず履行しないこと

　履行期に、弁済の提供がなされなかったことにつき、そもそも履行が不可能であったとすれば、それは、履行遅滞ではなくて履行不能の問題となる。つまり、履行遅滞とは、債務者が、履行期に履行しようと思えば、なし得たにもかかわらず、結果として、これをしなかった場合に限られる。なお、金銭債務の遅滞については特則があるので注意を要する（〔453〕参照）。また、履行遅滞は、履行期に弁済の提供がなされなかった（間に合わなかった）点において、不完全ながらも提供がなされていた不完全履行と区別される。

③ 債務者の責めに帰すべき事由があること

　これは、帰責事由、あるいは帰責性と略称され、債務者の故意や過失、又は、信義則上、これと同一視される事由であると説明されている。なお、ここにおける「過失」とは、いわゆる抽象的軽過失であり、当該職業や階級にある人として、社会共同生活上要求される客観的な注意義務違反、つまり、善良なる管理者の注意義務違反（善管注意義務違反。400条参照）の意味と解釈されている。具体的にいうと、いわゆる主観的軽過失（自己の財産におけると同一の注意義務。寄託に関する659条参照）や重過失（著しい注意義務違反＝些細な注意を払いさえすれば悪しき結果は発生しなかったという意味）を含まない。

　このような、債務者の故意や過失に付随して、これらと「信義則上これと同一視される事由」の意味であるが、これは、いわゆる履行補助者の故意と過失のことである。形式的に考えると、債務者本人と、その補助者は別個の

人格なので、補助者の故意や過失に起因する結果を、ただちに債務者に帰責できず、補助者に対して不法行為責任を追及するほかはないようにも思える（709条。事案によっては使用者責任に関する715条。なお、履行不能の事案であれば、債務者自身に帰責性がないことから、危険負担の問題として処理されることになろう）。しかし、債務者の手足ともいうべき補助者を使用して利益を得ている債務者本人を免責することは、信義則に違反し、法律感情が許さないというべきである。そこで、通説や判例は、履行補助者なる概念を用いて、これらの者の故意や過失を、債務者本人のそれと同一視して、債務者本人に債務不履行責任を負わせている。

　なお、履行補助者の故意や過失の理論は、通説や判例理論により精緻化され、債務者本人の手足そのものというべき地位の補助者（狭義の履行補助者）と、債務者に代わり、履行の全部又は一部を代行する地位にある代行者（履行代行者）に区別して論じられている。そして、後者についてはさらに、ａ）履行代行者の使用が明文の規定や特約により禁止されている場合、ｂ）明文の規定や特約により許容されている場合、ｃ）禁止や許容に関する明文規定や特約が存在しない場合に分けられ、ａ）については、代行者に故意や過失がない場合であったとしても、代行者を使用すること自体が使用禁止義務に違反する債務不履行なので、債務者本人が損害賠償債務を負担する。ｂ）については、債務者本人は、損害発生についての過失責任を問われるのではなくて、代行者の選任や監督についての過失責任のみを問われる（105条、658条、1016条2項など）。ｃ）については、履行の客観的な性格により判断され、当該契約の解釈として、使用を禁止されている解釈される場合にはａ）と同じ結論となり、使用を許容されていると解釈される場合にはｂ）と同じ結論になる。

　最後に、民法415条の解釈に関し、同条の後段において、履行不能については明文をもって帰責性を要求しているにもかかわらず、同条の前段において、履行遅滞と不完全履行については帰責性を要求していないことの意味について説明する。この点につき、民法起草者は、同条前段の「履行をしない」という文言の意味として、債務者に帰責性を要求するべきことは、過失責任の原則の見地から、明文化するまでもない当然のことであるが、このままでは、不可抗力による履行不能についても責任を負うかのようにも読めること

から、これを除くことを明らかにするため、特に後段を規定したのであった。しかし、かような規定の体裁は、かえって混乱を招き、履行不能については帰責性を要するが、履行遅滞と不完全履行については帰責性を要しないと解釈する余地を生じ、古い判例の一部には、帰責性を不要と判示するものも存在した（大判明治40・11・2民録13-1067）。

　もっとも、通説・判例（大判大正10・11・22民録27-1978、最判昭和34・9・17民集13-11-1412など）は、形式的な体裁よりも立法者意思を重視して、履行遅滞や不完全履行についても、帰責性を必要と解している。その形式的根拠としては、金銭債務の特則に関する民法419条3項が、金銭債務の履行遅滞について、不可抗力をもって抗弁できないと規定していることの反対解釈として、金銭債務以外の債務の履行遅滞については、過失責任の原則の見地から、帰責性を必要とするべきことがあげられており、実質的根拠としては、履行不能と履行遅滞を区別する合理性はないことがあげられている。

④　履行しないことが違法であること

　履行遅滞が「違法」ではないことの意味が問題となる。これは、正当化事由が存在する場合、たとえば、債務者側に同時履行の抗弁権（533条）や留置権の抗弁（295条）が認められる場合には、債務者が履行期において、自己の債務の履行が可能であるにもかかわらず履行しないことが正当化される。つまり遅延損害金その他の損害賠償債務が発生しないことを帰結する。

〔442〕　**履行遅滞の効果**　　履行遅滞の効力としては様々なものがある。そこで損害賠償債務、つまり、遅延損害金の支払義務などの発生原因となる。そして、当該債権債務が契約により発生したものであれば、その契約が解除されない限り、損害賠償債務に加えて、本来的債務の履行義務を免れず、これを任意に履行しない場合には、現実的履行の強制を甘受しなければならない。

　つぎに、解除権の発生原因となる。この点につき、解除権の発生要件に関し、解除の意思表示（単独行為）が必要なことは当然として、遅滞の事実があればただちに解除の効果が発生することはなく、「相当の期間」を経過した後になってはじめて、解除の効果が発生する（541条）。具体的には、解除の意思表示の時点において、履行の準備のために必要な、相当期間を猶予した履行の催告をなし、その期間が経過した時点において、解除の効果が発生

し、契約関係は、契約締結当初にさかのぼって消滅する。そして、解除の効果として、契約関係が消滅することから、双務契約であれば、契約当事者がすでに受領しているものについては、相互に不当利得となることから（703条。利得を保有するべき法律上の原因がない）、これを互いに返還する債務、つまり原状回復義務を負担する。なお、付随する損害賠償については、解除の遡及効の例外として、特に存続するが、その内容は、いわゆる信頼利益に限られ、履行利益、たとえば、取引機会の喪失に基づく損害などには及ばないと解されていることに注意するべきである（民法545条の解釈に関する、判例・通説としての直接効果説の帰結）。

以上が、履行遅滞の主要な効果であるが、これに付随するいくつかの論点があるので、説明をする。

まず「相当の期間」の解釈に関し、いわゆる「定期行為」の問題がある。債務が期日までに履行されないと履行の意味を失う場合を意味し、絶対的定期行為、つまり、契約の客観的性質から当然に定期行為されるもの、たとえば、中元や歳暮に供する熨斗（のし）を、その時期までに納品させるような場合と、相対的定期行為、つまり、当事者の主観的な動機に鑑みて、定期行為とされるもの、たとえば、新年度の初めに私塾を開く目的で、マンションの一室を賃借するような場合、に区別されている。定期行為と解釈された場合の処理であるが、定期行為の性質上、履行期限を徒過すると履行の意味が失われることから、もはや、債務者に履行の準備をする機会を保障する必要はないことから、催告なしに解除をなし得ると解されている（無催告解除）。この点につき、絶対的定期行為、つまり前者の例であれば、当然に無催告解除をなし得るが、相対的定期行為、つまり後者の例であれば、賃貸人に対し、賃借人が賃借目的を明示した場合に限り、定期行為として取り扱い、無催告解除をなし得ると解されている。

もっとも、既往の通り、解除に基づく損害賠償の内容は信頼利益に限られることから、損害の現実的なてん補を期待できないのみならず、また、解除しないとすると、債権者は、遅滞した履行を、遅延損害金を加えた形で受領し、自らの反対給付を履行する義務を免れない、たとえば、代金を支払わなければならないので、現実的な救済の方途とはいえない。そこで、通説や判例（大

判大正4・6・3民録21-760)は、当該契約を解除することなく、遅滞した履行の受領を拒絶しつつ、履行不能に準じたてん補賠償の請求をなし得ると解している。そして、この判例理論は、定期行為以外の債務についても敷衍され、債務者が「相当の期間」内に履行しない場合には、遅滞した履行は無意味になることから、ただちにてん補賠償の請求をなし得ると解するに至っている（大判昭和8・6・13民集12-14-1437)。

つぎに、債務者が履行を遅滞している間に、当該債務が不可抗力に起因して履行不能に陥った場合、なお債務者に帰責できるのかが問題とされている。この場合、遅滞は債務者に帰責性が認められるものの、不能については帰責性がないので、少なくとも不能については、後発的不能であって債務者に帰責性が認められる場合として、危険負担の問題として処理することも可能である（534条、536条参照）。しかし、通説・判例は、そのように解することなく、履行不能は遅滞中に起きた事故として、信義則上、債務者は不能についても責任を負い、てん補賠償債務を負担するが、債務者が、履行を遅滞しなかったとしても不能の結果は発生したことを証明した場合、たとえば、船便につき、1週間遅れの遅延便に船荷を乗せたところ、これが沈没して履行不能になった事案につき、約定通りの便についても、同様に沈没していたこと（履行不能の結果に変わりはなかったこと。換言すると、遅滞に起因して不能を招来したという因果関係がないこと）を証明した場合に限り免責されると解している。

〔443〕 **履行不能の成立要件**　履行不能の成立要件は、①契約締結後の履行不能であること（後発的全部・一部不能。なお、履行期の前後を問わない）、②債務者の責めに帰すべき事由があること、である。

①について、債務不履行における履行不能とは、契約締結前における履行不能、つまり原始的不能を含まず、契約締結後における履行不能のみを対象とする。詳しく説明すると、契約成立前の原始的不能について、全部不能（＝滅失）の場合については契約締結上の過失の問題となり、一部不能（＝毀損）の場合については担保責任の問題となる。そして、契約成立後の後発的不能について、全部又は一部不能であって、債務者に帰責性がない場合は危険負担の問題となり、全部又は一部不能であって、債務者に帰責性がある場合に

は、債務不履行責任の問題となる。

　「不能」とは、不可能を意味するが、自然科学的な物理的不可能のみならず、法律学独自の見地からの、社会的意味の不能も含むことに注意するべきである。一例として、不動産の二重譲渡がなされ、第一譲受人と第二譲受人が、相互に民法177条における「第三者」の地位となり、対抗関係となった場合には、いずれか一方の譲受人が登記を備えた時点において、譲渡人の、他方譲受人に対する不動産の引渡債務は履行不能になると解されている（最判昭和35・4・21民集14-6-946）。その余の解釈については、〔441〕の③を参照されたい。

〔444〕**履行不能の効果**　履行不能とは、本来の債務の履行（実現）が不可能となるに至った状態をいうので、本来的債務に代わり、その穴埋めをする、つまりてん補するべき賠償を、履行不能に陥らせたことについて帰責性のある債務者に対し、請求することができる（てん補賠償）。双務契約を発生原因とする債務であった場合には、債権者は解除権を取得し、催告なしに当該契約を解除することができる（無催告解除）。また、履行期前に不能の事実が確定した場合であれば、履行期を待たずに解除することもできる。けだし、履行不能に陥ると、もはや履行が不可能になるので、その準備期間の猶予を与える意味がないからである。そして、履行が不可能である以上は、もはや期限の利益もないというべきだからである。

　ここで注意するべきことは、債権者は、当該契約を解除してもしなくても、本来的債務の実現を期待できないことから、債務者に対しててん補賠償を請求できることである。ただし、解除しない場合には、債権者が負担する、反対債務の履行義務を免れないことから、形式的には、不能に陥った債務者の担保賠償債務、つまり金銭賠償債務と、債権者の反対債務としての代金支払債務が存続することになるが、これを相互に履行することは、単に金員がいったりきたりするのみであって、無意味なことから、これらの債務を損益相殺に付し、解消すると考えるのが一般である。

　なお、一部不能の処理であるが、一部不能であって目的物が不可分であれば、全部のてん補賠償をしなければならないが、目的物が可分であり、残部をもって契約目的が達成可能であれば、一部のみをてん補賠償すれば足り、

契約目的が達成不可能であれば、全部のてん補賠償をしなければならない。

〔445〕 不完全履行の成立要件 民法起草者は、415条前段を履行遅滞に関する規定、そして、同条後段を履行不能に関する規定と位置付け、いわゆる不完全履行、つまり、履行はなされたが、その内容に不備があった場合を、独自な不履行の態様として予定していなかった。つまり、不完全履行については、事後的な完全履行、つまり、追完可能であれば一部遅滞の問題として処理することができ、また、追完不可能であれば、一部不能の問題として処理できるので、あえて、不完全履行を独自の態様として認める実益はないと考えていたからであった。

たとえば、a）給付された目的物の（可分な）一部に不備があった場合（缶ビール1ダースのうち3本の缶がつぶれていた場合など）などを想起すれば自明である。しかし、取引の実情を考察すると、このような処理をなし得ない事例もあることが指摘されてきた。たとえば、b）給付物に不備があり、その不備に起因する拡大損害を惹起した場合（病気に罹患した鶏を給付したために、もともといた鶏に感染し、全滅させた場合）、c）本体的債務の履行は完了したが、履行の際に損害を惹起した場合（家具を納品する際に、備え付けのカーペットを傷めてしまった場合）、d）本体的債務の履行は完了したが、履行方法が不適切であった場合（タクシードライバーが、乗客を目的地まで運送する際に、著しく乱暴な運転をした場合）などの各類型である。

各類型について検討すると、b）につき、一部履行遅滞を構成し、健康な鶏を追完させ、拡大損害については、別途不法行為責任（709条）を追及するのでは、あまりに迂遠に失する。そこで、不完全履行（特に「積極的債権侵害」ということもあるので注意）として、拡大損害を含めた損害賠償責任を認める実益がある。c）につき、納品については履行遅滞も不能もないので債務不履行責任は問い得ず、備品の損傷についてのみ不法行為責任として処理することも可能であるが、原告である買主は、納品した売主の、納品に際しての注意義務違反（過失）等を立証しなければならないので不合理である。そこで、不完全履行（特に「積極的債権侵害」ということもあるので注意）として、履行に起因する損害を含めた賠償責任を認める実益がある。d）につき、目的地に到着しているので、運送債務については遅滞も不能もなく、また損害

も発生していないので、債務不履行責任を問い得ないばかりか、不法行為責任も問い得ないことになる。しかし、債務の履行は信義に従い誠実になされなければならないことを考慮すると（1条2項）、単に運送すれば履行を完了したというべきではなく、乗客を安全に運送することも、本体的債務に付随する信義則上の債務として、認められるべきである。すると、乱暴に運送する行為は、本体的債務の履行としては不履行を観念し得ないものの、付随的債務の不履行として、不完全履行を観念する実益がある（特に「安全配慮義務」といわれることもあるので注意）。

　不完全履行を、債務不履行の一類型として認めることを前提として、その成立要件であるが、①履行行為が存在したこと、②履行が不完全、つまり「債務の本旨」に従った履行ではなかったこと、③債務者に帰責性があること、④不完全な履行が違法であること、の各要件を備える必要があると解されている。

　①であるが、この点において、履行遅滞や履行不能と区別される。なぜならば、不完全履行は、履行がなされたことを前提として、その履行の不備を問題としているが、遅滞や不能は、履行がなされていないことを前提として、その理由を問題としているからである。②③④については、遅滞（〔441〕参照）と不能（〔443〕参照）における解釈と同様である。

〔446〕 **不完全履行の効果**　遅滞や不能と同じく、損害賠償請求権の発生原因となる（415条）。損害賠償の内容については、再度の完全履行をなすべき場合と、なすべきではない場合に区別して処理され、前者については、不完全な履行として給付された目的物を返還し、再度の履行を求め、完全な目的物の給付を受けることができる。併せて、遅延損害金を請求することができる（先に不完全、後に遅滞という意味においての遅滞責任との競合）。もっとも、履行期までに再度の完全履行をすれば、不完全履行責任のみならず、遅滞責任も負わないことは当然である。なお、再度の完全履行がなされない場合は、債権者は、相当期間を定めた催告のうえ、契約を解除することができる。一部遅滞に準じた処理であるが、不完全ながらも履行がなされているので、受領した不完全な給付としての目的物を返還しなければならない点において、純粋な一部遅滞と異なる。そして、遅滞後に不完全な履行をなした場合の処

14章　損害賠償制度——債務不履行と不法行為　259

理については、すでに説明した通りである（先に遅滞、後に不完全という意味においての遅滞責任との競合）。

　後者、つまり、再給付が不可能となった場合、あるいは、再給付が無意味となった場合は、本来の債務（完全な給付）の実現を諦め、不完全な履行として給付された目的物を返還し、本来の給付に代わるてん補賠償を請求することができる。そして、債権者は催告なしに解除することができる。一部不能に準じた処理であるが、受領していた不完全な給付としての目的物を返還しなければならないことは、既往の例と同じである。また、不能責任との競合もあり得、たとえば、医療過誤（不完全履行）に起因して、後遺症が固定した（再治療不可能という意味における履行不能）場合などが考えられる。

第4節　債務不履行に関するいくつかの制度

〔447〕　**金銭賠償の原則**　　民法は、債務不履行に起因して生じた損害を、債務者が債権者に対して金銭をもって賠償する制度を採用している（415条、416条、417条）。なお、民法は、不法行為責任についても金銭賠償の原則を採用しているが、例外として原状回復を認めている（723条。名誉毀損に関して）。

〔448〕　**損害の諸類型**　　被害法益による区別として、財産的損害と非財産的損害に区別される。財産的損害とは、たとえば、所有権侵害のような物理的侵害を受けた場合であって、その経済的若しくは価値的な損失の換価が容易である態様の損害を意味する（有形的損害）。これに対し、非財産的損害とは、字義通り、財産の損害以外の損害であって、たとえば、人の生命や身体、名誉などを侵害された場合に発生する損害を意味する。生命侵害を受けた場合、つまり被害者が死亡した場合には、その年齢に応じた、生きていたのであれば得られたであろう生涯賃金の換算を損害と評価することが可能であり、また、身体、とりわけ肉体に被害を受けた場合、つまり、加害行為に起因して後遺症が固定し、労働能力を喪失した場合には、当該被害を受けずに定年まで勤続したのであれば得られたであろう生涯賃金を損害と評価することが可能なので、財産的損害との差異は少ない。しかし、身体の一部である「精神」

に被害を受けた場合——これを特に精神的損害といい、これを慰謝する方法を慰謝料請求権というが——、心の痛みの感じ方は各人各様であるとともに、可視的ではないことから、その算定にはかなりの困難を伴うので、財産的損害の換算との差異は大きいことに注意するべきである（無形的損害）。

なお、民法は、慰謝料請求権につき、債務不履行責任には明文規定を置くことなく、不法行為責任についてのみ、明文規定を置いているが（709条、710条）、これは、民法起草者が、財産取引などの契約の不履行において、生命や身体の損害を惹起することは僅少であり、仮にこれを生じた場合には、その部分についてのみ不法行為責任を追及すれば足りると考えていたことによる。しかし、近年における契約理論の発展に伴い、安全配慮義務などの、生命や身体にかかわる付随的義務の不履行を観念するに至った現状に鑑みると、債務不履行責任に伴う慰謝料債務を発生させることも、あながち不合理とはいえないであろう（709条、710条を類推適用することになろう）。

つぎに、債務不履行に起因して現有財産が減少したのか否かの区別として、積極的損害と消極的損害に区別される。積極的損害とは、たとえば、所有権侵害のように、目的物が滅失し、若しくは毀損することにより、物の価値が消失し、若しくは減少するような場合を意味し（これを「蒙りたる損害」という）、消極的損害とは、たとえば、前記した、死亡事例や後遺症固定事例のように、労働能力の喪失により、残余の生涯賃金を得られなくなった場合のように、現有財産の減少を来たしていないが、得られるべき利益を得られなくなった場合を意味する（これを「逸失利益」あるいは「得べかりし利益」という）。

〔449〕 **損害の算定方法**　債権者が債務者より本旨弁済を受けていない現状と、債権者が本旨弁済を受けたとすれば得られたであろう利益を、債権者の現有財産に加算した仮定の状況との差額であると捉える考え方が通説・判例である（差額説）。このような考え方は、裁判官による損害の算定に広範な裁量を与え、損害の公平な分担を実現できるという意味において、広く支持されている。

〔450〕 **損害賠償の範囲**　民法は、債務不履行に基づく損害賠償請求権の成立要件として、「これ（債務不履行）によって…生ずべき損害」であること、つまり、債務不履行と損害発生との間の因果関係を要求している（416条1項）。

もっとも、因果関係の問題には、因果関係の「存否」の問題と、因果関係が存在するとして、その幅、つまり賠償するべき「範囲」の問題があるので、注意を要する。

 まず、因果関係の存否の問題については、民事責任には、刑事責任のような、いわゆる白か黒かというシビアな二者択一の帰結しかあり得ないことと異なり、一部勝訴、つまり一部認容などの、柔軟な割合的認定が可能なので、刑事責任における因果関係の諸学説のような、峻厳な学説の対立はない。この点につき、判例・通説は、いわゆる相当因果関係説を採用しているが、「存否」の側面においては、原因と結果の関係があれば、素直に因果関係の存在を認めているのが実情である。

 つぎに、因果関係の範囲（幅）の問題であるが、この側面については、損害賠償額の認定を左右する重要な要素となることから、既往の刑法解釈ほどではないものの、学説の対立がみられる。この点につき、相当因果関係説は、幅の問題を「相当」の文言に引っ掛けることにより、「風が吹けば桶屋が儲かる」式の、債務不履行と因果関係のある全損害の賠償義務（完全賠償主義）を否定し、全損害のうち、損害の公平な分担の見地から、社会通念上「相当」な範囲の賠償義務を負担すれば足りると解釈している。これを民法の条文に即していうと、「通常生ずべき」なる文言が（416条1項）、相当因果関係の原則を立言していると考えるのである。しかし、「相当」な範囲というのみでは、曖昧に失するので、民法は、「相当」の内容を通常損害と特別損害に分けて、その取扱いを区別している。

〔451〕 **通常損害** まず、通常損害であるが、当該債務不履行に起因して通常生じるべき損害を意味する。たとえば、商品の納品が遅れたため、当該売買契約が解除された場合、損害額の認定は、判例理論に依拠すると、約定の履行期における時価と、遅滞した実際の引渡日における時価との差額ということになる。判例理論のポイントは、約定の履行期から遅滞した実際の引渡日に至る間に、時価が変動し、価格騰貴による最高価格が記録されていたとしても、それは通常損害の範疇に含まれないことから、損害額の認定において斟酌されない点にあることに注意するべきである。ちなみに、この点は、後述の特別損害の認定において考慮されるべき事実である（中間最高価格の賠

償請求の可否の問題)。

〔452〕 **特別損害**　つぎに、特別損害であるが、前述の例のごとく、本来の履行期と遅滞した引渡日の間に、中間最高価格が記録されていた事例において、買主が、その時を捉えて目的物を転売し、安い仕入価格と高い販売価格の差額を儲けたであろう事情が認められた場合などが典型である(大判昭和4・4・5民集8−6−373など)。このような場合、買主は、売主が価格騰貴を予見し、又は(実際には知らなかったが)予見し得たことを証明した場合に限り、中間最高価格と遅延した実際の履行期との差額を請求できると解するのが通説・判例である(大判大正13・5・27民集3−6−232、最判昭和37・11・16民集16−11−2280、最判昭和47・4・20民集26−3−520など)。この点に関する判例理論の変遷について一瞥すると、民法施行後しばらくの間は、中間最高価格の賠償請求の可否の問題を特別損害の範疇に含めることなく、通常損害の問題として処理をなし、買主は、売主の予見可能性を証明することなく、任意に基準時を選択できる、つまり、価格騰貴時を基準として賠償請求をなし得ると判示していた(大判明治39・10・9、大判明治41・3・18民録14−290、大判大正11・6・5民集1−283など)。このように解すると、事実上、つねに中間最高価格の賠償を請求できることになるが、投機取引において、時価の天井や底を予測することが著しく困難であることは、取引のプロならぬ素人であったとしても、すぐにわかることであるから、結果からみて騰貴時を探し、そこを基準とすることを可能とする本見解が不合理であることは容易に理解されよう。このような批判を容れて、時の大審院は判例理論を改めたのであった。

〔453〕 **債務不履行に付随する特殊な効果**　債務不履行の効果として、損害賠償請求権を認める意義が、債務者による債務不履行の不利益から債権者を救済する点にあることは論をまたない。しかし、債務不履行に陥った一因が、債権者にもある場合があり得ることも、論をまたないところである。また、債務不履行責任が契約責任の1類型であることに鑑みて、当事者間において、将来における債務不履行に備えて、あらかじめ、損害賠償額を予定する場合も考えられる。いずれも、裁判所が損害額を認定する際において斟酌されるべき事情であり、債務不履行の効果としての損害賠償なる効果を制限する法

理である。民法は、前者について過失相殺を規定し（418条）、後者については、損害賠償額の予定を規定している（420条）。なお、不履行に陥っている債務が金銭債務であった場合には、不能があり得ず、遅滞のみが問題となる（後述〔456〕参照）など、特殊の効果が付与されており、これも、一般に債権と比較して、損害賠償請求権なる債権の嚴取力を強める効果を生んでいる。以下、おのおのの規定について説明する。

〔454〕 **過失相殺** 履行そのものや損害の拡大について債権者に落ち度がある場合についてまで、すべての損害を債務者に帰責することは、民法の基本原理である公平の理念に背馳することから、損害の公平な分担の見地から、当事者双方の過失割合に応じ、債務者の賠償額を減額する方途を認めたものである。なお、過失相殺における「過失」とは、債務不履行の成立要件としての過失、つまり注意義務違反とは、同じ文言ながら異なる概念であり、規範的な意味合いはなく、単純な落ち度という事実上の意味しかないことに注意するべきである。つまり、法律上の責任を帰責するための要件ではなくて、すでに認定されている損害の公平な分担の1資料に過ぎないからである。

また、不法行為責任における過失相殺との差異についても注意するべきである。債務不履行責任における過失相殺につき、裁判所が債権者の過失を認定した場合には必ず斟酌しなければならず、また、仮に債権者の過失を100％と認定したとすると、債務者の過失を全免することも可能であるが（「責任」を斟酌するという文言が賠償責任の全免を可能とする根拠である）、不法行為のそれについては、過失相殺をするのか否かは裁判所の裁量であり、また、責任の全免は不可能である（722条参照。債務不履行の場合と異なり「責任」の文言がない）。民法が、このような効果の差異を認めた趣旨であるが、被害者救済という政策的な要請に求めることができる。つまり、過失相殺をしなければ損害賠償額を減じられることはなく、また、加害者の賠償責任が全免されなければ、必ず損害賠償を受領できるからである。

〔455〕 **損害賠償額の予定** その趣旨は、債権者による損害立証の煩瑣を回避する点にある。このことから、債権者は不履行の事実のみを証明すれば足りる反面として、実損害が多い場合であったとしても、予定額との差額を請求することはできない。また、債務者は、実損害が予定額よりも僅少であった

としても、予定額の賠償責任を免れない。さらには、裁判所も賠償額を増減することができない（420条1項後段）。また、立証煩瑣の回避のみを目的とするのであって、損害賠償請求権を否定しないことから、債権者は、本来的債務の履行を請求することも可能であり、解除権の行使を妨げることもない（420条2項）。

なお、損害賠償額の予定と類似するものとして違約金の特約があるが、民法は、違約金の特約を損害賠償の予定と推定している（同条3項）。もっとも、違約金の特約をすべて損害賠償の予定とする趣旨ではないことは、「推定」の文言から明らかであるから、契約自由の原則により、違約金の特約につき、当事者間において、一般条項（1条2項、90条）に反しない限りにおいて、民法所定の効果と別異の効果を付与することができる。そして、この点に関する証明責任は債権者にあることに注意するべきである（民事訴訟法の証明責任の分配に関する法律要件分類説。通説・判例）。

〔456〕　**金銭債務の特則**　金融は資本主義経済を支える基盤を形成し、私的自治の原則を旨とする民法の存立の基礎となるものであることから、民法は、金銭債務に一般債権と異なる強い斂取力を付与し、その高度の流通性を確保している。その現れとして、金銭債務について履行不能はなく、遅滞のみが問題とされるに過ぎない。払えないのではなくて、払わないに過ぎないのである。つまり、債務者が支払えないのは、たとえば浪費したのか、あるいは仕事を選んでいるから稼げないなどの主観的事情に過ぎず、お金そのものは、世の中にいくらでも存在するからである。要するに、単なる調達の不備に過ぎないのである。

このような金銭の特質から、債務者は、遅滞について不可抗力をもって抗弁とすることができず（419条3項。事実上の無過失責任）、また、債権者は、弁済期日に支払いがなかったこと、つまり不履行の事実のみを証明すれば、約定の基準に準拠した遅延損害金を、損害賠償として当然に請求し得るのである。もっとも、利率を特約しておかないと、損害額の算定は法定利率に依拠することになるので、民事債務であれば年5分（419条1項、404条）、商事債務であれば年6分のみ請求し得るに過ぎないので（商514条）、注意を要する。

（根本晋一）

15章 損害賠償制度としての不法行為

第1節 一般不法行為と不法行為の成立要件

1 概要

〔457〕 **不法行為の意義** 不法行為とは、損害が発生した場合、一定の要件の下で加害者にその損害を賠償する義務を課し、それを履行させることによって、被害者に生じた損害を他人（加害者）に転嫁する制度である（そのような義務を生ぜしめる加害者の行為を不法行為ともいう）。たとえば、自動車を運転していたAが信号停止していたところ、後続の自動車の運転手Bの前方不注意により追突されて怪我を負い、入院を余儀なくされ仕事も休職しなければならなくなったとする。この場合、Aは、Bの加害行為によって自己の身体を侵害されたとして、治療のために要した入院費用や休職によって得られなかった給料等の損害を、Bに対して賠償請求することができる。ここでなぜAがBに損害賠償請求できるかというと、AとBとの意思表示の合致、すなわち契約があったからではない。意思表示（契約）に基づかなくとも、民法(709条以下)やその特別法(自動車損害賠償保障法)などが一定の要件の下に、加害者が被害者に対してその損害を賠償することを定めており、法律の効力によって当然に損害賠償請求権が発生するのである。つまり、不法行為という制度は、法律が定める要件事実さえ備われば、その法律効果として、ある一定の人間に損害賠償債権・損害賠償支払債務といった債権債務関係を発生させる制度なのである。

〔458〕 **責任負担のための原理** 不法行為法は、民法709条以下及び種々の特別法によって構成されるが、不法行為の基本原則を定めているのは民法709条である。本条は、適用される場面を限定することなく、一般的不法行為の

成立要件について定めていることから「一般不法行為」と呼ばれる。この規定の重要な意義は、いかなる者であっても、故意や過失がない行為から生じてしまった損害については賠償責任を負うことのない「過失責任原則」を採用している点にある。そこには、加害行為の責任主体として個人を想定し、他人の行為に対しては決して責任を負わないという「自己責任」の前提がある。市民生活において人と人との接触は不可欠であり、合理的で思慮深い行動をとっていたとしても、ある人に損害が生じてしまったという事実だけで賠償責任を負担させられるのでは、自由な活動・取引はできなくなってしまう。つまり、民法709条は、自分自身に落ち度（故意・過失）がない限り、誰しも損害賠償責任を負わないことを裏側から保障することによって、社会における自由な活動・取引を保障しているのである。

　もっとも、不法行為法全般にわたって過失責任原則が貫徹されているわけではない。すなわち民法は、709条のほかに714条から719条に特殊な不法行為について規定するが、これらは不法行為の原則たる過失責任原則を修正している。たとえば、717条1項ただし書は、「占有者が損害の発生を防止するのに必要な注意をしたときは、所有者がその損害を賠償しなければならない」として、所有者の過失を要件としていない（このような「過失がなくとも責任あり」という考え方を無過失責任という）。また、使用者責任を定める715条は、規定の構造上こそ過失責任を維持するが、自らに過失がないことを証明できなければ責任を負うとして立証責任を転換し、他人（被用者）の行為について使用者に責任を負わせることを認めている（過失責任と無過失責任の間に位置する意味で「中間責任」といわれる）。さらに、国家賠償法、自動車損害賠償保障法、失火ノ責任ニ関スル法律（以下、失火責任法）といった不法行為の特別法は、無過失責任ないし中間責任の考え方を採用し、709条の基本原則を修正している。

　このように、特殊な不法行為や特別法によって無過失責任が採用される理由は、709条が過失責任を原則とすることを明言しているからにほかならない。つまり、ある行為によって損害が発生した場合に、加害者の故意・過失を必要条件とすると被害者の損害の回復が図られなかったり、被害者に立証責任を課すと損害の公平な分担が図られなかったりする場合が少なからず存

在しており、それを解決する必要があるが、過失責任主義を原則としている以上、例外を認めるためには特別な規定や立法が必要なのである。

[459] **不法行為法の目的・機能**　不法行為法の最も重要な目的・機能は、加害者に損害賠償を履行させることによって被害者に生じた損害をてん補し、被害者を救済することである。ある種の事故類型において、過失責任主義を修正する必要が出てくるのは、この目的が果たされないからである。しかし、不法行為の目的・機能はそれだけにとどまるものではなく、一般抑止の機能も有している。すなわち、他人に損害を加えれば損害賠償義務を課されるということが、不法行為をなすのをとどまらせたり、ある注意義務に従わない場合には他人に損害が生じ得ることを国民に示すことによって、より注意深い行動をとらせることになる。このようにして、不法行為制度には事故を防止（抑止）する機能も備わっているのである。

[460] **一般不法行為の成立要件**　709条が規定するように、不法行為責任が成立するためには、①加害者に故意か過失があり、②違法な行為によって、他人の権利又は法律上保護される利益が侵害され、③損害を生じ、④行為と損害との間に因果関係が存在することが必要である。さらに、⑤加害行為時に、責任能力があることが必要である。これらの要件が満たされると、加害者は被害者に生じた損害について、損害賠償責任を負うことになる。以下、一般不法行為の成立要件についてみていこう。

2　故意・過失

[461] **民法における故意概念**　不法行為成立の第1の要件は、「故意・過失」である。故意とは、「自己の行為によって一定の悪しき結果が生じることを認識しながら、あえてその行為に及ぶ心理状態」と定義される。つまり、必ずしも損害を加えること自体を目的としなくてもよい。そのような行為がなされれば違法な結果が生じるという可能性を認識して行為に及べば「故意」であり、認識できずに行為に及んだ場合には「過失」である。

　民法においては、故意であろうと過失であろうと、法律効果は同じ（双方とも損害賠償）であるゆえに、刑法の場合のように、故意と過失を区別する

意義は大きくない。したがって、本書においても故意不法行為と過失不法行為を区別していないが、つぎの2点について注意が必要である。第1に、故意の場合にのみ責任を認める責任類型が存在しており、たとえば、給付行為を妨害することによる債権侵害においては加害者に故意がなければ不法行為は成立しないのが判例の立場である(大判大正7・10・12民録24-1954)。第2に、被害者が被った損害は金銭によって評価されるが、加害行為の態様が被害者の精神的な損害の大きさに影響を及ぼす場合が少なくなく、慰謝料の算定にあたり、故意行為の場合は過失行為の場合よりも、高く算定される可能性がある。

〔462〕 **民法における過失概念**　　日常用語においての過失は、「不注意による失敗」であるとか「不注意によるミス」などといわれる。しかし、不法行為法における過失は、「結果発生の予見可能性がありながら、結果の発生を回避するために必要とされる措置（行為）を講じなかったこと」。つまり、結果発生の予見可能性を前提とする結果回避義務違反と解されており、過失の有無は、結果回避のための予見可能性があったか否か、結果回避のために採るべき措置（注意義務）を尽くしたかどうかによって判断されることになる。

　行為者が注意義務を尽くしたかどうかを判断するにあたり、何を基準にして判断するのかが問題となるが、これには、当該個人の注意能力を基準として判断する考え方と、通常の注意能力を有する通常人（合理人・標準人）を基準にして判断する考え方の2つがある。前者を具体的過失、後者を抽象的過失という。判例・学説は、抽象的過失、すなわち、通常の注意能力を有する通常人を基準として過失を判断する。通常人とはいっても人間一般という広いレベルで捉えるのではなく、行為者と同様の社会的地位・職業・立場等に属する通常の注意能力を持った者に期待される注意を基準にして判断する。つまり、行為者が大学病院の整形外科医師ならば大学病院の整形外科医師、大型2種免許を有するトラックの運転手ならば大型2種免許を有するトラックの運転手に期待される注意義務を尽くしたか否かによって過失の有無が決せられる。この基準は、契約責任における「善良な管理者の注意」と同じである（400条参照）。したがって、通常よりも能力が劣る者にとっては否応なく自己の能力以上のことが要求されることになり、酷であるとの批判も

あり得よう。それにもかかわらず、判例・学説が抽象的過失説をとるのは、社会生活において人は、医師なら医師として、その職業・立場にある者に当然必要とされる注意を払って行動してくれるものと期待しており、そうでなければ安心して生活できないからである。たまたま、その整形外科医がほかの整形外科医よりも能力が劣っていたからといって、過失なしとされたのでは、被害者は納得がいかないであろう。もっとも、自己の行為の法的な結果すら認識できない者については、後述の責任無能力制度によって免責されることになる。

　ところで、民法では過失を軽過失と重過失に分けることがある。たとえば、緊急事務管理（698条）は、管理者が、本人の身体、名誉又は財産に対する急迫の危害を免れさせるために事務管理をしたときは、悪意又は重大な過失があるのでなければ、これによって生じた損害を賠償する責任を負わない、としている。709条は、軽過失と重過失とを区別しないが、不法行為法の特別法たる失火責任法は、「民法第709条の規定は失火の場合には之を適用せず。ただし失火者に重大なる過失ありたるときは此の限に在らず」として、失火の責任については重大な過失を要求している。その趣旨は、木造家屋の多い日本では延焼によって損害が拡大するおそれが強いので、責任者の責任を軽減することにある。したがって、賃借人が賃貸建物を焼失せしめた場合には、本法は適用されず、賃借人は「善良なる管理者の注意」をもって賃借物を使用収益しなければならないから、軽過失の場合（抽象的軽過失である）であっても、債務不履行に基づく損害賠償責任を負担しなければならないことになる。

3　違法性

[463]　**違法性の意義**　　不法行為成立のための第2の要件は「違法性」である。709条には「他人の権利又は法律上保護される利益」という文言があるが、「他人の権利」と「法律上保護される利益」の2つを併せて「違法性」という。違法性は、法的に見て保護に値する利益とそうでない利益とを振り分けるための概念である。

ところで、709条は、当初「故意又ハ過失ニ因リテ他人ノ権利ヲ侵害シタル者ハ、之ニ因リテ生ジタル損害ヲ賠償スル責ニ任ス」と規定していた。現代用語化のための平成16年の改正により、本条には新たに「法律上保護される利益」という文言が付け加えられ、不法行為法によって保護される利益は「権利」と「法律上保護される利益」の2つに書き換えられたのである。けれども法改正の趣旨は、判例や学説で確立された解釈を盛り込むということであり、「違法性」の概念を理解するためには、新たな要件が付加された背景としての、改正前における権利侵害をめぐる議論を理解しておく必要がある。

〔464〕 **権利侵害から違法性へ** かつての709条は「権利侵害」のみを要件としていた。判例・学説は、権利侵害要件を厳格に解する傾向にあり、判例は、浪曲のレコードの複製・販売が不法行為となるかどうかが争われた桃中軒雲右衛門事件において、不法行為によって保護される利益は、「権利として法律上確立されたものに限る」として、レコード複製は権利侵害にあたらないと判示した（大判大正3・7・4刑録20-1360）。確かに、旧709条を文字通り読めば、保護されるべき侵害は、なんらかの法律において権利として認められていなければならないように読める。けれども、本判決のように権利侵害要件を厳格に解することは、被害者の保護に欠ける問題があった。また、民法典の起草者が、709条の要件として「権利侵害」を規定したのは、他人の権利を害したすべての場合に損害賠償しなければならないのでは不法行為の範囲が広がりすぎるとして成立範囲を画するためであり、必ずしも、「○○権」として法律に規定されているものに限っていたわけではなかった。

その後判例は、賃貸人が、大学湯という湯屋を営むかつての賃借人の暖簾を無断でつぎの賃借人に賃貸し利益を得る行為が不法行為となるかが問題となった大学湯事件において、民法709条の「権利侵害」は「違法性」と読み替えるべきで、明文で「権利」と記されていなくとも、「違法性と認められる利益侵害」があれば「権利侵害」に含まれ、損害賠償による救済を受けられる、とした（大判大正14・11・28民集4-12-670）。つまり、明確に権利として認知されていなくとも、法律上保護されるべき利益の侵害であれば、709条によって救済されると明言したのである。

本判決以降、学説においては、権利侵害要件を違法性と読み替える考え方

がとられるようになり、違法性の有無を判断する枠組みとして、侵害された利益と侵害行為の態様の相関関係において決すべきであるとする相関関係論が支持を得るようになった。こうした学説の見解は判例においても採用され、また、昭和22年に制定された国家賠償法においては、権利侵害に代えて、違法性という文言が採用された。

　このような推移を経て、平成16年の民法改正では、旧709条の下で展開された判例や学説の解釈を盛り込むことができるように、709条に「法律上保護される利益」という要件が付け加えられたのである。したがって、「権利侵害」と「法律上保護される利益」を併せたものが違法性という概念である。もっとも、これによって、物権の侵害や身体・生命の侵害のように、その利益が侵害されれば当然に違法性があるとして認められてきた権利の侵害は別として、何が「法律上保護される利益」にあたるかどうかの判断基準が示されたわけではない。

　旧709条の下での権利侵害と新709条の下での法律上保護される利益の間で判断基準が異なるのかどうかについては今後の解釈に委ねざるを得ないが、違法性の認定にあたって通説は、被侵害利益の種類と侵害行為の態様の相関関係において判断すべきであるとしている。より具体的には、所有権や生命・身体のような絶対的な権利の場合には、侵害するだけで当然に違法となるが、たとえば営業活動上の利益のように生命や身体などと比べると価値の低い利益を侵害するときには、より違法性の強い侵害行為（もともとは刑罰法規違反・保護法法規違反・公序良俗違反などであったが、現在では故意や過失も含まれる）がある場合に限って違法となる、とする。

〔465〕　**正当化事由**　　ところで、所有権侵害や生命侵害等の違法な行為も、その行為を許容すべき特殊事情があるときは、不法行為責任が成立しない場合がある。正当化事由（違法性阻却事由という学説もある）といわれるもので、特殊事情の証明責任は加害者にある。正当化事由には、民法典に規定のある①正当防衛（720条1項）、②緊急避難（720条2項）のほか、③法令による行為・正当業務行為、④公序良俗に反しない範囲での被害者の承諾、⑤自力救済等がある。民法上の正当防衛と緊急避難は、刑法（36条、37条）におけるのと意味や要件が異なるので注意が必要である。

4　損害の発生

〔466〕　損害の意義　不法行為成立のための第3の要件は「損害の発生」である。709条は、「これによって生じた損害」として、不法行為成立のためには「損害の発生」が必要であるとしており、たとえ加害者の行為が社会的に非難されるものであっても、被害者に損害が生じていない場合には、損害賠償請求権は発生しない。たとえば、近道をしたいために隣家の敷地を横切る行為は所有権を侵害することになるが、一般的には不法行為とはならない。というのは、損害は発生していないからである。では、損害とは何を意味するのだろうか。損害に関する捉え方には、大別して、「差額説」と「損害事実説」の2つがある。「差額説」とは通説であり、不法行為によって被害者に実際に生じている財産状態と、不法行為がなかったならば、あったであろう財産状態との金銭の差を損害と捉える考え方である。たとえば、あるピアニストが交通事故に遭い、腕を骨折した場合、怪我そのものを損害として捉えるのではなく、治療費や入院費といった怪我をしたことによって支出した費用や予定されていたコンサートに出演すれば得られた収入等を損害として捉えるのである。これに対し「損害事実説」とは、「腕の骨折」という被害者に生じた不利益それ自体を損害と捉えるものである（ただし、どのレベルの不利益を損害として捉えるかについて学説の見解は分かれる）。

〔467〕　損害の分類　判例は、基本的に差額説の考え方に立っており、不法行為によって被害者に実際に生じている財産状態と、不法行為がなかったならばあったであろう財産状態との差を金銭に換算し、それをもって損害としている。賠償額の計算にあたっては、治療費や修理費用といった損害項目を列挙し、それらを合算して差額を算定する計算方法をとる（個別積み上げ方式という）。損害項目は、差が生じた利益状態の性質に応じて、被害者の財産上の利益に生じた財産的損害と被害者の財産以外の利益に生じた損害である非財産的損害に分類される。財産的損害はさらに、自動車の修理代や治療費のように被害者が実質的に支出したタイプの積極的損害と、事故による障害によりその後働けなくなった場合のように、被害者が将来得ることができたであろう利益の喪失といったタイプの消極的損害（「得べかりし利益」又は「逸

失利益」ともいう）に二分される。

【図表15－1　損害の分類】

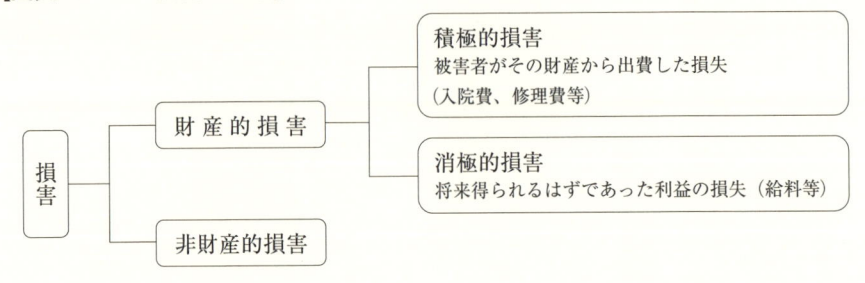

損害
├ 財産的損害
│　├ 積極的損害
│　│　被害者がその財産から出費した損失
│　│　（入院費、修理費等）
│　└ 消極的損害
│　　　将来得られるはずであった利益の損失（給料等）
└ 非財産的損害

5　因果関係

〔468〕　事実的因果関係とその証明　　不法行為成立のための第4の要件は因果関係である。709条は、2つの因果関係について規定している。1つは、「故意又は過失」と「権利又は法律上保護される利益の侵害」との因果関係（前半の「故意又は過失によって」の部分）であり、もう1つは、「権利又は法律上保護される利益の侵害」と「損害」との因果関係（後半の「これによって生じた損害」の部分）である。前者の因果関係は、不法行為が成立するための因果関係であり「事実的因果関係」という。後者は損害賠償の範囲を確定するための因果関係であり、「賠償範囲の因果関係」と呼ばれる。不法行為の成立にとって必要なのは、事実的因果関係である。

　行為と結果との間にどのような関係が存在すれば、「因果関係あり」と判断されるかについて、通説は「あれなければ、これなし」という条件関係を用いて、ある行為がある結果を生み出したかどうかについて判断する。この条件関係の立証責任は、被害者にある。では、事実的因果関係について、どの程度の立証がなされれば、加害行為と結果との間に因果関係があると認められるだろうか。

　この点に関し判例は、「因果関係の立証は、一点の疑義も許されない自然科学的証明ではなく、経験則に照らして全証拠を総合検討し、特定の事実が

結果発生を招来した関係を是認しうる『高度の蓋然性』を証明することであり、その判定は、通常人が疑を差し挟まない程度に真実性の確信を持ちうるものであることを必要とし、かつ、それで足りる（最判昭和50・10・24民集29－9－1417：東大病院ルンバールショック事件）」としている。すなわち、通常人からみて、高度の蓋然性があればよい。つまり、100％でなくとも十中八九それが原因でこの結果が生じたのであろうという確信を持たせる程度に事実を証明することができれば因果関係があるといえるのである。

〔469〕 **賠償すべき損害の範囲**　事実的因果関係が認められた場合、条件関係のあるすべての損害を賠償しなければならないとすると、加害者が負う責任の範囲は限りなく広がる可能性を持っている。たとえば、A運転のバイクとB運転の自動車が接触して、Aが足を骨折し救急車で搬送されていたところ、交差点でC運転の自動車と衝突してAが死亡したとする。この場合、Bの自動車がAと接触さえしなければ、Aが足を骨折して救急車で搬送されることも、救急車がCの自動車と衝突してAが死亡することもなかったはずである。しかし、Aの死亡についての責任をBに課すのはあまりに酷であろう。やはり、社会通念上相当と認められる範囲に限定してBの賠償責任を肯定すべきである。

　民法典は、不法行為の損害賠償の範囲について明白な規定を置いていないが、判例は、不法行為に基づく損害賠償の範囲を定めるについても債務不履行の損害賠償の範囲を定める416条が類推適用され、加害行為との間に相当因果関係が認められる損害だけを賠償すればよいとする（大連判大正15・5・22民集5－6－386）。

　416条が類推適用される結果、不法行為の場合も、①当該不法行為によって通常生ずるであろう損害は損害賠償の範囲に含まれ、②特別な事情によって生じた損害については、加害者においてその事情を予見し又は予見することができた場合にのみ、賠償すべき損害の範囲に入ることになる。上記事案では次のようになろう。足の骨折という人身損害は自動車の接触という不法行為から通常生じ得る損害である。しかし、救急車で搬送中の事故はBにとって予見し得ない特別事情であろう。そこで、そのような事情を予見するか予見可能性がなければ、Bが負う賠償の範囲は、足の骨折から生じた損害まで

であって、死亡についてまで責任を負わないことになる。

6 責任能力

〔470〕 **責任能力の意義**　不法行為責任を負うためには、加害者に責任能力があることが必要である。責任能力とは自己の行為について、それが一定の違法な結果を引き起こすということを理解することができる能力のことであり、そのような能力がないことを責任無能力という。責任無能力の立証責任は加害者にあり、行為時に責任能力がなかったことを加害者が立証できた場合には、不法行為責任を免れる。民法は、責任無能力について、以下の2種類を規定している。

〔471〕 **未成年者**　第1は、行為の責任を弁識するに足るだけの知能を備えない未成年者の行為である（712条）。責任を弁識する能力とは、単に道徳的に良いか悪いということを認知できるだけでなく、何らかの意味で法的な責任が生じることを弁識し得る程度の知能をいう。責任能力は、取引における行為能力や刑法上の責任能力とは異なり、当該行為の性質や行為者の判断能力から個別に判断される。したがって、一概にはいえないが、一般に小学校を卒業した12、13歳程度であれば、責任を弁識する能力があると考えられている。

〔472〕 **責任能力を欠く状態にある者**　責任無能力者の第2は、精神上の障害により自己の行為の責任を弁識する能力を欠く状態にある者の行為である（713条本文）。責任を弁識する能力の概念は未成年者の場合と同様であるが、精神上の障害によって責任を弁識する能力が欠けていた場合には、年齢を問うことなく損害賠償責任が免責されることになる。また、事理弁識能力は常時欠けている状態にある必要はなく、一時的に喪失の状態にあった場合でもよい。ただし、刑法における「原因において自由な行為」と同じように、その一時的に生じた状態が、故意・過失によって生じた場合には責任は免れない（同条ただし書）。たとえば、酒を飲むと必ず暴れるといった悪癖があるのを知っているにもかかわらず、酒を飲んで友人を殴り怪我を負わせるというような場合である。

第2節　不法行為の効果

1　損害賠償の方法

〔473〕　**金銭賠償の原則**　不法行為の効果は、損害の金銭による賠償である（722条1項、417条）。これは、原状回復の方が被害者に有利であっても、原状回復に多額の費用を要するときは加害者に酷な結果となること、被害者も金銭賠償を便宜とするのが普通であることから、原則として金銭賠償の方法によることなどを理由とする。しかし、法令に明文の定めがある場合（たとえば、723条の名誉毀損）及び当事者に特約がある場合には、原状回復が認められている。なお、金銭賠償の場合の支払方法としては、賠償金額を一括して支払う一時金賠償方式と一定期間ごとに支払う定期金賠償方式とがあるが、通常一時金賠償方式の方法がとられる。

2　財産的損害と賠償責任

〔474〕　**物に関する財産的損害**　財産的損害のうち、物の損傷の場合は、修理費用又は減価、利用できなかったことによる逸失利益、当該期間中の代物の賃借費用などが賠償されるべき損害である。物が滅失した場合には、その物の交換価値（市場価格）が損害である。

〔475〕　**人身損害の場合**　人身損害については、おおむね以下のような算定方式がとられる。

① 生命侵害の場合

　a）生命侵害の場合に積極的損害として認められるのは、受傷から死亡までにかかった治療費・入院費、通院交通費、付添看護費、入院中の日用品購入等の雑費、葬儀費、仏具・墓碑建設のための費用等である。

　b）逸失利益は次のように算定される。まず、死者の得べかりし年間収入（生きていたら得たであろう収入額）は、原則として事故当時に得てい

た収入が算定の基礎となる。専業主婦や年少者・学生のように、被害者が収入を得ていなかった場合には、賃金センサス（厚生労働省が発表する全国の平均賃金を平均化したもの）による平均賃金によって算定される。そして、これらの方法で算出した得べかりし年間収入に、原則として18歳（大学生は22歳、それ以外は死亡時）から67歳までの間を稼働可能年数を乗じ、その間の生活費や中間利息などを控除した金額が、加害者に請求する賠償金額となる。

> 逸失利益＝死者の得べかりし年間収入×稼働可能年数－生活費－中間利息

② 身体障害の場合

　a）治療費、通院交通費、付添看護費、入院費等の治療に要した費用と、後遺症がある場合にはそのために要する費用が賠償される。

　b）逸失利益には、受傷から治癒・症状固定までの休業損害と症状固定後の後遺障害による逸失利益の2つがある。前者は、原則として、現在の収入に休業期間を乗じて算出され、後者は、障害がなかった場合と比較して実際に減少した収入を基にして算定される。もっとも判例は、収入の減少がなくとも労働能力が部分的に損なわれており、被害者が労働能力低下による収入の減少を回復すべく特別の努力をしている場合や、将来の昇給・昇任・転職等に際し不利益な扱いを受けるおそれがあると認められる場合など、後遺症により経済的な不利益を是認できる特別の事情がある場合には、労働能力の一部喪失による損害を認める余地があるとしている（最判昭和56・12・22民集35－9－1350）。

3　非財産的損害と賠償責任

〔476〕**慰謝料とその算定**　　非財産的損害とは、精神的損害やその他の無形の損害（たとえば、精神がないので精神的苦痛を感じる作用を持たない法人が名誉・信用を毀損されたことにより被った損害：最判昭和39・1・28民集18－1－136）

といった性質上金銭で計量・換算し得ない種類・態様の損害のことである。精神的損害への賠償は、特に慰謝料と呼ばれる。慰謝料の算定は、裁判官の裁量に委ねられているので客観的な算定基準は存在しないが、多発した交通事故訴訟において大体の相場が形成されている。

4 損害賠償請求権者

〔477〕 **損害賠償の主体**　不法行為により、被害者が財産的損害ないし非財産的損害を被った場合、被害者は当然損害賠償し得る。これには、自然人のみならず法人や出生前の胎児も含まれる（721条）。ところが、近親者のような被害者と一定関係のある者に損害が発生した場合（このような者を間接被害者という）や被害者死亡の場合に遺族がどのような損害をどのように請求できるかが問題となる。

〔478〕 **近親者の損害賠償請求**
① 積極的損害に対する請求権

　被害者の死亡や負傷によって、近親者が被害者の治療費・入院費等を支払ったり、付添看護のため休職した場合に、近親者も損害賠償請求できるだろうか。判例は、近親者が支出した積極的損害についてこれを肯定し、被害者本人からでも近親者からでも、賠償請求することができるとする（大判昭和12・2・12民集16-1-46、最判昭和32・6・20民集11-6-1093、最判昭和46・6・29民集25-4-650）。

② 近親者の慰謝料請求権

　民法には、「他人の生命を侵害した」場合に、一定の近親者に慰謝料請求権を認める711条がある。同条の趣旨は、生命侵害の場合は、被害者の父母、配偶者、子は通常精神的苦痛が大きいことを前提として、損害の発生と事実的因果関係の立証を軽減することにある。したがって、これらの者は、被害者の死亡によって受けた精神的苦痛に対して、711条により遺族固有の慰謝料を請求できる。問題となるのは、711条は、請求権者を列挙して、生命侵害の場合につき、慰謝料請求権を認めていることから、a）本条に列挙されていない者が慰謝料を請求した場合や、b）侵害の対象が、生命侵害ではな

く傷害であった場合にも慰謝料請求を認め得るかである。

本条の解釈には、2つの方向性がある。1つは、711条は慰謝料請求権者を明確にするとともに請求権者や賠償されるべき被害を限定する規定だとする考え方である。他の1つは、本条はすでに認知されていることを念のために規定した確認規定であり、列挙された請求権者や死亡という被害は例示に過ぎないとする考え方である。前者であれば、反対解釈によって列挙されている者以外は排除されることになるし、後者であれば、711条の類推解釈あるいは709条・710条の本来的適用によってそれ以外の者も認められることになる（ただし、どこまでの範囲で認めるかの問題は残る）。

a）につき判例は、711条に列挙されている者は例示に過ぎないとして、これらと同視し得る者についても、同条を類推適用することによって保護を拡大している（たとえば、内縁配偶者、未認知の子、親代わりに面倒をみてきた祖母、兄弟姉妹、被害者の夫の妹など）。もっとも、重婚的内縁については判断が分かれており（肯定例：福岡地小倉支判昭和43・12・18判時552-74、否定例：大判昭和7・10・6民集11-20-2023。ただし、709条により肯定すべきだとされた）、その法律構成も一定していないが、判例は、単に形式的に判断するのではなく、被害者との実質的な関係を考慮して決しているといえよう。

b）についてはどうか。精神的作用はきわめて不確定なものであるから、傷害の場合についても慰謝料を安易に認めるとすると、慰謝料請求権を広範囲に認めることになりかねない。そこで一定の歯止めが必要だが、昭和33年8月5日最高裁判決（民集12-12-1901）は、10歳の女児がオート三輪車に轢かれて、顔面に大きな裂傷を受け後遺症まで残った事案において、「その子の死亡にも比肩すべき精神上の苦痛を受けたと認められる」として、慰謝料を認めた。学説は、この判例を介して、死亡にも匹敵するような精神的苦痛を受けた場合に限り、慰謝料請求権は認められると解している。

〔479〕 **被害者の死亡と相続をめぐる問題**　ところで、人身侵害につき、傷害の場合は、被害者自らが受けた損害につき賠償請求し得るけれども、被害者死亡の場合には、被害者自身が請求することはあり得ず、その相続人が被害者が有していた損害賠償請求権を相続によって承継することになる（896条）。この場合、死亡に至るまでに被害者が支出した入院費や治療費等の積

極的損害が相続の対象となることについては争いがない。問題は、死亡後の逸失利益及び消極的損害（慰謝料）の賠償請求権をどのように遺族に認め得るか、その理論構成である。

〔480〕 **死者の逸失利益と相続**　被害者が有していた損害賠償請求権が相続の対象となるためには、その請求権が被害者たる被相続人に帰属していることが前提である。そこで、被害者が生前に支出した積極的損害は、支払った時点でその請求権が被害者に帰属するから相続上の問題は生じないが、逸失利益の場合は被害者が将来得ることができたであろう利益の喪失であり、かつ死亡した時点で逸失利益の請求権が発生することから、請求権の帰属をめぐり厄介な問題が生じる。というのは、仮に被害者が即死だった場合、死亡による逸失利益の請求権が発生しても、同時に権利能力を喪失するので、損害賠償請求権は被害者に帰属し得ないからである。したがって、少なくとも理論的には、受傷後しばらくして死亡した被害者の逸失利益は相続の対象となり得るが、即死の場合は、相続の対象とはなり得ない。けれども、このように解すると、同じ死亡であっても、しばらく生存して死亡した場合と即死の場合とでは相続額に差が生じ、均衡を失することになる。

　判例は当初、即死の場合の相続を否定していたが、即死といえども理論的・観念的には通常の死亡と同様であって、受傷から死亡までに瞬間的とはいえ時間的な間隔があるはずであり、この間に被害者は損害賠償請求権を取得し、これが相続の対象となるという立場に転じた（大判大正15・2・16民集5－3－150）。その後判例は、負傷後の死亡であれ、即死であれ、「生命侵害を理由とする財産的損害賠償請求権が被害者に発生し、これを相続する」との相続肯定説を採用している。

〔481〕 **慰謝料と相続**　つぎに問題となるのは慰謝料である。慰謝料というのは、被害者が精神的苦痛を感じたかどうかというきわめて精神的・個人的な問題であることから、被害者の一身に専属するものであり、当然には相続の対象とはならないはずである（896条ただし書）。したがって、逸失利益の場合と異なり、判例は比較的最近まで、被害者が生前に慰謝料請求権行使の意思を表明した場合にのみ相続されるという立場をとっていた。けれどもその基準はきわめて曖昧で、「残念、残念」、「むこうが悪い」といった死亡前の

被害者の言葉については、権利行使の意思表示があったとしたのに対し、「助けてくれ」という言葉は意思表示なしとして相続を認めなかった。そこで学説においては、被害者がどのように表現するかの差によって結論が違ってくるとの批判や、即死又は意識不明のまま死亡した場合には意思表示をする機会がなく均衡を失するとの批判があった。その後判例は財産的損害賠償請求権と慰謝料請求権は金銭債権であることにおいて異なるところはなく、被害者本人が請求権を放棄したものと解する特別な事情がない限り、慰謝料請求権は相続人に当然に相続される（最判昭和42・11・1民集21 - 9 - 2249）として、被害者の意思表示の有無を問うことなく、慰謝料の相続は当然に認めるべきであるとの説を採用して今日に至っている。

〔482〕　**固有損害説**　　逸失利益の賠償請求であれ慰謝料請求であれ、死亡による請求権の相続を認める判例（相続肯定説）の最大の問題点は、死亡の時点ですでに権利主体ではなくなっている死者自身の損害賠償請求権がなぜ遺族に相続されるのかについての論理的矛盾をうまく克服できない点にある。こうしたことから、学説においては、固有損害説（相続否定説）が有力である（前田達明『民法 Ⅵ 2（不法行為法）』92頁（青林書院、1980年）、森島昭夫『不法行為法講義』356頁（有斐閣、1987年）、潮見佳男『不法行為法』341頁以下（信山社、1999年））。この説は、死者に死亡による損害賠償請求権が帰属することはあり得ず、遺族は扶養者を失ったという財産的利益の喪失や近親者を失ったことによる精神的損害という自らの損害に対する損害賠償請求権を請求し得るだけであるとして、遺族固有の損害賠償によって解決しようとする。遺族固有の損害の内容の捉え方については分かれており、本人が天寿を全うしたとすればその財産を相続できたという期待を侵害されたとみる説、扶養に限らず被害者が生存したならば受け得たであろう利益の喪失を損害とする説、本人の生存や収入に依存して生活している者等が本人の死亡により扶養を受けられなくなったことを固有の損害とみる説、などがある。

5　*損害賠償債権の時効*

〔483〕　**724条の期間制限**　　民法724条は、「不法行為による損害賠償の請求権

は、被害者又はその法定代理人が損害及び加害者を知った時から3年間行使しないときは、時効によって消滅する。不法行為の時から20年を経過したときも、同様とする」と規定する。つまり、不法行為の損害賠償請求権は永久的なものではなく、3年あるいは20年の期間制限によって消滅することになる。では、この3年、20年という期間は何を意味するのだろうか。

① 3年間の期間制限

まず、前段の3年間の期間制限であるが、この期間制限は消滅時効であると解されている。起算点は、「損害及び加害者を知った時」であり、「損害を知った時」とは、被害者が「損害が発生したことを現実に認識した時」である（最判平成14・1・29民集56－1－218）。その趣旨は被害の発生すら認識していない被害者に、損害賠償請求をなすことを期待することはできないからである。もっとも、この原則を貫いたときに不都合が生じる場合については以下のような修正がなされている。

相当の経過後に、事故当時には医学的にも予想できなかった後遺障害が出現した場合は、「その後遺症が顕在化した時」が、消滅時効の起算点である（最判昭和42・7・18民集21－6－1559）。また、不法占拠のように継続して不法行為が行われている場合（継続的不法行為）には、損害が継続して発生している限り日々新たな損害が発生するものとして、各損害を知った時から個別に消滅時効が進行する（大連判昭和15・12・14民集19－24－2325）。

つぎに「加害者を知った時」というのは、「加害者に対する損害賠償請求が事実上可能な状況のもとに、その可能な程度にこれを知った時」をいう。判例は、被害者が事故当時加害者の住所・氏名を正確に知らず、しかも当時の状況では損害賠償請求をすることが実際上不可能であった場合には、その状況がやみ、被害者が加害者の住所・氏名を確認したとき、はじめて加害者を知りたる時にあたるとする（最判昭和48・11・16民集27－10－1374）。

② 20年の期間制限

724条後段の20年の期間制限は、被害者側の認識を問わず一定の経過により除斥期間を規定したものと解されている（最判平成元・12・21民集43－12－2209）。起算点は「不法行為の時」、すなわち加害行為がなされた時である。ただし、身体に蓄積する物質が原因で人の健康が害される場合で、一定の潜

伏期間が経過した後に症状が現れる疾病など、加害行為から相当期間経ってから損害が発生する場合は、損害発生時から起算されることになる(最判平成18・6・16民集60-5-1997)。また、除斥期間と解する場合には、時効のように、停止は認められないはずだが、判例は、正義・公平の観点から特段の事情があると認め得る場合には、期間の進行停止が例外的に認められるとして、724条の適用に制限を加えている(最判平成10・6・12民集52-4-1087、最判平成21・4・28判タ1299-134)。

(峯川浩子)

16章　特殊の不法行為

第1節　責任無能力者と監督者の責任

1　責任無能力者

〔484〕　**責任無能力者の免責**　物事の責任を判断する能力（責任能力）を備えていない未成年者及び精神障害者は、不法行為による損害賠償責任を負わない（712条、713条）。このような者を責任無能力者という（714条）。

〔485〕　**責任無能力者の範囲**　未成年者すべてが責任無能力者となるのではなく、その中で責任能力を欠く者だけが責任無能力者となる。判例は12歳前後を基準とする（11歳11か月の少年の責任能力を認めた事例として大判大正4・5・12民録21-692、12歳2か月の少年の責任能力を否定した事例として大判大正6・4・30民録23-715）。ただし学説には、過失相殺における事理弁識能力（事実関係の理解能力で5、6歳程度）があればよいとするものもある。

　なお、自己の行為の責任を弁識する能力を欠く状態にある者であっても、故意又は過失によって一時的に精神上の障害を招いた者の行為は免責されない（713条ただし書）。飲酒や麻薬等の服用による場合である。薬物等の誤用などによる場合は、誤用についての過失の有無が判断されることになる。

〔486〕　**免責の理由**　通説的見解は責任無能力者には故意又は過失の前提となる判断能力がなく709条の不法行為の成立要件を満たさないからとするが、近年は弱者保護のための政策的規定と考える説も有力である。

2　監督者の責任

〔487〕　**監督者**　責任無能力者が賠償責任を負わない場合、その者を監督する法定の義務を負う者がいれば、責任無能力者が第三者に加えた損害を賠償する責任を負う。ただし、監督義務者がその義務を怠らなかったとき、又はその義務を怠らなくても損害が生ずべきであったときは責任を負わない（714条1項）。

　　監督者の責任無能力者に対する監督義務を根拠に、責任無能力者の行為の被害者を救済するための規定である。本条による監督者責任は行為者が責任無能力者である場合のみに生じる補充的責任である。

〔488〕　**監督義務者となる者**　法定の監督義務者は、未成年者については親権者（820条）又は未成年後見人（857条）、親権者も後見人もいない未成年者で児童福祉施設に入所している者については、親権を代行するその長である（児童福祉法47条）。精神上の障害のある者については成年後見人である（858条の身上等配慮義務）。ただし近年は成年後見人の責任を制限ないし免除すべきとの主張もある。

〔489〕　**監督者の免責**　監督者は監督義務をつくしたことを証明すれば免責される。監督義務は責任無能力者の個別の行為に対する監督ではなく、日常の行動全般に対する抽象的な監督義務である。したがって責任無能力者の具体的行為についての予見が困難であっても、一般的に危険性が考えられる行為なら、監督義務者が責任を負う。立証責任は監督義務者側に転換されており、過失責任と結果責任の間の中間責任である。

3　監督代行者の責任

〔490〕　**監督代行者**　法定の監督義務者に代わって責任無能力者を監督する者も監督者と同一の責任を負う（714条2項）。監督代行者は代理監督者とも呼ばれる。法定監督義務者が存在しない場合も、監督代行行為を行っていれば責任を負う。具体的には保育園や幼稚園、精神障害者の福祉施設などが考えられる。里親も受託中の児童の監護、教育及び懲戒について必要な措置をと

ることができる（児童福祉法47条2項）ので監督代行者に含まれると考えてよいであろう。監督代行者については、施設などの法人自体と考えるべきとする説と、直接責任無能力者を監督する個人が監督代行者責任を負い、法人は使用者責任（715条）を負うという説がある。

〔491〕 **法定監督者責任と代理監督者責任の関係**　法定監督者と代理監督者の責任は併存する。双方の賠償責任は不真正連帯債務となり、被害者はいずれに対しても全額の賠償請求が可能である。法定監督者が賠償を行った場合には代理監督者に対して求償が可能である。ただし、法定監督者側にも過失がある場合には過失相殺が行われる。

4　事実上の監督者及び監督代行者について

〔492〕 **監督義務者に準じる者**　成年後見人が付されていない精神障害者については、責任無能力者の事実上の監督者が本条の責任を負うかが問題となる。下級審判例には精神障害者の父母等は精神保健及び精神障害者福祉に関する法律が定める保護者となるべき者であり、保護者の「他人に害を及ぼさないように監督する義務」（同法22条1項旧規定）を負うとして監督代行者責任を負わせるものがあるが、根拠とされた保護者の他害防止義務は平成11年の同法改正により削除されている。ただし、精神障害者の家族が709条による監督者責任を負うことや、監督代行者あるいは監督代行者に準じる者としての責任を負うことはあるだろう。

5　709条による監督者責任

〔493〕 **709条による監督者責任**　民法714条の規定に従えば、責任無能力者の行為については原則として親などの法定監督者が責任を負い、未成年者等であっても責任能力が認められる場合には本人が責任を負う。しかし未成年者や精神障害者には無資力の者が多いため、責任のない幼児の行為は、親などの法定監督者によって賠償されるが、ある程度以上の判断力がある（つまり責任が重い）子供の行為による被害は本人の無資力により賠償を受けられ

ないということになりかねない。このため責任能力のある未成年者等に対しても親などには監督義務があり、監督義務に違反した監督者は709条の不法行為責任を負うとする学説が説かれ、判例も監督義務者の義務違反と未成年者の不法行為によって生じた結果との間に相当因果関係があれば、未成年者が責任能力を有する場合であっても監督義務者は709条の不法行為責任を負うとする（最判昭和49・3・22民集28－2－347）。未成年者自身の責任と監督義務者の監督責任が併存する場合、被害者はいずれに対する請求も可能となる。

〔494〕 **709条による監督者責任の内容** 未成年者等の監督者の709条監督者責任は、未成年者等の個別の行為に対するものではなく714条の規定と同じく包括的なものであると考えられている。ただし、その監督義務の内容は未成年者の年齢や生活状況によって異なり、年長の未成年者に対する監督義務は限定的なものになる。

第2節 使用者責任

1 使用者責任とはどのようなものか

〔495〕 **使用者責任の概要** ある事業のために他人を使用する者は、被用者がその事業の執行について第三者に加えた損害を賠償する責任を負う（715条1項）。企業活動などに伴い従業員の故意・過失で第三者に損害を与えた場合に、企業などが賠償責任を負うという規定である。

〔496〕 **使用者の義務** 使用者は被用者への指示等についての故意・過失がなくても責任を負う。ただし、使用者が被用者の選任及びその事業の監督について相当の注意をしたとき、又は相当の注意をしても損害が生ずべきであったときは責任を負わない（715条1項ただし書）。この点から使用者責任は被用者の選任監督義務違反に対する過失責任であり、無過失の立証責任が使用者に転換された中間責任と考えられる。しかしながら、判例は使用者の注意義務をきわめて高度で抽象的なものと解し、使用者の免責を実質的に認めて

おらず、学説もこの結論に賛同する。
　使用者がこのような特殊な責任を負う理由としては、単なる選任監督の注意義務違反では不十分であり、様々な理由付けがされている。

〔497〕　**報償責任**　他人を使用して自己の活動範囲を広げ他人の使用によって利益をあげれば、被用者の活動が第三者に損害を与える可能性が生じる。このような場合に、被用者から生じた利益を収得しながら損害は自己の意思によるものではないとして負担しないのは公平ではない。「利益の存するところに損失をも帰せしめる」という考え方である（最判昭和63・7・1民集42－6－451）。

〔498〕　**危険責任**　他人を使用することによって活動範囲を広げれば、本人だけの行動に比べてより多くの危険の可能性が生じる。このような場合に危険の原因を生み、危険の元を支配する者はそのリスクを負担すべきであるとする考え方である。

　これらの考え方は互いに対立するものではないから、いずれも使用者責任の根拠と考えることができる。

2　使用者責任が成立する要件

〔499〕　**成立要件**　使用者責任の成立には、①使用関係の存在、②被用者が事業の執行について第三者に損害を与えたこと、③被用者について不法行為が成立すること、④使用者に選任監督上の過失があることが必要である。

〔500〕　**使用関係**　条文は「ある事業のために他人を使用する」とあるが、ここでいう事業は営利活動に限らず、社会福祉事業等の非営利活動はもとより引っ越しの手伝いなども含まれ、契約関係がなくとも指示に従って仕事を行うという事実上の関係があれば使用関係は認められる（兄が運転経験の浅い弟に自動車を運転させ助手席から指示を与えていた場合について、最判昭和56・11・27民集35－8－1271など）。判例は名義貸しについて貸主の使用者責任を認める（最判昭和41・6・10民集20－5－1029）。また近年の判例は暴力団の下部組織構成員の不法行為について組長の使用者責任を肯定する（最判平成16・11・12民集58－8－2078）。

〔501〕 **使用関係の判断基準**　使用関係は実質的な指揮監督関係の有無によって判断される。したがって派遣社員などについては派遣先企業が使用者であり、派遣会社は特別の命令などを行っていない限り使用者責任を負わない。請負や委任など、受託者が独立した判断に従って業務を行う場合は使用関係がない。ただし、下請けの従業員に対して元請けの指揮監督が直接及んでいる場合などは使用者責任が認められる。

〔502〕 **事業の執行（外形標準説）**　使用者責任が成立するためには、被用者の行為が使用者の事業の執行にかかわるものであることが必要である。「事業の執行」にかかわるの意味について、初期の判例は事業の執行行為及び執行に必要な行為に限り、被用者が自己の利益を目的として行った逸脱行為を対象外としていた（大判大正5・7・29刑録22-1240など）。しかしその後の判例は、被用者が権限を濫用あるいは逸脱した行為にも使用者責任の範囲を拡大し（大判大正10・6・7刑録27-506、判例変更を明示したものとして大連判大正15・10・13民集5-12-785）、被用者の執行行為そのものではなくとも、その行為の外観から観察して被用者の職務範囲内の行為に属するものとみられる場合は「職務の執行につき」に含まれるという外形標準説（外形理論）が定着する（最判昭和36・6・9民集15-6-1546）。

　判例は外形標準説の考え方を被用者の取引上の不法行為のみならず、社用車による私用中の事故などの事実的不法行為にも適用する（最判昭和37・11・8民集16-11-2255）。学説には当事者間に事前の信頼関係がない事実的不法行為に外形標準説をあてはめることは不適切とするものもあり、使用者の支配領域内の危険か否かを基準に使用者責任の有無を判断すべきとする支配領域説や危険範囲説が唱えられている。また暴力行為については事業の執行行為との密接関連性が基準とされている（最判昭和44・11・18民集23-11-2079、前掲最判平成16・11・12）。

〔503〕 **第三者の悪意又は重大な過失**　取引上の不法行為について、第三者が被用者の権限濫用を知っていた場合は、使用者責任は否定される（最判昭和42・4・20民集21-3-697）。また第三者が被用者の権限内で適法に行われたものでないことを重大な過失によって知らなかった場合も同様である（最判昭和42・11・2民集21-9-2278）。取引になんらかの不自然な事情があっ

ても、第三者の過失が重大なものとはいえない場合は過失相殺の対象となると考えられる。

なお、取引的不法行為については表見代理（109条以下）による保護を受けられる場合もある。

〔504〕 **第三者の範囲**　企業内における事故などでは、ある被用者が他の被用者に損害を与える場合が考えられる。715条の第三者には使用者と加害行為を行った被用者以外のすべての者が含まれるので、被用者の行為によって損害を受けた他の被用者は、使用者責任を追及できる（最判昭和32・4・30民集11-4-646）。過労死やセクハラ行為などについても使用者責任の問題となり得る（最判平成12・3・24民集54-3-1155）。

〔505〕 **被用者の不法行為**　使用者責任は被用者の不法行為の代位責任であるとするのが判例・通説であり、被用者が不法行為責任を負うことが前提とされる。ただし被害者保護の見地からこの点に疑問を呈する学説もある。

〔506〕 **使用者の免責事由**　条文上は使用者に選任監督上の過失がない場合は免責されるが、〔496〕で述べたようにこの理由による免責は実際上行われていない。715条1項ただし書後段の、相当の注意をしても損害が生ずべきであったときについての規定は、選任監督上の過失と損害の間に因果関係がない場合と解されている。

3　代理監督者の責任

〔507〕 **代理監督者責任の概要**　使用者に代わって事業を監督する者も、使用者と同様の責任を負う（715条2項）。会社等の代表者であっても現実に被用者の選任監督にかかわっていない場合は、代理監督者とならない（最判昭和42・5・30民集21-4-961）。代理監督者が責任を負う場合は、使用者も責任を負う（大判大正2・2・5民録19-57）。

〔508〕 **代理監督者の責任範囲**　代理監督者は使用者と同じ責任を負うと規定されている。しかし使用者責任が厳格化された現状では、中間的な管理者にすぎず報償責任〔497〕や危険責任〔498〕を負担する理由のない代理監督者に使用者と同一の責任を負わせるのは過酷に過ぎるとして、代理監督者の

監督責任を一般の不法行為責任と同様に具体的過失を要すると解する説や、715条1項ただし書の免責を認めるべきとする説、代理監督者を個人企業の経営者などに限定すべきとする説などがある。

4 使用者自身の不法行為責任

〔509〕 **使用者の709条責任**　自然人である使用者自身が709条の要件を満たす場合は一般の不法行為責任を負う（大判昭和2・6・15民集6-9-403）。しかし使用者が企業などの組織体である場合には、組織体自体が不法行為責任を負うかが問題となる。公害事件や製造物責任に関する事件では過失のある被用者の特定が困難な場合も多く、企業組織体自身に直接に責任を負わせるべきとする学説が唱えられ、それを肯定する下級審判例もある。

5 損害賠償請求権

〔510〕 **使用者と被用者の責任の関係（不真正連帯債務）**　使用者責任が成立する場合、使用者は715条により被用者は709条により、いずれも全損害の賠償責任を負い（ただし、被用者の詐欺行為などによる損害については第三者の過失割合に応じて、使用者のみが過失相殺を主張できる場合があろう。〔503〕参照）、両者の賠償債務は不真正連帯債務となるというのが判例・通説の考え方である（最判昭和46・9・30判時646-47）。学説には、被用者の賠償義務を被用者に故意や重過失がある場合を除き軽減すべきだとするものや、軽過失の場合には被用者の賠償責任を否定すべきとするものがある。

〔511〕 **使用者が複数の場合**　被用者が元請けと下請け双方から指示監督を受けている場合や、名義貸しの場合などには1人の被用者に複数の使用者が存在する場合もある。そのような場合は双方の使用者が責任を負う。

〔512〕 **求償権**　715条3項は、使用者又は監督者が賠償を行った場合には、被用者に対して求償権を行使できると規定している。使用者責任を被用者の不法行為について使用者等が代わって責任を負うものと考えれば当然の規定であるが、使用者は被用者の活動によって利益をあげており、また企業活動に

おけるリスクを計算に入れているはずである。被用者が私利のために意図的に不法行為を行った場合は、全額の求償が認められるべきであるが、通常の企業活動の中で一定の割合で発生することが予想される事故等による損害をすべて被用者に負担させるのは不適切である。最高裁は交通事故による損害を賠償した使用者が被用者に求償した事例について、損害の公平な分担という見地から信義則上相当と認められる限度で求償を認めるとして、賠償額の4分の1を限度に求償を認容した（最判昭和51・7・8民集30－7－689）。

学説も求償制限に賛成するが、その理由については信義則のほか、権利濫用、過失相殺の類推適用、使用者と被用者の共同不法行為として構成するなど様々な説があり、被用者が軽過失の場合については使用者の求償権を否定すべきとする説もある。被用者が賠償した場合に使用者に対して求償権が行使できるかについても議論がある。

被用者と第三者の共同不法行為により他人に損害を加えた場合において、第三者が自己と被用者との過失割合による負担部分を超えて被害者に損害を賠償したときには、第三者は、被用者の負担部分について使用者に対し求償できる（最判昭和63・7・1民集42－6－451）。

単独の加害者に対して使用者が複数いる場合、各使用者の責任負担部分は、加害行為の態様、事業の執行との関連性、各使用者の加害者に対する指揮監督も強弱などによって定まり、自己の負担部分を超えて賠償を行った使用者は、他の使用者に負担超過部分を求償できる（最判平成3・10・25民集45－7－1173）。

第3節　注文者の責任

〔513〕　**注文者責任の概要**　　注文者は、請負人がその仕事について第三者に加えた損害を賠償する責任を負わない（716条）。使用者と異なり、注文者は請負人を指揮監督するものではないからである。ただし、注文又は指図について注文者に過失があった場合には責任を負う（716条ただし書）。ただし書は709条の適用についての注意規定とされている。

第4節　工作物責任

1　工作物責任とはどのようなものか

[514]　**工作物責任とは**　土地の工作物の設置又は保存に瑕疵（欠陥）があり、他人に損害を与えたときは、その工作物の占有者は、被害者に対してその損害を賠償する責任を負う。ただし、占有者が損害の発生を防止するのに必要な注意をしたときは、所有者がその損害を賠償しなければならない（717条）。

この責任は工作物責任あるいは土地工作物責任と呼ばれ、占有者の責任は必要な注意を払った場合は免責される中間責任であるが、所有者の責任には免責規定がなく、欠陥が存在すれば過失の有無にかかわらず責任を負わなければならないという無過失責任である。工作物責任の根拠は危険物を設置管理所有したことによる危険責任と考えられている。

2　工作物責任が成立する要件

[515]　**工作物責任の概要**　工作物責任が認められるためには、①土地の工作物であること、②その設置保存の瑕疵から損害が生じたことが必要とされる。一次的な賠償責任者は工作物の占有者であり、占有者が免責される場合は所有者が責任を負う。

[516]　**工作物**　土地の工作物とは人工的につくられ土地と結合しているものをいう。建物や塀や石垣、道路や橋やトンネルなどのほか、電柱や電線、人工的に掘られた穴や残土を積み上げた盛り土、公園に固定された遊具や小学校のプール、スキーのゲレンデやゴルフコースなども工作物とされる。また庭や公園などの管理された竹木についても準用される（717条2項）。建物内に設置された機械等については717条の適用を否定した大審院判例があるが、多くの学説は反対している。

[517]　**設置保存の瑕疵**　瑕疵とは工作物がその用途に応じて通常有すべき安

全性を欠くことをいう。工作物がしかるべき保安設備を備えていない場合も瑕疵にあたる（踏切に保安設備が欠けていることについて最判昭和46・4・23民集25-3-351）。設置の瑕疵は工作物がつくられたときからの欠陥、保存の瑕疵はその後に生じた欠陥を意味するが効果に相違はない。

瑕疵の有無の判断基準については、工作物が客観的にみて備えるべき設備を備えていたかで判断する客観説（機能的瑕疵説）が通説であるが、安全確保のための損害防止義務をつくしたかで判断すべきとする義務違反説も有力である。

〔518〕 **賠償義務者**　一次的に賠償義務を負う者は占有者である。間接占有者が工作物責任を負う場合もあるとする判例がある（最判昭和31・12・18民集10-12-1559）。占有者が損害の発生を防止するのに必要な注意をしたことを証明すれば免責されるが、その場合は所有者が責任を負う。所有者は免責されないが、異常な災害などによる損害については瑕疵の存在そのものが否定されることになろう。

3　占有者又は所有者の求償権

〔519〕 **占有者又は所有者の求償権**　占有者又は所有者が賠償を行った場合において、損害の原因について他にその責任を負う者があるときは、その者に対して求償権を行使することができる（717条3項）。請負人が欠陥工事を行った場合などが典型的な例となる。原因者と工作物責任者の間に契約関係がある場合は原因者が債務不履行責任を負うが、契約関係がない場合は不法行為責任を負うことになる。原因者の行為が被害者に対する不法行為となる場合は、被害者は原因者と工作物責任者の双方に損害賠償を求めることができる。

第5節　動物占有者の責任

1　動物占有者の責任とは

〔520〕　**動物占有者責任の概要**　動物の占有者は、その動物が他人に加えた損害を賠償する責任を負う（718条1項）。動物という危険物を管理する者の危険責任と考えられる。ただし、占有者が動物の種類及び性質に従い相当の注意をもってその管理をしたときは免責される（718条ただし書）。立証責任が転換された中間責任である。免責について、判例はかなり高度の注意義務を課している。ただし使用者責任とは異なり免責が認められた事例もある（最判昭和40・9・24民集19-6-1668）。

2　動物占有者に代わる管理者の責任

〔521〕　**動物の管理者（保管者）の責任**　占有者に代わって動物を管理する者も、動物占有者と同じ責任を負う（718条2項）。判例は動物の賃借人、運送人、受寄者などがこれにあたるとする。動物の占有者と管理者の双方がいる場合は、「動物の種類及び性質に従い相当の注意をもってその管理」を行ったことを証明できない限り、いずれも責任を負う。

第6節　共同不法行為

1　共同不法行為とは何か

〔522〕　**共同不法行為の概要**　数人が共同の不法行為によって他人に損害を加えたときは、各自が連帯してその損害を賠償する責任を負う。共同行為者のうちいずれの者がその損害を加えたかを知ることができないときも、同様と

する。行為者を教唆した者及び幇助した者は、共同行為者とみなして、実行行為者と連帯して責任を負う（719条）。

〔523〕 **制度の必要な理由**　複数の人間が共同で不法行為を行った場合に、民法の多数当事者の債務の原則をそのまま適用すると、各関与者は損害を人数分で割った額の賠償義務しか負わないことになる（427条の分割債務関係）。それでは被害者保護に欠けるので、①当事者に共同性がある場合（719条1項前段）、②共同行為の加害者を確定できない場合（同条1項後段）、③教唆・幇助を行った場合（同条2項）について、関与者全員に全損害を賠償する義務を負わせる。719条には「連帯して」とあるが、この債務は民法432条以下で規定する連帯債務とは異なる不真正連帯債務である。

〔524〕 **共同不法行為の具体例**　ＡＢが共謀してＣの殺害を計画し、ＡがＣを射殺すれば719条1項前段の共同の不法行為となり、実行者であるＡのみならずＢも不法行為責任を負う。ＡとＢが別々に狩猟中にたまたま獲物と間違えてＣに対してほぼ同時に散弾銃を発砲しＣは負傷したが、Ｃを傷つけた散弾がＡのものかＢのものか不明の場合は719条1項後段の規定によりＡＢは連帯して責任を負うことになる。

しかし上記の事例のような場合はともかく、Ａの過失による交通事故でＢ医師からの適切な治療を受けられなかったＣが死亡したといった場合や、多くの汚染源からの排出物で水質汚濁公害が発生したといった場合に、共同不法行為が成立するかが問題となる。

2　共同不法行為の成立要件

(1)　719条1項前段の不法行為（狭義の共同不法行為）

〔525〕 **719条1項の共同不法行為の成立要件**　719条1項前段の共同不法行為（狭義の共同不法行為という）が成立するためには、①各人の行為が独立して不法行為の要件を備えること、②関連共同性が存在することが必要とされる。

〔526〕 **個別の不法行為**　判例は各人が民法709条の定める不法行為の要件を備える必要があるとする（最判昭和43・4・23民集22-4-964など）。因果関

係についても、共同不法行為が成立するためには、加害者各自の行為と被害者の受けた損害との間に因果関係がなければならないとする（大判大正8・11・22民録25-2068、前掲最判昭和43・4・23）。ただし、ここでいう因果関係は単純な事実上の因果関係ではない。たとえばA、Bが共謀してCを殺害しようとしそれぞれ発砲したが、Aの弾丸のみが命中してCが死亡した場合にも、A、Bの共謀とAの発砲及びCの死亡の間には因果関係があるのでBも不法行為責任を負う。判例は騒擾行為の謀議にのみ参加した者や騒擾行為に随行したが暴力行使を行っていない者（大判昭和9・10・15民集13-21-1874）や結果回避義務をつくさなかった者（最判昭和62・1・22民集41-1-17）にも責任を認める。

〔527〕　**関連共同性**　　不法行為関与者の間の共同性を関連共同性という。共謀や結果に対する共通の認識などの主観的要素を必要とする主観的共同説（主観的関連共同性説）と、主観的要素は不要であり、侵害行為と損害の態様から全体を客観的に評価して、連帯責任を負わせる社会的な一体性があればよいとする客観的共同説（客観的関連共同性説）があるが、判例は一貫して客観的共同説を採用する（故意行為と過失行為による共同不法行為について大判大正2・4・26民録19-281、共同の認識が不要であることについて最判昭和32・3・26民集11-3-543、交通事故によって放置すれば死亡にいたる加害を受けたことを前提に、交通事故加害者と医療過誤者の共同不法行為を認めた事例として最判平成13・3・13民集55-2-328）。

〔528〕　**学説の動向**　　かつては学説も客観的共同説が通説であったが、近年は様々な説が唱えられている。主観的要素を要求するが、共謀がなくとも他人の行為の認容ないし認識があればよいとするものや、関連性を主観的共同と客観的共同に類別し前者では事実上の因果関係は不要だが後者では必要とするもの、関連共同性を「弱い関連共同性」と「強い関連共同性」に分け、前者と後者の責任範囲を異なるとするもの（下級審判決として四日市公害事件判決、津地裁四日市支判昭和47・7・24判時672-30）などがある。総じて、共同性の多様な実態に対応して、因果関係の擬制や推定の方法を変えたり、反証による免責ないし責任軽減を認めるなどし、共同不法行為の態様によって責任範囲の違いを認めるものが多い。

(2) 719条1項後段の共同行為（加害者が確定できない場合）

〔529〕　**規定の意味**　この規定は数人の行為のうちどの行為が損害を生じたかを証明できない場合の因果関係の推定規定と考えられている。したがって共同行為者が因果関係の不存在を証明できれば免責される。ここでいう「共同行為」は前段の「共同の不法行為」に比べ範囲が広い。

(3) 教唆・幇助による場合

〔530〕　**規定の意味**　実行行為にかかわらなくとも不法行為を教唆又は幇助した者は実行行為者と共に責任を負う。719条1項前段との関係が問題となるが、現在では719条1項前段の適用で処理できるので注意規定とみるべきであろう。

3　賠償義務の内容と連帯関係

〔531〕　**共同不法行為者の賠償範囲**　各共同不法行為者は原則として全損害の賠償義務を負う。719条1項前段による場合は、それぞれの不法行為者の行為と相当因果関係のある損害が賠償の対象となる（最判昭和43・4・23民集22－4－964、特別事情による損害について大判昭和13・12・17民集17－23－2465）。また、過失相殺については、それぞれの不法行為者と被害者との間で過失相殺がなされ、他の不法行為者との間における過失の割合を斟酌することはできない（最判平成13・3・13民集55－2－328）。ただし、交通事故などで、複数の加害者の過失と被害者の過失が競合し、その事故の原因となったすべての過失の割合（絶対的過失割合）を認定できるときは、絶対的過失割合に基づく被害者の過失による過失相殺をした損害賠償額について、加害者らは連帯して共同不法行為に基づく賠償責任を負う（最判平成15・7・11民集57－7－815）。

〔532〕　**請求、時効、債務の免除、混同等の効果**　共同不法行為による債務は不真正連帯債務であり、民法432条以下の連帯債務の規定がそのまま適用されることはない。共同不法行為者の1人に対する請求は他の共同不法行為者に効力を及ぼさず（最判昭和57・3・4判時1042－87）、消滅時効の効力は

他の共同不法行為者に及ばない。共同不法行為者の一部について債務を免除した場合については、他の共同不法行為者の債務をも免除する意思が認められない限り、免除の効力は他の者に及ばない（最判平成6・11・24判時1514－82）。被害者を共同不法行為者の1人が相続しても相続による混同の効力は他の共同不法行為者に及ばない（自動車の運行供用者責任について最判昭和48・1・30判時695－64）。

〔533〕 **賠償者の求償権**　かつては不真正連帯債務には負担部分がなく、したがって被害者に賠償を行った共同不法行為者は他の共同不法行為者に求償できないと考えられていたが、現在は判例・学説共に負担部分を超えて賠償を行った者に求償権を認めている（最判昭和41・11・18民集20－9－1886）。負担部分は損害への寄与度によって定まるとされる（故意と過失が競合した場合などは原則として故意者が全部を負担する）。

第7節　特別法による不法行為

1　失火責任法による責任制限

〔534〕 **制度の概要**　失火者は重大な過失がある場合に限って責任を負う（失火責任法）。失火責任法は不法行為の特則であり、債務不履行責任には適用されない。したがって、借家人の軽過失による失火の場合、借家人は類焼被害者に対しては責任を負わないが、家主に対する賃貸借契約不履行責任を負う。

〔535〕 **他の不法行為責任と競合する場合**　判例は責任無能力者の失火について、監督義務者に重大な過失があったか否かで監督者責任を判断する（最判平成7・1・24民集49－1－25）。被用者による失火に対する使用者責任については、被用者の重大な過失の有無によって判断する（最判昭和42・6・30民集21－6－1526）。工作物責任については重大な過失がなければ免責される（重大な過失を認定した事例として大判昭和7・4・11民集11－7－609）とするが、学説は批判的である。

2　運行供用者責任

〔536〕**制度の概要**　自己のために自動車を運行の用に供する者（運行供用者）はその自動車が他人の生命又は身体を害したときは責任を負う。ただし、運行供用者は、①自分及び運転者が運行に関して注意を怠らなかったこと、②被害者又は運転者以外の第三者に故意又は過失があつたこと、③自動車に構造上の欠陥又は機能の障害がなかったことの3点をすべて証明した場合に限り責任を免れる（自動車損害賠償保障法3条）。運行供用者は相手方の故意あるいは一方的な過失による事故であるといった例外的な事例を除き責任を負うことになる。

　運行供用者となる者は自動車の運行を支配するか、運行により利益を受ける者をいう。レンタカー会社は運行供用者に含まれる（最判昭和46・11・9民集25－8－1160）が、担保目的で自動車の所有権を留保している者は運行供用者ではない。「運行」は自動車を走行させることのほか、クレーン車のクレーンをその目的に従って操作する場合なども含む（最判昭和52・11・24民集31－6－918）。この規定が適用されるためには被害者が他人であることが必要である。運行供用者と運転者は他人ではない。その他の者が他人にあたるかについては自動車の運行状況及び支配状況などによって定まり、家族関係があるからといってただちに他人性が否定されるものではない（最判昭和47・5・30民集26－4－898）。運行供用者責任は被害者の人的損害に限られ物損は含まない。

3　製造物責任

〔537〕**制度の概要**　物の製造者はその物の欠陥から生じた損害について損害賠償責任を負う（製造物責任法3条）。製造物責任法はＰＬ法とも呼ばれる。製造物責任は物の製造者の不法行為責任を過失責任から欠陥責任に転換する民法709条の特則とされる。製造物は、製造又は加工された動産をいい、未加工の生鮮品や原材料、不動産を含まない。製造物責任を負うのは製造者・加工者・輸入者及び製造物に氏名等の表示をした者である。欠陥とは、その

製造物が通常有すべき安全性を欠いていることをいう。ただし、製造者等は製造物を流通経路に置いた時点における科学技術に関する知見では欠陥を認識できなかったことを証明すれば責任を免れる（開発危険の抗弁、製造物責任法4条1項）。製造物責任による賠償は人的損害のほかに物的損害も含むが、製造物自体の故障や損壊のみが生じた場合は含まない。

（高梨俊一）

17章　法定債権関係

第1節　はじめに

〔538〕　**法定債権関係**　債権関係が発生する原因は、契約、事務管理、不当利得、不法行為の4つである。このうち、契約は、申込みと承諾という当事者の意思によって債権関係を発生させる。これに対して、事務管理、不当利得、不法行為は、ある一定の事実があった場合に、当事者の意思にかかわらず、債権関係を発生させる。これは、ある法政策的目的から、法律が一定の場合に債権関係の発生を認めたものである。このような、当事者の意思によらずに法律によって発生する債権関係を、「法定債権関係」という。本章では、法定債権関係のうち、事務管理及び不当利得を取り扱う。

第2節　事務管理

〔539〕　**事務管理**　われわれの社会では、他人の財産や行為に干渉するためには、原則として、その干渉を正当化する原因がなければならない。これなくして他人の財産や行為に干渉すれば、その干渉は不法行為となり、損害賠償の責任を生じることとなる（709条）。

　しかし、以下のような場合はどうなるだろうか。たとえば、お隣が留守の間に、お隣の家の台所から火が出て火事になりそうになっているのを発見し、鍵のかかっているドアを蹴破って家に入り込み消火につとめ事なきを得た。行為者が報酬を請求するとまではいわないまでも、そのために負った火傷の治療代や焼け焦がしてしまった衣類の損害相当額くらい払ってくれと請

求したところ、頼んでもいないのに勝手にドアを壊して入り込んだのだから不法行為が成立する、として反対に損害賠償の請求を受けることになるとすれば、世の中はずいぶん住みにくいこととなるだろう。人が社会生活を営む上で重要な「相互扶助」が実現されず、不合理な事態を招くことになる。

民法は、ある者が、法的な義務がないのに他人のために行為をした場合には、これを適法な行為として認めることとした。これが事務管理（697条）である。事務管理が成立すれば、他人のために行為をした者（「管理者」）とされた者（「本人」）の間に、債権関係が発生する。その効果として、前記のケースでは、行為者はお隣に対して、自己が負担した治療費や損害を、管理者が本人のために負担した有益な債務として請求できてもいいであろう（650条2項を準用する702条2項）。

〔540〕 **事務管理の意義と性質**　以上のように、事務管理は、相互扶助の実現という法政策的目的から、当事者の意思にかかわらず、法律が債権関係の発生を認めたものであるといえる。民法は、自分の財産の取り扱いは自由であり、他人に干渉されないという「私的自治の原則」を基礎としているが、このような法秩序の下でも、相互扶助といった社会的に価値のある行為は、ある程度は認められるべきである。このため、民法は、事務管理を債権関係の発生原因として認めたのである。

事務管理は、法律が認めた債権関係発生原因であり、当事者の意思表示に基づいて法律効果を発生させるのではないという点で、法律行為とは異なる。このため、事務管理の法的性質は、「準法律行為」であると理解されている。

〔541〕 **事務管理の成立要件**　事務管理が成立するには、以下の要件が満たされなければならない。

① 他人の事務の管理を始めたこと

ここでいう「事務」とは、日常用語の事務仕事のことではなく、人が生活する上で必要な行為すべてを指す。「事務」に含まれる行為は広範であり、事実行為であるか法律行為であるかを問わない。また、管理を「始めた」という言葉が使われているが、継続的行為であるか一時的行為であるかも問わない（大判大正8・6・26民録25-1154）。「管理」とは、民法では一般に、保存行為、利用行為、改良行為を指すが、事務管理における「管理」には、一

定の処分行為も含まれる（大判明治32・12・25民録5－11－118、大判大正7・7・10民録24－1432）。また、財産的行為だけでなく、非財産的行為（人命救助など）も含まれる。

② 他人のためにする意思があること

他人のためにする意思とは、他人に事実上の利益を与える意思のことである。自分の利益のために他人の事務の管理を始めても、事務管理は成立しない。ただし、他人のためにする行為が、同時に自分のためにもなるという場合（たとえば、AがBの家を修理してあげたのは、Bの家が崩れたらAの家も巻き添えになるからだった場合など）には、事務管理が成立する（前掲大判大正8・6・26）。また、管理者が、本人が誰であるかを知らずに事務の管理を始めた場合でも、自分以外の者のためであれば事務管理が成立する。

③ 法的な義務がないこと

法的な義務を発生させるのは、法律の規定（たとえば、親権者の義務（824条）など）と契約である。法的な義務がある場合には、その規定又は契約に従って債権関係が発生するので、事務管理とはならない。ただし、法的な義務があっても、その義務の範囲を超えて事務の管理がなされた場合には、超えた部分については事務管理が成立する（前掲大判大正8・6・26、大判大正6・3・31民録23－619）。

④ 本人の意思に反する、又は本人の不利益になることが明らかではないこと

事務管理は、本人の意思に反しないもの、本人の利益になるものでなければならない。したがって、管理開始時に、それが本人の意思に反する、又は本人の不利益になることが明らかである場合には、事務管理は成立しない。

この要件は民法に規定されていないが、管理者の管理継続義務に関する700条ただし書は、事務管理の継続が本人の意思に反するか、本人の不利益になることが明らかであるときは、事務管理を中止しなければならないと定めている。この規定を根拠として、事務管理が成立するためには、それが本人の意思に反しないか、本人の不利益になることが明らかではないことが必要であると解されている（大判昭和8・4・24民集12－11－1008）。

また、この場合の「本人の意思」は、強行法規や公序良俗に反しないもの

でなければならない（大判大正8・4・18民録25-574）。たとえば、自殺をしようとする者を救助した場合、救助という行為は明らかに本人の意思に反する。しかし、自殺は公序良俗に反する行為であると考えられるので、このような場合には、事務管理が成立する。

この要件が満たされなかったため事務管理が成立しなかった場合でも、本人が後にこれを承認すれば、さかのぼって有効な事務管理となる（事務管理の追認）。

〔542〕 **事務管理の効果**　事務管理には以下の効果がある。

① 違法性阻却

本人の同意がないのにその財産や行為に干渉した場合、本来であればその行為は違法であり、不法行為として損害賠償責任を負うことになる。しかし、事務管理が成立した場合は、その行為は違法とならず（「違法性阻却」）、不法行為は成立しない。

② 管理者の義務の発生

事務管理が成立すると、管理者と本人との間に債権関係が発生し、管理者に様々な義務が生じる。

　a）管理義務

　　管理者は、本人の意思を知っているときや、本人の意思を推知できるときには、その意思に従って事務管理を行わなければならない（697条2項）。本人の意思が不明なときや、本人の意思が強行法規や公序良俗に反しているときには、その事務の性質に従って、最も本人の利益に適合する方法で事務管理を行わなければならない（同条1項）。

　b）善管注意義務

　　管理者は、原則として、善良な管理者の注意をもって管理にあたらなければならない（「善管注意義務」）。善管注意義務とは、行為者の職業や社会的地位に応じて通常期待されている程度の注意義務である。つまり、管理者が他人の事務を管理する場合には、その事務の専門家と同等の注意をしなければならない。管理者に善管注意義務が課されるのは、勝手に他人の事務に介入する以上、管理者はただ自分の能力を尽くすだけでなく、客観的にみても適切な事務処理を行うべきだからである。

c）緊急事務管理

本人の身体、名誉、財産に対する危害が差し迫っていて、管理者がそれを逃れさせるために事務管理を行った場合には、管理者に悪意（この場合は、本人を害しようとする故意）や重大な過失がない限り、事務管理によって損害が生じたとしても、賠償責任は生じない（緊急事務管理）（698条）。そのような場合には、管理者が緊急的な判断で迅速に管理を行うことが必要とされるため、注意義務を軽減しているのである。

d）管理継続義務

いったん事務管理が成立したら、管理者は、本人又はその相続人、法定代理人がその事務を管理することができるようになるまでは、事務管理を継続しなければならない（700条本文）。管理者が勝手に始めた事務管理を勝手に中止すると、本人の利益が害されるおそれがあるからである。ただし、事務管理の継続が、本人の意思に反する、又は本人の不利益になることが明らかである場合には、事務管理を中止しなければならない（700条ただし書）。

e）通知・報告義務

管理者は、事務管理を開始したときには、速やかに本人に通知しなければならない（管理開始通知義務）（699条本文）。本人に、事務処理に関与する機会を与えるためである。本人がすでに事務管理の開始を知っているときには、通知は不要である（699条ただし書）。また、管理者は、本人から請求があればいつでも、事務管理の状況を報告しなければならない（701条、645条）。事務管理が終了したときには、速やかに本人に事務管理の経過及び結果を報告しなければならない（同条）。

f）結果移転義務

事務管理は本人の生活や財産に干渉して行われるものなので、管理者は、事務管理の結果を本人に移転しなくてはならない。具体的には、管理者は、事務管理を行うにあたって受け取った金銭その他の物を本人に引き渡さなければならない（701条、646条1項）。また、管理者が自分の名前で権利を取得したときには、その権利を本人に引き渡さなければならない（701条、646条2項）。管理者が、本人に引き渡すべき金銭や、本

人の利益のために用いることになっていた金銭を自分のために消費した場合、消費した日からの利息を付して本人に返還しなければならない（701条、647条前段）。これを返還してもなお本人に損害が生じている場合には、その損害も賠償しなければならない（701条、647条後段）。

③　本人の義務の発生

事務管理が成立すると、本人にも義務が生じる。

　a）費用償還義務

　　　管理者が本人のために有益費用を支出した場合は、これを管理者に償還しなければならない（702条1項）。有益費用とは、事務処理のために管理者が招いた財産的犠牲であり、支出時に本人の利益になったと判断されるものである。物の改良などに関する費用に限らず、必要費も含まれる。有益費用の範囲は、社会一般の通念で客観的に判断され、不相当に高額な材料を使用した場合などは有益費用に含まれない。

　b）債務弁済義務

　　　管理者が自分の名前で事務処理に必要な債務を負担した場合には、管理者に代わって債務を弁済するか（代弁済義務）、その債務が弁済期にないときには、相当の担保を提供しなければならない（担保提供義務）（702条2項、650条2項）。

　c）本人の意思に反した管理である場合の現存利益返還義務

　　　管理者が本人の意思に反して管理を行った場合には、現に利益を受ける限度（現存利益）においてのみ、費用償還義務、代弁済義務、担保提供義務を負う（702条3項）。事務管理の開始時点では本人の意思に反することが明らかではなかったが、実は本人の意思に反していたという場合がこれに該当する。

　d）報酬支払義務、損害賠償義務はない

　　　管理者に対して、費用償還とは別に報酬を支払う義務はないと解される。民法に規定がないこと、委任契約でさえ無償が原則なのであるから（648条1項）、利他的行為である事務管理で報酬を認めるべきではないこと、報酬支払義務を認めると事務管理の道徳的価値を損なうことがその理由である。ただし、特別法で報酬請求権を認めているものもある。

たとえば、遺失物や埋蔵物などを拾得して届け出た者は、報酬（「報労金」）を請求することができる（遺失物法28条）。また、船舶が遭難した場合に、漂流物又は沈没品を拾得して届け出た者も、報酬を請求することができる（水難救護法24条2項）。

　また、管理者が事務管理を行うにあたって過失なく損害を受けた場合であっても、その損害を賠償する義務はないと解されている。委任契約ではこのような場合の損害賠償請求権が認められているが（650条3項）、この規定は事務管理に準用されていないからである。しかし、事務管理の利益を受けておきながら、管理者が損害を受けたときに本人が知らぬ顔をするのは公平性を欠くため、管理者の受けた損害も有益費用として返還するべきであるとする見解や、管理者と本人との間の信頼関係を基礎として、信義則上賠償義務があるとする見解もある。

〔543〕**事務管理と代理**　事務管理は、基本的に管理者と本人との間の関係であるが、管理者が事務の管理のために第三者と法律行為を行った場合には、第三者との関係も問題となる。事務管理が成立したとき、管理者には、管理に必要な範囲で代理権が生じるのだろうか。事務の処理のためには相応の権限が与えられていなければならず、民法が法律行為について事務管理の成立を認めている以上、管理者には事務処理に必要な代理権が与えられるとする見解もある。しかし、事務管理は管理者と本人との間の関係にとどまり、代理権までは生じないと解されている（前掲大判大正7・7・10、最判昭和36・11・30民集15-10-2629）。管理者が自分の名前で第三者と法律行為を行った場合は、その法律行為の効果は管理者に帰属し、本人に影響を及ぼさない。管理者が本人の名前で（又は代理人であると称して）第三者と法律行為を行った場合は、無権代理となり、その法律行為の効果は本人に帰属しない。この場合、管理者は、無権代理人の責任（117条）を負うことになる。ただし、本人が無権代理行為を追認（113条）するか、表見代理（109条、110条、112条）が成立する場合には、本人に効果が帰属する。

〔544〕**準事務管理**　ある者が、自分に権限がないことを知りながら、自分の利益のために他人の事務を管理した場合（僭称管理行為）には、事務管理は成立しない。この場合、不当利得に基づく損失の返還（703条）、及び不法行

為に基づく損害賠償（709条）をしなければならない。しかし、本人は、不当利得及び不法行為に基づいて、「損失」及び「損害」の範囲で救済を受けることはできるが、それを超える額を僭称管理者から回収することはできない。このため、もし僭称管理者が僭称管理行為で莫大な利益をあげていた場合、本人へ損害賠償をしても、なお多額の利益が僭称管理者の手元に残るという場合があり、問題となる。

　このような結果を許すと正義に反するため、僭称管理行為は事務管理ではないが、事務管理に準じて扱い、僭称管理人に、僭称管理行為で受け取った利益を本人に引き渡す義務を課すべきであるとする見解もある（準事務管理肯定説）。しかし、本来利他的な行為として管理者を保護することを目的とする事務管理を準用するのは、民法の体系として筋が違うこと、僭称管理行為が一般にそれだけの利益を生じるものであれば、本人にもそれだけの損害が生じたとみるべきであること、僭称管理者が特殊な才覚で一般に合理的と予期される以上の利益を得た場合には、むしろそれを返還させない方が公平であることを理由として、僭称管理行為は不当利得及び不法行為で処理するべきであると解されている。

　僭称管理行為の典型は、他人の特許権を許可なく使用して利益をあげている場合である。このようなケースに対処するため、知的財産権の分野では、様々な法整備が進められた（特許法102条、著作権法114条など）。しかし、これらの規定が適用されない場面では、問題はなお残されている。

第3節　不当利得

[545]　**不当利得**　ある者とある者との間で財産の移転が生じるとき、そこには法律上の原因（法的根拠）が存在する。たとえば、AがBから物を買う契約を締結した場合、Aはこの売買契約に基づいて代金を支払って物を受け取り、Bもこの売買契約に基づいて物を引き渡して代金を受け取る。つまり、A・B間での代金と物の移転は、売買契約を法律上の原因として生じる。

　しかし、時として、法律上の原因がないのに財産の移転が生じた状態にな

ることがある。たとえば、A・B間で代金と物の移転があった後に、売買契約が取り消された場合はどうだろうか。この場合、売買契約は遡及的に無効となり、法律上の原因は始めにさかのぼって無かったことになるが、Aはすでに物を受け取っており、Bはすでに代金を受け取っている。つまり、AもBも、法律上の原因がないのに他人の財産を受け取って利益を得たことになる。同時に、AもBも、法律上の原因がないのに財産を失って損失を被ったことになる。このように、法律上の原因なくして他人の財産や労務から利益を得ることによって他人に損失を与えることを、不当利得という。民法は、不当利得が生じた場合には、利益を得た者（利得者）は、利益を失った者（損失者）に、その利益を返還しなければならないと定めている（703条）。前記のケースでは、Aは受け取った物を不当利得としてBに返還しなければならず、Bは受け取った代金を不当利得としてAに返還しなければならない。

〔546〕 **不当利得の意義と性質**　不当利得は、ある者が法律上の原因なくして利益を得たことにより、他人に損失を与えた場合に、その利益を返還すべき債権・債務を生じさせる法定債権関係である。つまり、法律上の原因がない財産の移転・帰属について、利得者に損失者への返還義務を課すことにより、両者の間の財産上の均衡を図り、公平の理念を実現するという法政策的目的から、当事者の意思にかかわらず、法律が債権関係の発生を認めたものであるといえる。

ところで、703条は、不当利得が成立するのは、法律上の原因なく他人の財産又は労務から利益を得たことにより他人に損失を与えた場合であると定めている。たとえば、Xが荷物を保管しようとしていたが、倉庫業者に預けると保管料がかかるので、勝手にYの倉庫に置いていた場合はどうだろうか。この場合、XはYの倉庫を勝手に使ったことによって保管料を払わずに済んだという利益を得ており、Yは倉庫を勝手に使われたことによって財産権を侵害されているが、前記A・Bのケースと異なり、XとYの間には元々何の契約関係もなかった。このように、当事者の関係や事情が異なるケースを、すべて同列に扱い、同じ要件と効果で処理することには無理がある。

そこで、不当利得の成立が考えられるケースをある程度分類して把握する見解が登場した。分類のしかたについても様々な見解があるが、今日では、「給

付不当利得」と「他人の財貨からの不当利得（侵害不当利得）」の2類型に分けるのが、ほぼ共通の理解である。給付不当利得とは、前記A・Bのケースのように、ある者とある者の間で、契約などの法律行為に基づいて給付がなされたが、契約の無効や取消しなどによって法律上の原因を欠くことになった類型である。この場合、給付がなかった当初の状態に戻す、つまり、法律関係の巻き戻し的清算がなされる。侵害不当利得とは、前記X・Yのケースのように、初めから法律上の原因がないのに、ある者が他人の財産から利益を得た類型である。この場合、利得者は損失者の財産権を侵害して利益を得ているので、この侵害による利益の移動の修正が行われる。このような不当利得の類型化は、不当利得の成立要件及び効果にかかわってくる。

〔547〕 **不当利得の成立要件** 不当利得が成立するには、以下の要件が満たされなければならない。

① 他人の財産又は労務から利益を受けたこと（「受益」）

受益には、他人の財産又は労務のおかげで自分の財産が増加した場合（積極的利得）だけでなく、他人の財産又は労務のおかげで自分の財産が減少せずにすんだ場合（消極的利得）も含まれる。受益の方法には制限がなく、給付不当利得の場合には無効な契約などの法律行為によることが多く、侵害不当利得の場合には事実行為によることが多い。他人の池の魚が洪水によって自分の池に流されてきた場合のような、自然的事実によっても不当利得は成立する。

② 受益によって他人に損失を与えたこと

損失には、利得者の受益によって損失者の財産が減少した場合（積極的損失）だけでなく、利得者の受益によって損失者の増加するはずだった財産が増加しなかった場合（消極的損失）も含まれる。前記A・Bのケースのような給付不当利得では、Aの支払った代金は、Bにとっては受益であるがAにとっては損失であり、Bの引き渡した物は、Aにとっては受益であるがBにとっては損失なので、受益と損失は表裏一体の関係にある。前記X・Yのケースのような侵害不当利得では、XがYの倉庫を勝手に使用したことが受益であり、YがXに倉庫を勝手に使用されたことが損失である。

③ 受益と損失の間に因果関係があること

「因果関係」とは、ある事実とある事実が原因と結果の関係になることであるが、不当利得における「因果関係」とは、損失と受益との関係から、不当利得を成立させることが妥当であると判断できることをいう。給付不当利得の場合には、受益と損失が表裏一体の関係にあるため、容易に因果関係が認められる。これに対して、侵害不当利得の場合には、しばしば因果関係の存否が問題となる。前記X・Yのケースのような、二当事者間での関係の場合には、比較的容易に因果関係が認められるが、当事者が多数である場合は問題である。たとえば、αが、βから金銭をだまし取って、その金銭で自分の債権者γに債務の弁済をした、というケースではどうだろうか。この場合、金銭をだまし取られたβが、だまし取ったαに対して不当利得返還請求をすることができるのは当然である。しかし、その金銭で利益を得たγに対して不当利得の返還請求をすることができるだろうか。判例はかつて、このようなケースに対して、受益と損失には「直接の因果関係」がなければならず、「中間事実」が介在するときは、βの損失はγの利益のために生じたものということはできないとして、γに対する不当利得返還請求を否定していた（大判大正8・10・20民録25-1890）。しかし、このような「直接の因果関係」の理論を厳格に貫くと、不当利得の成立を認めることができなくなるので、因果関係の存否は社会観念によって判断するべきであるとする見解が登場し、判例にとり入れられた（最判昭和49・9・26民集28-6-1243）。

④ 受益に法律上の原因がないこと

　給付不当利得の場合、給付の基礎となる法律関係が「法律上の原因」となる。前記A・Bのケースでは、売買契約に基づいて代金の支払いと物の引渡しを行っており、この売買契約が「法律上の原因」である。これが取消しによって遡及的に無効となったため、A及びBの受益には法律上の原因がないことになる。侵害不当利得の場合、その行為の基礎となる権原が「法律上の原因」となる。前記X・Yのケースでは、Yの倉庫を使用するための権原が「法律上の原因」であり、Xはその権原を有していないため、Xの受益には法律上の原因がないことになる。

〔548〕 **不当利得の効果**　　不当利得が成立すると、受益者は損失者に対して、受けた利得を返還する義務を負う。利得の返還は、原則として現物返還、つ

まり、受け取った物自体を返還する。現物が返還できない場合や、利得の内容が他人の労務等である場合には、価格（金銭）を返還しなければならない。

現物が返還できない場合とは、現物が売却されるなどして受益者の手元に存せず、それを取り戻すことができない場合などである。現物が代替性のある物（代替物）であった場合も、現物返還ができない場合に含まれるかが問題となる。代替物は、同種・同量の物を調達することもできるからである。判例はかつて、代替物が特定物として交付された場合には、その物が売却されれば現物返還ができなくなるとしていた（大判昭和16・10・25民集20-21-1313）。また、代替物が不特定物として交付され、その物が売却された場合には、損失者は受益者に対して、同種・同量の物の返還を請求することもできるし、売却代金相当額の返還を請求することもできるとしていた（大判昭和18・12・22新聞4890-3、大判昭和12・7・3民集16-16-1089）。このような結論に対しては、同種・同量の物を調達してまで現物返還する義務を受益者に負わせるのは、受益を返還する以上の負担を課すことになり、また、現物が株券などのように価格の変動が大きい物である場合には、それが値上がりしていれば、受益者は受益以上の返還義務を負うことになり、逆に値下がりしていれば、受益者は売却代金の一部の返還を免れることになるので公平に反するという問題が生じる。そこで、近時の判例は、これらの点を考慮して、受益者が代替物である現物を売却した場合には、原則として売却代金相当額の返還義務を負うとしている（最判平成19・3・8民集61-2-479）。

不当利得における返還義務の範囲は、類型が侵害不当利得であるか給付不当利得であるか、侵害不当利得の場合には、受益者が善意であるか悪意であるかによって異なる。

① 侵害不当利得で受益者が善意の場合

ここでいう善意とは、受益に法律上の原因がないことを知らないことである。善意の受益者は、現に利益の存する限度（現存利益）で、利得を返還しなければならない（703条）。現存利益とは、不当利得の返還請求を受けたときに、実際に残っている利益である。原物が残っている場合には、それを返還する。原物が損傷していても、そのままの状態で返還すればよい。原物を売却した代金など、原物が形を変えて残っている場合、それを返還する。そ

の一部を消費してしまっていても、残っている分だけ返還すればよい。ただし、原物を受益者が故意又は過失によって損傷した場合は、それによって価値が下落した分の額を賠償しなければならない。また、利得した金銭を、自分の生活費や債務の弁済のために消費した場合のように、元々自分がするはずだった金銭の支払いを免れたと考えられる場合には、その「支払いを免れた額」の利益は現存しているとみなされる。

② 侵害不当利得で受益者が悪意の場合

ここでいう悪意とは、受益に法律上の原因がないことを知っていることである。悪意の受益者は、利益が現存していなくても、受けた利益の全部を、利息を付して返還しなければならない。利益の全部と利息を返還してもなお損失者に損害がある場合は、それも賠償しなければならない（704条）。受益者が善意か悪意かを決める時期は受益のときであるが、受益のとき善意であっても、後に悪意になった場合には、それ以後の利益については悪意の受益者としての返還義務を負う。

③ 給付不当利得の場合

給付不当利得の場合には、受益者の善意・悪意によって返還の範囲を決定することは妥当ではない。給付不当利得では、当事者間で法律行為があったが、それが無効や取り消された場合などに、すでに行われた財貨の移転を元に戻すという、いわば巻き戻し的な清算がなされる。したがって、給付不当利得の場合は、受益者は受けた利益の全部を返還しなければならない。原物返還が可能であれば原物を、不可能であれば価格を返還する。

売買契約のように、当事者の双方が受益者であり損失者でもある場合には、互いの返還請求権は同時履行の関係に立つ（最判昭和28・6・16民集7-6-629、最判昭和47・9・7民集26-7-1327）。売買契約において売主が受け取った金銭を返還する際には、利息を付して返還しなければならない。他方で、売買契約において買主が受け取った目的物を返還する際には、目的物から生じた果実や使用利益も返還しなければならない。

売買契約の目的物が、買主の手元にあるときに滅失した場合はどうなるだろうか。この問題については、危険負担に関する536条を類推適用して、原則として買主が危険を負担し（536条1項）、売主の責めに帰すべき事由によっ

て滅失した場合にのみ、売主が危険を負担する（536条2項）とする見解と、原則として買主は目的物に代わる客観的価値を返還する義務を、売主は代金返還義務を負い、売主の責めに帰すべき事由によって滅失した場合にのみ、買主は価格返還義務を免れるが、この場合も売主の代金返還義務は存続するとする見解がある。いずれにせよ、目的物が滅失したことによって、買主が損害賠償請求権や保険金などの価値代替物を取得した場合には、これを売主に返還する義務を負う。

〔549〕 **不当利得の特則**　法律上の原因がない給付は、これを不当利得として返還することになる。しかし、不当利得を生じさせた事情によっては、利得を返還させることが、公平の理念や社会正義に反するという場合もあり得る。そこで民法は、法律上の原因がない給付であっても、一定の場合には、これを不当利得として返還請求することはできないと定めた。それが、以下の4つの類型である。

① 非債弁済

　a）狭義の非債弁済

　　「非債弁済」とは、弁済がなされたが、その対象である債務が存在しないことである。債務が存在しないことを知りながらあえて弁済をした場合を、「狭義の非債弁済」という。この場合、弁済をした者は、給付した物を不当利得として返還請求することができない（705条）。弁済者は、債務が存在しないことを知りながらあえて弁済し、自ら損失を招いたのであるから、返還請求権を認めなくとも不合理ではないからである。

　　狭義の非債弁済の成立には、債務が存在しないこと、弁済者が債務の不存在を知っていたこと、弁済者が任意で弁済をしたこと、という要件が必要となる。弁済者が債務の不存在を知らずにした弁済や、強迫などによってやむを得ず存在しない債務を弁済した場合には、不当利得返還請求権が認められる。

　b）期限前の弁済

　　ある債務に、弁済すべき期限（弁済期）が定められている場合、債務者は、弁済期が到来するまでは、債務を弁済しなくてもよい（期限の利益）。つまり、弁済期が到来する前の債務は、弁済する必要のない債務

であるといえる。債務者が、このような債務を、弁済期前であることを知りながらあえて弁済した場合には、これを不当利得として返還請求することはできない（706条本文）。弁済期が到来する前であっても、弁済自体は法律上の原因を欠くものではないし、期限の利益は放棄することができるので（136条2項）、債務者が弁済期前であることを知りながら弁済をしたのであれば、期限の利益を放棄したものとみることができるからである。

債務者が、弁済期到来前であることを知らずに誤って弁済した場合には、弁済自体は有効であるが、期限前の弁済によって債権者が得た利益（たとえば、債務者が弁済をした時から本来の弁済期までの間の金利など）は債務者に返還しなければならない（706条ただし書）。

c）他人の債務の弁済

他人の債務は弁済する必要のない債務である。ある者が、それが他人の債務であることを知りながらあえて弁済した場合には、第三者の弁済（474条）の要件を満たす限り、有効な弁済となるので、不当利得は成立しない。この場合、弁済者は、給付した物の返還を請求することはできない。

他人の債務を自分の債務であると信じて誤って弁済した場合は、これを不当利得として返還請求することができる。しかし、弁済者が錯誤に陥っていることを給付受領者（この場合は、他人の債務の債権者）が知らなければ、不当利得返還請求をされたときにはすでに債権証書を破棄していたり、担保物を返還していたり、債権が時効にかかっていたりして、今さら給付物を取り戻されたのでは不測の損害が生じるという場合もあり得る。そこで民法は、このような場合には、弁済者は不当利得返還請求権を失うと定めている（707条1項）。これによって不当利得返還請求権を失った弁済者は、本来の債務者に対して求償権を行使することができる（707条2項）。

② 不法原因給付

不法原因給付とは、賭博の掛金や違法行為の報酬など、不法な原因に基づいて給付をした場合である。この場合、給付者は、給付した物を不当利得として返還請求することができない（708条本文）。ここでいう「不法」とは、

基本的には、公序良俗に反する法律行為（90条）であると考えられる。公序良俗に反する法律行為は無効であり、無効な法律行為においてなされた給付には法律上の原因がない。法律上の原因がない給付は、本来であれば不当利得として返還請求することができるが、不法な原因に基づく給付まで取り戻せるとすると、不法な行為に法の保護を与えることになり、社会正義に反する。そこで民法は、不法な原因に基づく給付の場合には、708条で給付者の返還請求権を否定した。これは、法の救済を求める者は法を遵守していなければならないという「クリーン・ハンズの原則」に基づく規定である。このように、民法90条と民法708条は、裏表一体となって不法な法律行為の効力を否定している。

民法708条でいう「不法」とは、「反道徳的な醜悪な行為としてひんしゅくすべき程の反社会性」のある行為をいい（最判昭和35・9・16民集14－11－2209）、その行為が不法原因給付にあたるかどうかは、「その行為の実質に即し、当時の社会生活および社会感情に照らし、真に倫理、道徳に反する醜悪なものと認められるか否かによって決せらるべきもの」であるとされる（最判昭和37・3・8民集16－3－500）。単なる強行法規違反に過ぎない場合には、必ずしも反倫理的とはいえず、708条の要件を満たさない。

不法の原因が受益者側にのみ存在する場合には、給付した物の返還請求が認められる（708条ただし書）。しかし、不法原因給付においては、当事者の双方に不法の原因があることが大半である。このような場合には、当事者双方にそれぞれどの程度の不法性があるかを比較衡量して、給付者の不法性がより強い場合には返還請求権を否定し、受益者の不法性がより強い場合には返還請求権を認めるべきであるとするのが通説・判例である（最判昭和29・8・31民集8－8－1557、最判昭和44・9・26民集23－9－1727）。

民法708条によって不当利得返還請求権が否定される場合には、給付者は、所有権に基づく物権的請求権によって返還を請求することもできないし（最大判昭和45・10・21民集24－11－1560）、不法行為に基づく損害賠償を請求することもできない（大判昭和15・7・6民集19－14－1142、最判昭和45・4・21判時593－32）。このような返還請求や損害賠償請求を認めると、708条の趣旨が没却されてしまうからである。

（山下　良）

18章 債権の消滅

第1節 債権の消滅原因

〔550〕 **権利の一般的消滅原因と債権の消滅原因**　債権は、債務者から債務の本旨に添う給付がされた場合に、その目的を達して消滅するのが原則的な形態である。その意味からすれば債権の消滅原因としてのいちばん典型的な場合としては「弁済」をあげることができるであろう。

　弁済以外にも債権の消滅原因となるものは存在している。簡単にここで整理しておくこととしよう。
① 権利の一般的（代表的）消滅原因によって消滅することは当然のことであるが、これは債権特有の消滅原因ではないことから特にこれをあげておかなくてもいいかもしれない。
② 債権に固有の消滅原因としては、債権の目的の消滅によって債権が消滅する場合と、目的の消滅以外で債権の消滅をもたらすものがあるといえよう。
　以下、これを整理しておくこととする。

【図表18－1　債権の消滅原因】

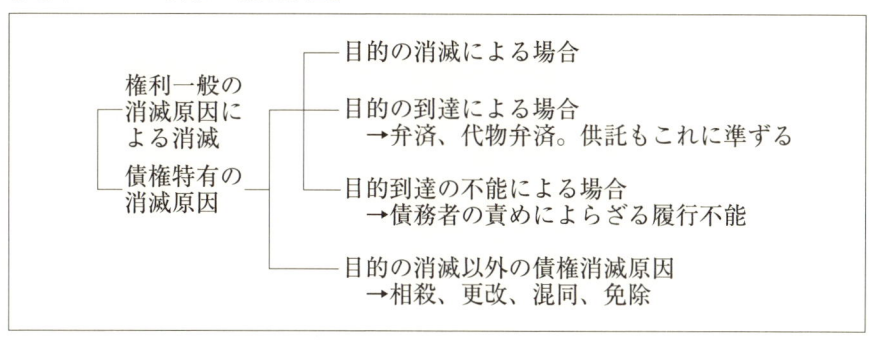

```
                  ┌─ 目的の消滅による場合
     権利一般の   │
     消滅原因に ──┤─ 目的の到達による場合
     よる消滅     │    →弁済、代物弁済。供託もこれに準ずる
                  │
     債権特有の ──┤─ 目的到達の不能による場合
     消滅原因     │    →債務者の責めによらざる履行不能
                  │
                  └─ 目的の消滅以外の債権消滅原因
                       →相殺、更改、混同、免除
```

1 弁済

〔551〕 **弁済の法的性格** 弁済とは、債務の内容である給付を実現する債務者、又はその他の者の行為である。債権は、弁済によってその目的を達成して消滅する。

弁済の法的性質については議論がある。

弁済意思が必要かということが問題となる。法律行為説は、弁済には、債務を消滅させようとする弁済者の効果意思である弁済意思が必要であるとする。しかし、弁済によって債権が消滅するのは債権の目的到達によるのであり、弁済者の意思によるのではないから、弁済意思は不要であろう。したがって、弁済は法律行為ではないということになろう。同時に弁済は人間の意思に基づいてされるということから法律行為ではないとしてもいわゆる準法律行為ということとなろう。

〔552〕 **弁済の証明の必要性** 弁済したか否かで紛争が生じることもあり、二重弁済の危険性もある。そこで、その危険防止のため、弁済の証拠が必要であり、民法は受取証書交付請求権と債権証書返還請求権を認めている。

〔553〕 **受取証書の交付請求** 弁済者は、弁済受領者に対して、受取証書の交付を請求できる（486条）。受取証書とは、弁済を受領した事実を表示する文書のことである。

〔554〕 **受取証書交付請求と弁済との同時履行請求は** 債権者が受取証書を交付しない場合に、債務者が弁済を拒否できるかについては問題がある。すなわち、債権者が受取証書を用意していないことを理由に債務者が弁済を拒否した場合に債務者が債務不履行とならないか、弁済と受取証書の交付とは同時履行の関係に立つかという問題である。

この問題について、判例は、受取証書は弁済した証拠書類であるから、弁済と受取証書の交付とは同時履行の関係にあるとする（大判昭和16・3・1民集20-3-163）。つまり、受取証書交付請求に債権者が応じない場合、債務者は弁済を留保することが正当化され、債務不履行とはならない。

〔555〕 **債権証書返還請求権** 債権証書がある場合、全部の弁済をしたことを条件に、弁済者は債権証書の返還を請求できる（487条）。

債権証書とは、債権の成立を証明する文書のことである。

〔556〕 **債権証書交付請求と弁済との同時履行請求は**　受取証書の場合のように、債権者が債権証書を返還しない場合に債務者が弁済を拒否できるか、すなわち、弁済と債権証書返還とは同時履行の関係に立つかには問題がある。

確かに、弁済がなされた場合、債権証書を債権者の手元に残す必要性はなくなる。さらにいえば、債権証書を債権者の手元に残しておけば、二重請求などの危険がある。しかし、もともと債権証書は必ず作成されるものではないし、債権証書が滅失してしまう場合もある。また、すでに説明したように、弁済の際に受取証書を交付することになっているのであるから、弁済の事実は受取証書によって証明できることになる。したがって、債権証書については、全部の弁済がされた場合には債権証書の返還を請求できるが、弁済と債権証書の返還とが同時履行の関係に立たないので、弁済後に返還することになる。

〔557〕 **第三者による弁済**　債務の弁済は、原則として債務者が行う。しかし、債権の財産性や、給付の実現という弁済の本質を鑑みれば、弁済は必ずしも債務者自身に限定されず、第三者も弁済することができる（474条1項本文）。なお、第三者が弁済するとは、その者が独立して弁済することである。したがって、債務者の代理人や履行補助者はここにいう第三者には含まれない。

〔558〕 **第三者弁済の制限**　民法は、債務の性質や、債権者・債務者の立場を考慮して、以下の3つの場合に第三者弁済を制限している。

① **債務の性質による制限**

債務の性質がこれを許さないときは、第三者の弁済が許されない（474条1項ただし書）。債務の性質がこれを許さないときとは、債務者自身がなすことによってのみ債務の本旨にかなった給付となる場合、すなわち、一身専属的給付の場合である。ただし、債権者の承諾があれば、第三者弁済も可能である。

② **当事者の意思による制限**

当事者が反対の意思を表示したときは、第三者の弁済が許されない（474条1項ただし書）。すなわち、債権が契約などの法律行為によって生ずるときは、法律行為自由の原則から、第三者弁済を禁止することができる。なお、

反対の意思表示は、第三者の弁済前になされなければならない。
③ 利害関係を有しない第三者の弁済制限
　債務者が他人の弁済により恩義を受けることを欲しない場合がある。そこで、弁済することに法律上利害関係を有しない者は、債務者の意思に反して弁済することができない（474条2項）。利害関係を有する者とは、弁済することに法律上の利害を有する者のことであり、物上保証人、担保不動産の第三取得者、同一不動産の後順位抵当権者などを指すが、単に事実上の利害関係を有する者は含まれない。

〔559〕 **第三者弁済の効果**　　第三者弁済により、債権が消滅する。ただし、第三者の弁済は、実質的には、委任事務や事務管理であるから、債権者の有していた権利を弁済者が代位して行使でき（499条、500条）、弁済者は求償の範囲内で、債権の効力及び担保として債権者の有した一切の権利を行うことができる（501条）。したがって、債権の消滅は相対的なものである。

　保証人、物上保証人、抵当権の第三取得者などのように、弁済をすることについて正当な利益を持つ第三者が弁済すれば、当然に代位する（500条）。これを法定代位という。

　弁済をすることについて正当な利益を有しない者が債権者を代位するためには、債権者の承諾を必要とする（499条1項）。これを任意代位という。

2　債権者らしい外観を持つ者に対する弁済

〔560〕 **弁済受領権限者と弁済受領権限を否定される者**　　弁済受領権者は、原則として債権者である。ただし、制限行為能力者、債権を差し押さえられた債権者、債権を質入した債権者、破産宣告を受けた債権者は、弁済の受領を制限されることがある。逆に、債権者以外であっても、債権者から任意に受領権限を与えられた者や、法律又は裁判所の選任により受領権限を与えられた者は、弁済受領権者となる。

　弁済受領権者以外の者への弁済は、弁済の効力を生じない。しかし、そうすると真実の債権者らしい外観をしている者に対する弁済でも効力を生じないこととなり、二重弁済を強いられることにもなる。そこで、民法は、本来

の弁済受領権者ではないが、あたかも本来の債権者らしく見える者への弁済を有効としている。「債権の準占有者に対する弁済」（478条）と「受取証書の持参人に対する弁済」（480条）がこれである。

〔561〕 **債権の準占有者に対する弁済**　債権の準占有者とは、真実の債権者であると信じさせるような外観を有する者である。判例では、債権の準占有者の例として、債権の表権相続人（大判大正10・5・30民録27-983）、無効又は取り消された債権譲渡における債権の事実上の譲受人（大判大正7・12・7民録24-2310）、銀行預金証書と印鑑を持参する者（最判昭和41・10・4民集20-8-1565）などをあげている。

　このような債権の準占有者に対する弁済は、弁済者が善意でかつ無過失である場合に限り、効力を有する。この制度の趣旨は、弁済にあたって、受領者が正当な権限を持っているかどうかをいちいち調べていたのでは、現代の迅速な取引を行うことができないからとされる。

　近時、弁済者の善意のほか無過失が要求される旨の民法改正がされている。また、犯罪収益移転防止法によって金融機関における本人確認が徹底されるようになった。さらに、盗難キャッシュカードによる現金自動預払機からの現金引き出しについて、判例は暗証番号管理が不十分などの過失がない限り銀行は責任を負わないとしたが（最判平成5・7・19判時1489-111）、近時、偽造・盗難カードによる現金自動預払機からの払戻しについて民法478条を適用しないとする預金者保護法が成立している。

〔562〕 **受取証書の持参人に対する弁済**　受取証書とは、弁済の受領を証する書面である。通常、受取証書の持参人は弁済受領権者である。そこで民法は、こうした外観を信頼した弁済者を保護することとした。

　なお、受取証書が真正なものであることが必要であるとされる。つまり、受取証書が真正であることとは、受取証書の作成権限のある者が作成したことであり、偽造のものは含まれない（もっとも、これが債権の準占有者に対する弁済として保護を受けることはあり得るところである）。

　このような受取証書の持参人に対する弁済は有効となり債権は消滅する。ただし、弁済者が受取証書持参人に弁済受領権限がないことについて善意・無過失であることが必要である。受取証書の持参人に対する弁済を有効とす

る趣旨は、外観を信頼した弁済者を保護するためだからである。

3　弁済のための供託

〔563〕**弁済のための供託**　弁済のための供託とは、債権者側の事情によって弁済し得ない場合に、弁済者が債権者のために、弁済の目的物を供託所に寄託することによって債権を消滅させる制度のことである。

　債務者が弁済の提供をすれば、債務者は債務不履行責任を免れる。しかし、債権者がこれを受領しない限り、受領遅滞の問題はともかくとして、債務は消滅しない。そこで、このような場合に、債務者が確定的に債務を免れるために、民法は、弁済のための供託という制度を設けている。

〔564〕**供託原因**　債権者の受領を要する弁済の場合に、債権者が受領しないときにのみ許される。供託原因には次の3つの場合がある（494条）。

① 債権者の受領拒絶：債権者が弁済の受領を拒んでいるとき
② 債権者の受領不能：債権者が弁済を受領できないとき
③ 債権者の確知不能：弁済者の過失なく誰が債権者かわからないとき

〔565〕**供託権者**　供託をすることができるのは弁済者であり、債務者に限られず、第三者でもよい。ただし、供託をすることができる第三者は、弁済することのできる者でなければならない。

　供託者は遅滞なく債権者に供託の通知をしなければならない（495条3項）。

〔566〕**供託の目的物**　供託の目的物は、弁済の目的物である。

　供託は、原則として、債務の履行地の供託所にする（495条1項）。目的物が金銭や有価証券であるときは、法務局、地方法務局、これらの支局又は法務大臣の指定する出張所が供託所となる（供託法1条）。その他の物品については、法務大臣の指定する倉庫営業者又は銀行が供託所となる（供託法5条）。以上で定まらない場合は、裁判所が、弁済者の請求により、供託所の指定と供託物の保管者の選任をする（495条2項）。

　弁済の目的物が、供託に不適切な物、滅失・損傷のおそれがある物、保存に過分の費用を要する物であるときは、弁済者は裁判所の許可を得て競売し、その代金を供託できる（497条）。

〔567〕 **供託の効果としての債権の消滅**　供託により債務者は債務を免れることができる（494条）。すなわち、債権が消滅する。

　もっとも、後述の供託物取戻請求権との関係から、供託による債権の消滅時期については議論があり、供託物取戻請求権がなくなったときに債権が消滅するとする停止条件説と、供託と同時に債務が消滅するが供託物の取戻しにより供託がなかったことになり債務が消滅しなかったことになるとする解除条件説とがある。もともと供託は債務者を保護するための制度であることからすれば、供託と同時に債務が消滅するとする解除条件説のほうが妥当であろう。判例や通説は解除条件説をとる。

〔568〕 **供託物引渡請求権**　債権者は、供託により、供託所に対する供託物引渡請求権を取得する。この権利は、本来の債権と同一性を有するものであるから、本来の債権に先履行や同時履行の抗弁権がついている場合には、債権者は自己の給付をしなければ、供託物を受け取ることができない（498条）。

〔569〕 **供託物取戻請求権**　弁済者は、債権者又は第三者に不利益のない限り、供託物を取り戻すことができる（496条）。前述の供託による債権消滅時期に関する解除条件説によれば、供託物の取戻しにより供託がなかったことになり債務が消滅しなかったことになる。

〔570〕 **供託物取戻請求権の消滅**　供託物取戻請求権は、①債権者が供託を受諾したとき、②供託者が供託所に対して取戻請求権の意思表示をしたとき、③供託を有効とする判決が確定したとき、④供託によって質権又は抵当権が消滅したときに消滅する。

〔571〕 **借地借家法上の借賃増額請求**　弁済のための供託がなされる典型的な場合として、借地借家法上の借賃の増額請求がなされた場合がある（借地借家法11条、32条）。土地価格の上昇などがあった場合には、貸主としては借賃の値上げをしたいところである。ところが、当事者間の協議が調わないような場合、最後まで納得しなかった借主は、従来の借賃を提供することになるが、貸主はその額では受け取らないであろう。そこで、弁済のための供託が使われることになる。

　借地借家法では、協議によっても借賃が調わない場合、借主は、裁判が確定するまでは自己が相当と認める額を支払う（供託する）ことができること

になっている。ただし、裁判確定時にすでに支払った額に不足がある場合は、その不足額に年1割の支払期後の利息を付して支払う。反対に貸主は、裁判が確定するまでは自己が正当と思う金額を請求できるが、裁判確定時に支払いを受けた額が正当な借賃を超えている場合は、その超過額に年1割の利息を付して返還することになる。

4 更改と代物弁済

〔572〕 **債権消滅原因としての代物弁済**　100万円の借金をしている者が、返済が困難であるために、借金返済に代えて自己所有の自動車を給付する契約のように、本来の給付の代わりに他の給付をすることによって債権を消滅させるものとして、民法は、更改と代物弁済を定める。

〔573〕 **代物弁済**　代物弁済とは、本来の給付に代えて他の給付をなすことにより債権を消滅させる、債権者と弁済者との契約のことである（482条）。前述の例でいえば、100万円の借金返済の債務をすぐに消滅させるのではなく、債務者が自動車を給付することではじめて借金返済の債務が消滅する。

　このように、代物弁済は、他の給付が現実になされることが必要な要物契約である。

〔574〕 **代物弁済の予約**　代物弁済は、契約の成立に物の交付が必要な要物契約であるが、代物弁済予約も有効に成立する。

　とりわけ、貸金にあたり、借主が借金を返済しないときには、不動産の所有権を貸主に移転するという予約をして、不動産について所有権移転の仮登記をしておくことにより、仮登記担保として、実質的に債権担保の機能を果たす。しかし、このような仮登記担保は、本来の給付の数倍の価値を有する代物を仮登記しておくことにより、借金の返済がなされないときに、不動産を全て取得してしまうことが行われた。そこで判例は、このような場合に清算義務を要求するようになった（最判昭和42・11・16民集21－9－2430）。その後、この判例を基礎に、仮登記担保契約に関する法律が制定された。

5　目的の消滅以外の債権の消滅原因——典型例としての相殺と更改

〔575〕　**相殺による債権の消滅**　　相殺とは、当事者が相互に同種の債権・債務を有する場合に、その債権と債務とを対等額で消滅させる一方的意思表示のことである。

　　ここで、AがBから100万円の借金をしているが、同時に、AはBに対して50万円の売掛債権を有しているとする。この場合、AがBに現実に100万円を支払い、BがAに対して現実に50万円を支払うことになれば、面倒であるし、また、BとしてはAとの関係では実質的には自己が50万円の債権を有している関係であると理解していたところ、Aが無資力で結果的には20万円しか回収できなかったのに自己が負担していた債務については丸々50万円を支払わなければならないとすれば、それは不公平でもある。そこで、AがBに対して一方的な意思表示によって50万円の範囲内で債務を消滅させることができれば都合がよい。これが相殺である。

〔576〕　**相殺の機能**　　相殺は、金銭の授受の手間や時間を節約でき、また、その間の危険を避けることができる。

　　次に、相殺により、当事者間の公平を図ることができる。もし相殺がなければ、先の例でいうと、Aが借金を全額弁済したとしても、Bが無資力である場合、AはBに対する債権を回収できない不公平が生ずる。とりわけ、このことは破産の際に顕著となる。もし相殺がなければ、AはBの破産管財人から100万円の借金を取り立てられることになる一方で、Aは50万円の売掛債権を他の債権者と按分比例した配当を受けるに過ぎないからである。

〔577〕　**相殺の担保的機能**　　相殺は、債権の担保的機能を有する。すなわち、同種の債権を持つ当事者は、互いに自己の債務の限度において自己の債権を完全に回収することができる。あたかも、同種の債権につき相互に留置権や質権のような物的担保があるかのごとくである。

〔578〕　**相殺適状**　　相殺適状とは、債権が相殺に適した状態にあることをいう。以下のような場合に相殺適状が認められる。

　　① 　債権の対立

　　　相殺をするには、債権が対立していることが必要である（505条1項本文）。

すなわち、原則として、相殺をする者が持つ債権である「自働債権」と、相殺される者の持つ債権である「受働債権」とが対立していることが必要である。

ただし、連帯債務（436条2項）、保証債務（457条2項）の場合、他人の有する債権を自働債権として相殺できる。また、連帯債務（443条1項）、保証債務（463条1項）、債権譲渡（466条1項）の場合、他人に対する債権を自働債権として相殺できる。

② 同種の目的の債権

対立する債権が同種の目的を有することが必要である（505条1項本文）。多くの場合、双方の債権がともに金銭債権である。一方の債権が物の引渡債権で他方が金銭債権であるような場合には相殺はできない。

なお、同種の債権であればよく、債権の発生原因や債権額の同一性は不要である。履行地や履行期が違っていても相殺できる（507条）。ただし、そのために相手方に損害が生じた場合は、損害賠償をしなければならない（同条後段）。

③ 弁済期

民法は、双方の債務が弁済期にあることを要することにしている（505条1項本文）。しかし、債務者は期限の利益を放棄することができる（136条2項）。したがって、弁済期については、自働債権の場合と受働債権の場合とで異なる。

自働債権は、弁済期にあることが必要である。弁済期未到来の自働債権に相殺を認めると、被相殺者の期限の利益（136条1項）を奪うことになるからである。

これに対して、受働債権は、弁済期にあることは必要でない。期限の利益は相殺権者にあり、期限の利益を放棄すればよいからである（136条2項）。

④ 相殺を許す債務

債務の性質が相殺を許すものであることが必要である（505条ただし書）。相互に現実の履行がないと債権の目的を達することのできない債務、たとえば、農繁期に交互に3日ずつ田植えを手伝う債務のような場合は相殺を認めることができない。

自働債権に同時履行の抗弁権（533条）のような抗弁権がついているときも相殺できない（最判昭和32・2・22民集11-2-350）。このような場合に相殺を認めると、抗弁権が不当に奪われるからである。

受働債権に抗弁権がついている場合は、抗弁権を放棄できるから、相殺できる。

⑤　双方の債権の存在

双方の債権が相殺の意思表示時に現存していなければならない。すなわち、いずれかの債権が不成立又は無効である場合には、相殺も無効である。また、相殺の意思表示時にいずれかの債権が弁済や解除などによって消滅した場合、相殺は無効である。

例外的に、時効にかかった債権を自働債権とする相殺の場合、その債権が時効消滅する前に相殺適状にあったのであれば、相殺することができる（508条）。相殺適状にあった債権について、双方の当事者は時効を意識することなく過ごすのが一般であり、その信頼を保護して当事者間の公平を図るため、民法は、時効にかかった債権を自働債権とする相殺を認めている。

時効にかかった債権を自働債権とする相殺を認めるのは、当事者間の信頼と公平を図るためのものであるから、すでに時効にかかった債権を譲り受けて、これを自働債権とする相殺は許されない（最判昭和36・4・14民集15-4-765）。

債権者の連帯保証人に対する債権と、連帯保証人が債権者に対して有する債権とが相殺適状にあった場合、主たる債権がその後時効消滅しても、債権者は相殺できるとするのが判例である（大判昭和8・1・31民集12-2-83）。これに対して学説は保証債務の附従性を理由として反対する。

〔579〕　**相殺禁止の意思表示**　　相殺適状にあるにもかかわらず相殺できない場合がある。

①　当事者の特約による禁止

当事者は、相殺禁止の意思表示をすることができる（505条2項）。

②　法律が禁止する場合

法律が相殺を禁止する場合がある。

第1に、受働債権が不法行為によって生じたものであるときは相殺できな

い（509条）。不法行為債権は、被害者救済のため、現実の履行が必要であり、また、不法行為の腹いせに不法行為を誘発することのないようにするためである。したがって、被害者が損害賠償債権を自働債権として相殺することはできる。なお、双方の運転者に過失のある自動車の衝突事故の場合のような、自働債権も受働債権も不法行為債権の場合は、相殺は許されないとするのが判例である（最判昭和49・6・28民集28-5-666）。

　第2に、差押禁止債権を受働債権とする相殺は、債権者に対抗できない（510条）。差押禁止債権は、債権者の生活に不可欠であるなど、現実に履行させる必要があるからである。しかし、差押禁止債権を自働債権とする相殺はできる。

　第3に、支払差止めを受けた債権を受働債権とする相殺が禁止される。支払差止めを受けた債権とは、差押えや仮差押えを受けた債権のことである。支払差止めを受けた第三債務者は、支払差止め後に取得した債権で相殺しても、差押債権者に対抗することができない（511条）。すなわち、このような場合には相殺よりも差押えの効力が優先されることにしている。

〔580〕　**相殺のてん補的機能——銀行実務と関連して**　ある企業が銀行に定期預金を持っているとする。この企業が事業資金を必要とした場合、定期預金を取り崩して事業資金を用意することがまず考えられる。しかし実際には、定期預金を担保に、銀行が事業資金を融資することがしばしば行われるようである。こうすることで、銀行からすれば預金者が減らないうえに融資先が増え、また、企業からしても金利の有利な定期預金の取り崩しをせずに済むなど、双方にうまみがあるといえる。このように、相殺の担保的機能を利用し、定期預金を担保に事業資金を融資することが行われている。

〔581〕　**差押えと相殺をめぐる判例の変遷**　前述の通り、差押え時点において自働債権を有していなかった債務者が、差押え後に債権を取得しても、この債権による相殺を差押債権者に対抗することはできない（511条）。

　差押え前に債権を有していた場合に、差押え時点で相殺適状になくても、この債権による相殺により差押債権者に対抗することはできるか。具体的には、先の銀行取引の例のような場合に、定期預金が差し押さえられた場合に、銀行が相殺をもって差押債権者に対抗できるかが問題となる。もし、相殺に

よる対抗が認められない場合、銀行は定期預金を担保として機能させることができなくなることになる。

① 昭和32年判決

最高裁は、自働債権は差押え前に弁済期にあるが、受働債権が弁済期未到来の場合、通常、受働債権の弁済期到来を待って相殺をすることを期待しているから、相殺により差押債権者に対抗することができるとした（最判昭和32・7・19民集11－7－1297）。

② 昭和39年判決

最高裁は、自働債権・受働債権ともに差押え時には弁済期未到来である場合、自働債権の弁済期が受働債権の弁済期よりも先に到来する場合は相殺により差押債権者に対抗できるが、自働債権の弁済期が受働債権の弁済期よりも後に到来する場合は、相殺により差押債権者に対抗できないとした（最判昭和39・12・23民集18－20－2217）。

③ 昭和45年判決

最高裁は、自働債権・受働債権ともに差押え時には弁済期未到来である場合で、自働債権の弁済期が受働債権の弁済期よりも後に到来する場合でも、相殺により差押債権者に対抗できるとした（最判昭和45・6・24民集24－6－587）。すなわち、差押え後に取得した債権による相殺は、民法511条により明確に禁止されていてその限度で差押債権者が保護されるだけということになる。

〔582〕 **相殺の予約**　定期預金の満期が来る前に差押えの申立てがされた場合を考えてみることにする。定期預金の満期、すなわち、弁済期となる前に差押えがされてしまえば、もはや相殺ができないことになる。

〔583〕 **相殺予約と差押え**　銀行取引においては、定期預金の差押えの申立てがなされた場合に、銀行がただちに相殺できる旨、相殺予約の特約がなされていることが多い。このような特約が有効であるとすると、定期預金を差し押さえても相殺が優先することになる。

昭和39年判決は、このような相殺予約は、私人間の特約のみによって差押えの効力を排除するものであって、契約自由の原則によっても許されないとする。しかし、昭和45年判決は、このような合意が契約自由の原則上有効で

あり、各債権は、遅くとも差押えの時に全部相殺適状が生じたとし、預金債権の差押債権者にも相殺予約の効力を対抗できるとする。このようにして、判例は、相殺の担保的機能を広く認めている。

6　相殺の方法

〔584〕　**相殺の方法**　相殺は、当事者の一方から相手方に対する意思表示によってする（506条1項前段）。すなわち、相殺は相殺適状により当然に発生するのではなく、意思表示を要する。この意思表示は、書面でする必要はないし、裁判外で行ってもよい。

相殺の意思表示に、条件や期限をつけることはできない（同条1項後段）。相殺の意思表示は一方的なものであるから、条件をつけると相手方の立場が不安定になるからである。また、期限をつけても、相殺には遡及効があり（同条2項）、意味がないからである。

7　相殺の効果

〔585〕　**対当額による債権の消滅**　相殺の意思表示により、各当事者の債権は対当額で消滅する（505条1項本文）。債権額に差がある場合は、多額の債権についての差額が残債権となる。相殺は債権を消滅させるものであり弁済と同様であるから、478条の類推により債権証書返還請求権が生じる。

〔586〕　**相殺充当**　相殺適状にある受働債権が複数であり、自働債権がこれら全部を消滅させるに足らない場合は、相殺充当として、弁済充当の規定が準用される（512条）。

〔587〕　**相殺の遡及効**　債権消滅の効果は、相殺適状時まで遡及する（506条2項）。当事者は、相殺適状時に債権が決済されていると考えるのが普通であるからである。したがって、相殺適状後の利息は生じなかったものとされ、すでに支払済みの利息は不当利得となる。また、相殺適状後の履行遅滞があっても、なかったことになる。

〔588〕 **更改**　　更改とは、債務の要素を変更することによって新債務を成立させるとともに、旧債務を消滅させる契約のことである（513条）。100万円の借金をしている者がその100万円返済の債務を消滅させて、自動車を給付するという新たな債務を成立させることになる制度である。更改では、旧債務が消滅しているため、改めて旧債務を請求することはできないこととなる。つまり、約束の自動車の引渡しをしないからといっていきなり100万円の債権を行使することはできないこととなる。なお、この制度と類似する代物弁済との相違については〔573〕以下の代物弁済の説明参照。

（大久保輝）

◆ 索 引 ◆

【あ】

悪意 …………………………………… 48
悪意の第三者 ………………………… 47
遺産分割と登記 ……………………… 58
意思主義 …………………………… 119
慰謝料 ……………………………… 278
慰謝料と相続 ……………………… 281
遺贈と登記 …………………………… 58
一部露出説 …………………………… 25
一括競売権 ………………………… 220
逸失利益 …………………………… 273
一般財産 …………………………… 193
一般社団・財団法人 ………………… 35
一般取引約款 ……………………… 137
一般不法行為 ……………………… 267
一般法 ………………………………… 23
委任 ………………………………… 184
委任と代理 ………………………… 104
委任の終了 ………………………… 186
違法性 ……………………………… 270
因果関係 …………………………… 274, 313
ウィーン売買条約 …………………… 96
請負 ………………………………… 179
請負人の責任 ……………………… 183
受取証書の交付請求 ……………… 320
受取証書の持参人に対する弁済 … 323
運行 ………………………………… 301
運行供用者 ………………………… 301
運行供用者責任 …………………… 301
援用権者 …………………………… 245

【か】

解除権 ……………………………… 146
解除条件 ……………………………… 92
解除の遡及効 ……………………… 149
開発危険の抗弁 …………………… 302
買戻し ……………………………… 167
解約手付 …………………………… 160
隔地者間の契約 ……………………… 81
確定期限 ……………………………… 93
確定期限付債務 …………………… 251
確定日付ある通知 ………………… 209
瑕疵担保責任 ……………………… 166
過失概念 …………………………… 269
過失責任原則 ……………………… 267
過失相殺 …………………………… 264
仮差押え …………………………… 244
仮処分 ……………………………… 244
仮登記 ………………………………… 54

仮登記担保権 ……………………… 230
簡易の引渡し ………………………… 64
慣習法 ………………………………… 24
間接強制 …………………………… 249
間接代理 …………………………… 100
監督義務者に準じる者 …………… 287
監督者 ……………………………… 286
監督者の責任 ……………………… 286
監督代行者 ………………………… 286
監督代行者の責任 ………………… 286
管理継続義務 ……………………… 307
関連共同性 ………………………… 298
期限 …………………………………… 91
危険責任 …………………………… 289
期限付債務 ………………………… 251
期限の利益 …………………………… 94
危険負担 ……………………………… 87
期限前の弁済 ……………………… 316
客観的関連共同性 ………………… 298
客観的要件 ………………………… 198
給付不当利得 ……………………… 312
狭義の共同不法行為 ……………… 297
狭義の非債弁済 …………………… 316
狭義の無権代理 …………………… 114
供託原因 …………………………… 324
供託物取戻請求権 ………………… 325
供託物引渡請求権 ………………… 325
共同相続と登記 ……………………… 57
共同不法行為 ……………………… 296
強迫 ………………………………… 132
緊急事務管理 ……………………… 307
近親者の損害賠償請求 …………… 279
金銭債務の特則 …………………… 265
金銭賠償の原則 …………………… 277
組合 …………………………………… 40
契約 …………………………………… 78, 142
契約（法律行為）の有効要件 ……… 82
契約自由の原則 …………………… 136
契約締結上の過失 ……………… 85, 97
権限外行為の表見代理 …………… 112
現実の引渡し ………………………… 64
現実売買 …………………………… 82, 158
原始的不能 …………………………… 85
建築請負契約 ……………………… 180
顕名主義 …………………………… 108
権利金 ……………………………… 178
権利質 ……………………………… 213
権利証 ………………………………… 53
権利侵害 …………………………… 271
権利侵害から違法性へ …………… 271
権利能力 ………………………… 21, 25
権利能力なき社団 …………………… 39
権利能力の終期 ……………………… 27
故意・過失 ………………………… 268

合意解除	147	自己契約・双方代理の禁止	106
後遺症	189	自己賃借権	221
行為能力	30	事実的因果関係	274
公益社団・財団法人	36	使者	99
公益認定基準	37	自主占有	237
公益目的事業	37	自然人	25
更改	333	失火	300
工作物	294	失火責任法	270, 300
工作物責任	294	失踪宣告	28
公信の原則	62, 67	私的法律関係	22
公然	69, 237	自働債権	328
公的法律関係	23	事務管理	303
後発損害	189	事務管理と代理	309
公物	238	事務管理の効果	306
固有損害説	282	指名債権	205
		指名債権譲渡の対抗要件	206
【さ】		借地権	175
債権	140, 319	借地権の存続期間	175
債権者主義	89	借家	176
債権者代位権	193	収益執行手続	218
債権者代位権の行使	195	自由解除権	186
債権者代位権の要件	194	終期	93
債権者取消権	197	受益	312
債権者取消権の性格	197	主観的関連共同性	298
債権者平等の原則	211	授権行為	104
債権証書返還請求権	320	出世払い契約	94
債権譲渡	205	受働債権	328
債権の準占有者に対する弁済	323	受動代理	99
債権の消滅時効	240	取得時効	234, 236
催告解除	148	受任者の注意義務	185
裁判上の和解	187	準事務管理	309
債務	141	準消費貸借	192
債務者主義	88	使用関係	289
詐害行為	198	使用関係の判断基準	290
詐害の意思	200	条件	91
差額説	273	条件成就の妨害	93
詐欺	132	使用者自身の不法行為責任	292
錯誤	127	使用者責任	288
差押え	244	承諾	80, 207
差押えと相殺	330	譲渡禁止債権	206
指図による占有移転	65	譲渡担保	225
指図による占有移転と即時取得	73	譲渡担保権の実行	229
サブリース契約	177	譲渡担保権の消滅	230
参照条文	20	譲渡担保の対抗要件	226
死因贈与	170	譲渡担保の対象となるもの	226
始期	93	譲渡担保目的物の処分	228
敷金	178	承認	245
事業の執行	290	消費貸借	191
時効	234	消滅時効	234, 240
時効逆算説	59	除斥期間	246
時効と登記	59	書面による贈与	169
時効の援用	245	所有の意思	237
時効の中断	244	侵害不当利得	312
時効利益の放棄	246	人的担保機能	203

心裡留保	121	代理権限授与の表示による表見代理	111
数量不足	164	代理権消滅後の表見代理	113
請求	244	代理権の範囲	105
制限行為能力者	30	代理権の濫用	107
制限行為能力者の詐術	33	代理人の行為能力	110
製作物供給契約	180	諾成契約	153
清算義務	229	建物明渡猶予期間	224
製造物責任	301	建物買取請求権	176
成年被後見人	31	他人の事務	304
責任能力	276	短期消滅債権	242
責任無能力	285	単純保証と連帯保証	204
絶対的定期行為	255	担保責任	163
設置保存の瑕疵	294	中間省略登記	52
善意	48, 69, 237	注文者の責任	293
善管注意義務	306	直接強制	249
全部露出説	25	直接の因果関係	313
占有改定	64	賃貸借	171
占有改定による即時取得	70	追奪担保責任	163
善良な管理者の注意	269	通知	207
善良なる管理者の注意義務	252	通謀虚偽表示	123
臓器移植法	27	通謀虚偽表示規定類推適用	124
相殺	327	定期贈与	170
相殺禁止	329	停止条件	92
相殺充当	332	抵当権	213
相殺敵状	327	抵当権によって担保される債権の範囲	217
相殺の遡及効	332	抵当権の効力の及ぶ範囲	217
相殺の担保的機能	327	抵当権の随伴性	215
相殺の予約	331	抵当権の対象となるもの	216
相続と登記	57	抵当権の不可分性	214
相続放棄と登記	57	抵当権の附従性	215
相対的定期行為	255	抵当権の物上代位性	214
双務契約	85, 143, 153	手付	160
贈与	168	デット・デット・スワップ	233
遡及効	245	典型契約	152
即時取得	68	電子記録債権	210
即時取得の効果	74	てん補賠償	257
損害事実説	273	転用形態	196
損害の意義	273	同意に基づく賃借権の優先制度	225
損害賠償額の予定	264	登記	50
損害賠償の範囲	261	登記識別情報	54
		登記請求権	52
【た】		動機の錯誤	128
対抗要件主義	45	登記簿	52
第三者	46	動産	61
第三者による詐欺	134	動産及び債権の譲渡の対抗要件に関する	
第三者弁済	321	民法の特例等に関する法律	76
胎児の権利能力	26	同時死亡の推定	30
代替執行	249	同時履行の抗弁権	90
代表	99	東大病院ルンバールショック事件	275
代物弁済	326	盗品・遺失物の例外	74
代物弁済の予約	326	動物占有者	296
代理	98	動物占有者責任	296
代理監督者の責任	291	動物占有者に代わる管理者の責任	296
代理権規定の組み合わせによる表見代理	114	特定物	89

特定物債権……………………………140
特別失踪………………………………29
特別法…………………………………23
匿名組合………………………………41
独立呼吸説……………………………25

【な】

内容の確定性…………………………83
内容の錯誤……………………………128
内容の実現可能性……………………83
内容の社会的妥当性…………………84
内容の適法性…………………………83
任意代理………………………………100
認定死亡………………………………29
能動代理………………………………99

【は】

背信的悪意者…………………………48
売買契約………………………………157
売買契約の費用………………………158
売買の予約……………………………159
売買は賃貸借を破る…………………172
判例法…………………………………24
引渡し…………………………………64
非債弁済………………………………316
非典型契約……………………………152
被保佐人………………………………32
被補助人………………………………33
表見代理と無権代理の関係…………117
表示主義………………………………119
表示主義による意思主義の修正……120
表示上の錯誤…………………………128
不確定期限……………………………93
不完全履行……………………………258
復代理…………………………………102
不真正連帯債務……………292, 300
負担付贈与……………………………170
普通失踪………………………………29
復帰的な物権変動……………………56
物権……………………………………140
不動産…………………………………44
不動産賃借権の物権化………………173
不動産賃貸借…………………………171
不動産登記……………………………45
不当利得………………………………310
不特定物………………………………89
不特定物債権…………………………140
不法原因給付…………………………317
不法行為………………………………266
分別の利益……………………………204
平穏………………………………69, 237
弁済の証明……………………………320
弁済のための供託……………………324
弁済の法的性格………………………320

片務契約……………………143, 153
包括承継………………………………47
報償責任………………………………289
法人……………………………………25
法人概念………………………………34
法人格がない事業体…………………43
法人の権利能力………………………38
法人の行為能力………………………39
法人の消滅……………………………40
法人の類型……………………………34
法人法定主義…………………………35
法定解除………………………………147
法定債権関係…………………………303
法定代理………………………………102
法定地上権……………………………219
法定賃借権制度………………………232
法律行為………………………………78
法律行為の附款………………………91
保証・連帯保証………………………203

【ま】

未成年者………………………………31
みなす…………………………………22
無過失……………………………69, 237
無過失責任……………………………267
無権代理と相続………………………116
無権代理人の責任……………………115
無催告解除……………………………148
無償契約……………………154, 155
無断譲渡………………………………172
無断転貸………………………………172
申込み…………………………………80
申込みの誘引…………………………80

【や】

約定解除………………………………146
有限責任事業組合……………………41
有償契約……………………154, 155
要素の錯誤……………………………130
要物契約………………………80, 153, 191

【ら】

履行遅滞の効果………………………254
履行の着手……………………………161
履行不能の成立要件…………………256
流質……………………………………212
留置的効力……………………………213
連帯債務………………………………202
六法……………………………………19

【わ】

和解……………………………………187
和解契約と錯誤………………………188
和解と示談……………………………188

索引　337

執筆者一覧

● 編　者
山川　一陽（日本大学法学部・大学院法務研究科教授）
　　　　　（これから民法を学ぶ人に、1章、3章、12章）

● 執筆者（50音順）
上野　真裕（弁護士、日本大学経済学部・大学院法務研究科講師）（6章）
大久保　輝（中央学院大学法学部専任講師）（18章）
小野健太郎（日本大学薬学部准教授）（7章）
金光　寛之（高崎経済大学地域政策学部専任講師）（10章4節、13章）
鬼頭　俊泰（八戸大学ビジネス学部専任講師）（2章）
高梨　俊一（日本大学理工学部教授）（16章）
高橋　明弘（日本大学・山梨学院大学・横浜商科大学・神田外語大学兼任講師）
　　　　　（8章）
高橋めぐみ（日本大学商学部准教授）（5章）
新島　一彦（平成国際大学法学部・大学院法学研究科教授）（11章）
根本　晋一（日本大学通信教育部准教授）（14章）
胡　　光輝（日本大学・二松学舎大学講師）（10章1〜3節）
松嶋　隆弘（日本大学法学部・大学院法務研究科教授、弁護士）（コラム）
峯川　浩子（日本大学法学部講師）（15章）
矢田　尚子（白鷗大学法学部専任講師）（9章）
山口　斉昭（早稲田大学法学学術院教授）（4章）
山下　　良（日本大学通信教育部インストラクター）（17章）

財産法入門

|平成 22 年 4 月 12 日|初版印刷|
|平成 22 年 4 月 19 日|初版発行|

編 者	山川 一陽（やまかわ　かずひろ）
発行者	佐久間重嘉
発行所	学 陽 書 房

〒102-0072　東京都千代田区飯田橋1-9-3
営業／電話　03-3261-1111　FAX　03-5211-3300
編集／電話　03-3261-1112　FAX　03-5211-3301
　　　振替　00170-4-84240

装幀／佐藤　博　印刷／東光整版印刷　製本／東京美術紙工
Ⓒ K.YAMAKAWA, 2010, Printed in japan
ISBN 978-4-313-31378-1　C1032
乱丁・落丁は、送料小社負担にてお取り替えいたします。
定価はカバーに表示しています。